青铜时代

郭沫若　著

华东师范大学出版社

图书在版编目（CIP）数据

青铜时代／郭沫若著 . —上海：华东师范大学出
版社，2023
ISBN 978 - 7 - 5760 - 3860 - 6

Ⅰ. ①青…　Ⅱ. ①郭…　Ⅲ. ①先秦哲学 - 中国 - 先秦
时代 - 文集　Ⅳ. ①B220. 5 - 53

中国国家版本馆 CIP 数据核字（2023）第 087053 号

　
青铜时代

著　　者　郭沫若
责任编辑　乔　健
特约审读　王莲华
责任校对　姜　峰　时东明
装帧设计　吕彦秋

出版发行　华东师范大学出版社
社　　址　上海市中山北路 3663 号　邮编 200062
网　　址　www. ecnupress. com. cn
电　　话　021 - 60821666　行政传真　021 - 62572105
客服电话　021 - 62865537
门市（邮购）电话　021 - 62869887
地　　址　上海市中山北路 3663 号华东师范大学校内先锋路口
网　　店　http：//hdsdcbs. tmall. com

印刷者　三河市中晟雅豪印务有限公司
开　　本　710×1000　16 开
印　　张　15. 5
字　　数　235 千字
版　　次　2024 年 1 月第 1 版
印　　次　2024 年 1 月第 1 次印刷
书　　号　ISBN 978 - 7 - 5760 - 3860 - 6
定　　价　48. 00 元

出版人　王　焰

目　录

序

我把十年来关于秦前社会和学术思想的研究文字收集成为两个集子：一个是这儿呈献出的《青铜时代》，另一个是她的姊妹篇《十批判书》。本来是想分成内外篇集为一部的，为出版的关系，把它们分开了。

《十批判书》的内容，如名目所示，偏于批评。本集则偏于考证。两者相辅相成的地方很多，因此我很愿意自行推荐：读过本集的朋友请阅读后集。

本集所收文字，有的在写作年代上相隔了十年，见解便不免有些出入。在这样的场合自当以年代较晚者为准。不过出入处也很有限，并且无关宏旨，所以我也就没有加以改动，以显示十年来的自己的屦迹。

附录三篇关于青铜器的文字，是从《两周金文辞大系》和《古代铭刻汇考》等书摘录下来的，借以表示我研究青铜器的方法和收获。那些书都是在日本印行的，国内流传者甚少，我便把它们摘录了下来。因为是文言，有点不伦不类，故把它们作为了附录。

关系彝器形象的研究，没有插图是不容易明了的。这件事在目前不容易办到。回国以来，在这抗日战争的七八年中，我也把这方面的研究完全抛荒了。即如《彝器形象学试探》一文本为《两周金文辞大系图录》中《图编》的序说，我自己手中无书，七八年来不曾和它见面了。这一次承李可染兄为我从艺专的图书馆中抄寄了来，阅之恍有隔世之感。但这种研究在目前抛弃了，我也并不感觉可惜，将来时局稳定，政治上了轨道之后，总会有人顺畅地继续下去的。

郭沫若

一九四五年二月十一日

先秦天道观之进展

一

　　生在两千五百年前的孔子，在古代研究上对于资料的缺乏，已经在发着浩叹。他说："夏礼吾能言之，杞不足征也；殷礼吾能言之，宋不足征也。文献不足故也，足则吾能征之矣。"（《论语·八佾》）夏、殷距孔子时未远，已无十足的文献可征，但在孔子以后的礼家，对于夏礼殷礼却言之头头是道，甚至如唐、虞揖让，君臣赓歌，其表现在《典》《谟》上的俨然昨天的事情一样。这是表明了七十子的后学，在求学的态度上远不如其先师之有客观的精神。在现今传存的《尚书》中，所谓《虞书》和《夏书》都是战国时的儒者假造的，已经成为了定论。就是《商书》，除掉殷末的几篇而外，也都大有问题——这个问题我在本节中要附带加以解决。照现在由地下发掘及古器物古文字学上所得来的知识而论，大抵殷商以前还是石器时代，究竟有没有文字还是问题，《周书》上的周初的几篇文章，如《多士》，如《多方》如《立政》，都以夏、殷相提并论，夏以前的事情全没有说到。就是说到夏、殷上来，在详略上也大有悬殊，夏代只是笼统地说一个大概，商代则进论到它的比较具体的事迹。尤其是《无逸》与《君奭》两篇，叙殷代的史事，颇为详细，而于夏代则绝口不提。可见夏朝在周初时都是传说时代，而殷朝才是有史时代的。《多士》上周公的一句话也说得很明白，便是"惟殷先人，有册有典"，典与册是用文字写出来的史录，只有殷的先人才有，足见得殷之前是没有的了。单是根据这项周初的记录，我们要断定夏代还是传说时代，可说是不成问题的。断定夏代是传说时代，并不是说夏代没有。有是有的，不过不会有多么高的文化，有的只是一点口头传下来的史影。凡是传说，在时间的经过中是要受着多量的粉饰的，特别是夏代还有杞国那样的后裔存在，在后来文化进展了的时候要把自己的祖先粉饰起来，那是毫不足怪的。孔子所说的"文献不足"的话，大约也就是可信赖的资料不足。而周末秦汉的儒者和礼家也就是把那些不可信赖的资料当成了信史，所以说起古礼古事来比周公、孔子更详。然而要说他们全无根据，他们也是多少有点根据的，所以也能博得一部分人的相信。

但关于殷代，我们却是很幸运，我们得到了一大批恐怕连孔子也不曾见过的殷代太史太卜们所留下来的记录。那便是自一八九八年以来由安阳小屯出土的在龟甲兽骨上契刻着的殷代卜辞。那项资料在初本是出于偶然的发现，是安阳的农民胡乱地挖出来的东西。有一部分很慎重的学者对于它取着怀疑的甚至否认的态度。但近几年来由于有计划的发掘，已经把地层的关系弄得相当明了，尤其是关于卜辞本身的研究已达到能够断代的地步，便是哪一片骨版是殷王的哪一代卜的都可以知道了。对于这项资料到了现在还要怀疑或否认，那和前几年的一般人把龟甲兽骨当成"龙骨"，拿来做药品的态度，是同样的不足取。因为那是恰好该当着孔子所说的"过犹不及"。

卜辞是卜的记录，殷人最为迷信，无论什么大小的事情都要卜，一卜总是要连问多次。卜的资料主要是使用龟的腹甲和牛的肩胛骨，所卜的日期和事件便记录在兆的旁边。有时连卜的人和所在的地方都记载上去。有时更记录着所卜的效应，便是在卜之后若干日期果然效验了的事情。那种效验有在一百七十九日①以后的，有那样长远的日期，可以说每一卜都是不会失掉时效的。据此可以想见殷人是怎样的迷信了。但是殷人之所以要卜，是嫌自己的力量微薄，不能判定一件行事的吉凶，要仰求比自己更伟大的一种力量来做顾问。那个顾问是什么呢？龟甲兽骨只是用来传达那位顾问的意旨的工具，并不是直接乞灵于龟甲兽骨。因为殷人把龟甲兽骨用过之后便拿来毁弃，这在殷墟的地层中是表现得很明白的，殷人并没有直接以龟甲兽骨为灵。卜这项行为之成分是卜问者的人加卜问的工具龟甲兽骨加被卜问的一位比帝王的力量更大的顾问。这位顾问如没有，则卜的行为便不能成立。这位顾问是谁呢？据《周书》的《大诰》看来，我们知道是天。

> 于（粤）天降威，用文王遗我大宝龟，绍天明……天休于文王兴我小邦周，文王惟卜用，克绥受兹命。今天其相民，矧亦惟卜用。

周代的文化都是由殷人传来的，据此我们知道殷人所卜问的对象也一定是天，便是在殷墟时代的殷民族中至上神的观念是已经有了的。这在卜辞本身也有它的十足的证明。

一、"帝隹（唯）癸其雨。"（《卜辞通纂》第三六四片，下略称《卜》。）

（天老爷在癸的一天要下雨。）

二、"今二月帝不令雨。"（《卜》三六五）

（在这二月里天老爷不会下雨。）

三、"帝令雨足年？帝令雨弗其足年？"（《卜》三六三）

（天老爷要下雨使年辰好吗？天老爷要下雨使年辰不好吗？）

四、"帝其降堇（馑）？"（《卜》三七一）

（老天爷要降下饥馑吗？）

五、"伐舌方，帝受（授）我又（佑）？"（《卜》三六九）

（要出兵征伐舌国，天老爷肯给我们以保佑吗？）

六、"勿伐舌，帝不我其受（授）又（佑）。"（《卜》三六六）

（不要出兵征伐舌国，天老爷不会给我们以保佑。）

七、"王封邑，帝若。"（《卜》三七三及三七四）

（国王要建都城，天老爷答应了。）

八、"我其已宾，乍（则）帝降若。

我勿已宾，乍（则）帝降不若。"（《卜》三六七）

（我要免宾的职，天老爷是答应的。我不免宾的职，天老爷是不会答应的。）

这几条是文字相对完整而意义明白的记录，大抵是武丁时的卜辞。这儿的"帝"自然是至上神无疑。凡是《诗》《书》、彝铭中所称的"帝"都是指的天帝或上帝，卜辞中也有一例称"上帝"的^②，惜乎上下的文字残缺，整个的辞句不明，但由字迹上看来是帝乙时代的东西。大抵殷代对于至上神的称号，到晚年来在"帝"上是加了一个"上"字的。上下本是相对的文字，有"上帝"一定已有"下帝"，殷末的二王称"帝乙""帝辛"，卜辞有"文武帝"的称号，大约是帝乙对于其父文丁的追称，又有"帝甲"当是祖甲，可见帝的称号在殷代末年已由天帝兼摄到人王上来了。

在这儿却有一个值得注意的现象，便是卜辞称至上神为帝，为上帝，但绝不曾称之为天。天字本来是有的，如大戊称为"天戊"，大邑商称为"天邑商"，都是把天当为了大字的同意语。天者颠也，在卜辞作**吳**，在周初的金文如《大丰簋》作**吳**，《大盂鼎》作**吳**，都是画一个人形，特别显示着有巨大的头脑。那头脑便是颠，便是天。颠字是后起的。因为头脑在人体的最高处，故凡高处都称之为颠，树顶称颠，山顶称颠，日月星辰所运行着的最高的地方称天。天字被太空所独占了，又才有颠字出来，连山颠也都另外造出了一个巅字。天字在初本没有什么神秘的意思，连《说文》所说的"从一大"，都是臆说。卜辞既不称至上神为天，那么至上神称天的办法一定是后起的，至少当得在武丁以后。我们可以拿这来做一个标准，凡是殷代的旧有的典籍如果有对至上神称天的地方，都是不能信任的东西。那样的典籍在《诗经》中有《商颂》，在《尚书》中有《商书》。《商颂》本是春秋中叶宋人做的东西，在《史记·宋世家》中是有明文的，因为宋字本是商的音变，春秋时的宋人也自称商，如《左传》僖公二十二年宋子鱼言"天之弃商久矣"，便是例证。故尔宋人作的颂也可以称为《商颂》。至于《商书》，在现今还有人在整个地坚信着是商代的古书，这是应该加以讨论的。我现在就检《今文尚书》所有的几篇以及散见于各种古籍的真《古文尚书》的佚文，凡有关于天的说话引列在下边。

《微子》："天毒降灾荒殷邦。"（《史记·宋世家》作"天笃下灾，亡殷国"。）

《西伯戡黎》："天既讫我殷命……故天弃我……天曷不降威？……我生不有命在天？……责命于天。"（《史记·殷本纪》及《宋世家》所引大抵相同，无末句。）

《高宗肜日》："惟天监下典厥义，降年有永有不永，非天天民，中绝其命。民有不若德，不听罪。天既附命正厥德……王司敬民，罔非天胤。"（参照《殷本纪》订正。）

《盘庚上》："先王有服恪谨天命。……罔知天之断命。……天其永我命于兹新邑。"

《盘庚中》："予迓续乃命于天。"

《盘庚下》："肆上帝将复我高祖之德。"

《汤誓》："有夏多罪，天命殛之。……予畏上帝不敢不正。……尔尚辅予一人致天之罚。"

《太甲》佚文："顾諟天之明命。"（《礼记·大学》）

《太甲》佚文："天作孽犹可违〔也〕，自作孽不可活〔逭〕。"（《孟子·公孙丑》及《礼记·缁衣》）

《伊训》佚文："天诛造攻自牧宫。"（《孟子·万章》）

《仲虺之告》佚文："我闻有夏人矫天命于下，帝式是曾（憎），用爽（丧）厥师。"（《墨子·非命下》〔《上》《中》文稍异〕）

《汤诰》佚文："惟予小子履敢用玄牡告于上天后。"（《墨子·兼爱下》）（《论语·尧曰篇》作"予小子履敢用玄牡，敢昭告于皇皇后帝"。）

以上十二项都有"天"或"上帝"的称呼，除掉《微子》和《西伯戡黎》两篇是在卜辞的年代范围以外，其余的都是不能相信的。《高宗肜日》据《史记》是作于祖庚时代，在武丁之后，称帝为天庸或有之。但那种以民为本的观念，特别是"王司敬民，罔非天胤"（国王应该尊重老百姓，没有一人不是天的儿子）的说法，在古时是不能够有的。民在周人本是和奴隶相等的名词，卜辞中没有见到民字以及从民的字。《高宗肜日》一篇也是不可信的。

此外还有《洪范》一篇，《左传》三引其文以为"商书"③，《说文》六引其文亦以为"商书"④。《汉书·儒林传》言"迁书载《尧典》《禹贡》《洪范》《微子》《金縢》诸篇多古文说"，《洪范》列在《微子》之前，可见班固也是认《洪范》为商书的。但《洪范》那篇文章其实是子思氏之儒所作的，其出世的时期在《墨子》之后和《吕氏春秋》之前。《墨子·兼爱下》引周诗曰："王道荡荡，不偏不党。王道平平，不党不偏。"这分明是《洪范》中语，而称为"周诗"，可见在墨子及其弟子们的时代，《洪范》还没有出世。《洪范》根本是一篇尊重神权的宗教论文，并托始于禹，在以继承禹道自任的宗教家墨子，不应不多事征引，且偶一引用之反误其名。但到了《吕氏春秋》便不同了，《孟春纪》的《贵公篇》上说：

> 《鸿范》曰无偏无党，王道荡荡。无偏无颇，遵王之义。无或作好，遵王之道。无或作恶，遵王之路。

语次虽然和现传的《洪范》依然不同，但《洪范》的名称已经出现了。《韩非子·有度篇》也有所征引：

> 先王之法曰：臣毋或作威，毋或作利，从王之指。毋或作恶，从王之路。

这也分明是《洪范》中的话，但字句稍有不同，而引作"先王之法"。《有度篇》论到荆、魏等国之亡，事在韩非死后，可知本非韩非所作。作者殆秦、汉间人，已经把《洪范》当成为信史了。要之，《洪范》是子思子之徒著的，本文在后面还别有证明。

由上所论足见殷时代是已经有至上神的观念的，起初称为"帝"，后来称为"上帝"，大约在殷周之际又称为"天"。因为天的称谓在周初的《周书》中已经屡见，在周初彝铭如《大丰簋》和《大盂鼎》上也是屡见，那是因袭了殷末人无疑。由卜辞可知，殷人的至上神是有意志的一种人格神，上帝能够命令，上帝有好恶，一切天时上的风雨晦冥，人事上的吉凶祸福，如年岁的丰啬，战争的胜败，城邑的建筑，官吏的黜陟，都是由天所主宰，这和以色列民族的神是完全一致的。但这殷人的神同时又是殷民族的宗祖神，便是至上神是殷民族自己的祖先。在这儿有种种的传说可以证明。

第一是帝俊的传说。帝俊在《山海经》中一共有十六处。

"帝俊生中容。"

"帝俊生晏龙。"

"帝俊生帝鸿。"

"帝俊生黑齿。"

"有五彩之鸟相乡（向）弃沙，惟帝俊下友。帝下两坛，彩鸟是司。"（以上见《大荒东经》）

"帝俊妻娥皇，生此三身之国。"

"帝俊生季釐。"

"羲和者帝俊之妻，生十日。"（以上见《大荒南经》）

"帝俊生后稷。"

"帝俊妻常羲，生月十有二。"（以上见《大荒西经》）

"帝俊竹林在焉，大可为舟。"（《大荒北经》）

"帝俊生禺号。"

"帝俊赐羿彤弓素矰。"

"帝俊生晏龙，晏龙是为琴瑟。"

"帝俊有子八人。"

"帝俊生三身。"（以上见《海内经》）

这位帝俊是日月的父亲，不用说是天帝，而同时又是一些圣贤的父亲，又好像是人王。特别如像"妻娥皇"和帝舜的传说是一致的。因此《山海经》的注者晋时的郭璞便以为帝俊即帝舜，只有在"帝俊生后稷"的条下说是"俊宜为喾"。近时王国维更证明了帝俊均当是帝喾。（一）《史记·五帝本纪索隐》引皇甫谧说"帝喾名夋，《初学记》九引《帝王世纪》言"帝喾生而神异，自言其名曰俊"。王氏云即夋。（二）《左传》文十八年言"高辛氏有才子八人，伯奋、仲堪、叔献、季仲、伯虎、仲熊、叔豹、季狸"，王氏谓"帝俊有八子"，即此才子的八人，其中中容便是仲熊，季釐便是季狸。（三）《帝王世纪》说"帝喾次妃娵訾氏女曰常仪"，王氏谓常仪即常羲，羲和与娥皇均一音之转。（四）卜辞卜祭其先祖有名下夒者，有时又称为高祖，如云"于夒高祖夒（祓）"（《殷契佚存》第六四五片）。夒字原文与夋字形极相近，而夒音与喾音亦复相近。盖帝喾本即是夒，因形讹而为夋若俊，更由音变而为喾若倛。王氏根据这些论证断定帝俊即是帝喾，亦即是卜辞上的"高祖夒"，而同时否认帝俊之为帝舜⑤。王氏的考证自然较郭璞更进一境，但在我看来，帝俊、帝舜、帝喾、高祖夒，实是一人。《山海经》中帝俊传说与帝舜传说相似之处可无庸论，此外如《国语》和《礼记》便各有一条足以证明舜即是喾。

> 商人禘舜而祖契。（《国语·鲁语》）
>
> 殷人禘喾而郊冥，祖契而宗汤。（《礼记·祭法》）

舜与喾分明是一人。还有《楚辞》的《天问篇》也有一个绝好的证据。在那儿舜的传说是序在夏桀之后、殷的先公先王之前的。从前的人不明这个真相，总以为是文字上的错误，或简编的错乱，其实断没有错得这样凑巧的。总之，根据这些资料我们可以知道卜辞中的"帝"便是"高祖夒"，夒因音变而为喾为倛，又因形误而为夋为俊，夋俊又由音变而为舜，后世儒者根据古代传说伪造古史，遂误帝俊、帝舜、帝喾为三人，这是明白地可以断言的。

第二是二子传说。二子传说见《左传》昭元年，此外在《史记·郑世家》中也有记录，两者相差甚微。今根据《左传》的文字录之如次：

> 昔高辛氏有二子，伯曰阏伯，季曰实沉，居于旷林，不相能也，日寻干戈以相征讨。后帝不臧，迁阏伯于商丘主辰，商人是因，故辰为商星。迁实沉于大夏主参，唐人是因，以服事夏商。

《左传》本是有问题的书，但是二子传说既同见于《史记》，可知当是真的《左氏春秋》的原文，不会是刘歆的窜入。并且除《史记》而外还有准古物上的证据，便是卜辞有无数的干支表，所用的十二辰文字第一位的子作冘，是《说文》"籀文子"的省略，第六位的巳却作子。这个事实一被发现，解决了在金文上的一个问题。金文上常见"辛子""癸子""乙子""丁子"等的日辰，为六十干支中所无，自宋以来便不得其解的，有了卜辞的出现才涣然冰释了。但是一个问题解决了，却另有一个问题发生了出来，便是十二辰中古有二子。这个新的问题根据作者的研究也算是解决了的，详细论证请看拙著《甲骨文字研究》的《释支干篇》，在这儿只能道其大略：便是十二辰本来是黄道周天的十二宫，是由古代巴比伦传来的。子当于房心尾，即是商星，已当于参宿，参商为高辛氏之二子，故十二辰中有二子。

又《左传》襄九年还有一段关于阏伯的说话，便是：

> 陶唐氏之火正阏伯居商丘，祀大火，而火纪时焉。相土因之，故商主大火。

这以阏伯为陶唐氏的火正，参照昭元年传文，可知陶唐氏即是后帝。高辛氏帝喾据上述帝俊传说知即帝舜，帝舜在儒家的经典上是受了陶唐氏的禅让而为人王的，但照传说上看来，这禅让的一幕史剧是应该演在天上的。这是极有趣的一个问题，但在这儿不想作更进一步的展开。

第三是玄鸟传说。

> 天命玄鸟，降而生商。（《商颂·玄鸟》）
> 简狄在台誉何宜？玄鸟致贻女何嘉？（《楚辞·天问》）
> 高辛之灵盛兮，遭玄鸟而致诒。（同上《九章·思美人》）

这传说是说殷人的祖先最初的王母简狄在春分的时候到河边上去沐浴，看见玄鸟遗卵，便取来吞了，因而怀孕，生下了契来。玄鸟是天遣下来的，故尔契依然是上帝的儿子。这个传说比较前两个传说要迟一点。因为前两个传说，殷人是在天上的，到了这传说来，天和人有了区别，其中是以玄鸟为媒介。玄鸟旧说以为燕子，但是我想和《山海经》的"惟帝俊下友"的"五彩之鸟"是同一的东西。在《离骚》中可以找到一个证据，便是"望瑶台之偃蹇兮，见有娀之佚女。……凤凰既受（授）诒（贻）兮，恐高辛之先我。"这分明说的是简狄的故事，"凤凰受诒"便是"玄鸟致贻"，可见玄鸟就是凤凰。玄是神玄之意，不当解成黑色。"五彩之鸟"大约就是卜辞中的凤。晚期的卜辞有祭凤的记录，称凤为"帝使"。

> 于帝史（使）凤，二犬。（《卜》三九八）
> 甲戌贞其宁凤，三羊三犬三豕。（《簠室殷契徵文》典礼一六）

大约是凤或"五彩之鸟"在传说的演进中化为了玄鸟或燕子的。但无论是凤或燕子，我相信这传说是生殖器的象征，鸟直到现在都是生殖器的别名，卵是睾丸的别名。

由以上三种传说，可以知道殷人的帝就是帝喾，是以至上神而兼宗祖神。

但还有可注意的是"帝"的称号的产生。

帝字在甲骨文字是作Ж，周代的金文大抵和这相类。这是花蒂的象形文，像有花萼、有子房、有残余的雌雄蕊，故尔可以断言帝字就是蒂字的初文。那么以至上神而兼宗祖神的尊贵者为什么用了花蒂的帝字来命名呢？要说果实从蒂出，由果实中又能绵延出无穷的生命，借此以表彰神之生生不息的属性也可以说得过去。但蒂有成果实的，有不成果实的，与其拿蒂来象征神，何不就假借果实或根元一类文字呢？这的确是一个问题。

外国的学者例如波尔，主张帝字是由巴比伦的Ж字而来。因为巴比伦的这个字，字形与帝字相似，有 din-gir，di-gir，dim-mer 等的发音，首音与帝音相近，而又和帝字一样兼有天神和人王二义⑥。这个见解在帝的字源未被揭发以前，的确是一个很有见地的提示。但中国的帝字本是花蒂的初文并非外来，而巴比伦的Ж字是星形的转化，两者在字源上是全不相干的。不过波尔的见解也还不好便立被抛弃，就近年安得生对彩色陶器的推断以及卜辞中的十二辰的起源上看来，巴比伦和中国在古代的确是有过交通的痕迹，则帝的观念来自巴比伦是很有可能的。我现在对于波尔氏说要提出一番修正，便是巴比伦的Ж的观念在殷商时代输入了中国，殷人故意用了字形和字音相近的帝字来翻译了它，因而帝字便以花蒂一跃而兼有天神和人王的称号。

但是巴比伦的桨字是天上的一切神祇的通称，而殷人的帝字在初却是至上神所专有的称号，在这儿我看是有殷人的一段发明潜藏着的。殷人的帝就是"高祖夒"，在上面是已经证明了的。但是夒字本来是动物的名称。《说文》说："夒贪兽也，一曰母猴，似人。"母猴一称猕猴，又一称沐猴，大约就是猩猩（orang utan）。殷人称这种动物为他们的"高祖"，可见得这种动物在初还会是殷人的图腾。殷人待与巴比伦文化相接触，得到了Ж的观念，他们用帝字来对译了之后，让它成"高祖夒"的专称，把自己的图腾动物移到天上去，成为了天上的至上神。故尔他们的至上神"帝"同时又是他们的宗祖。至上神的这样的产生，我敢断定是殷人的独自的发明。

二

《礼记》的《表记》上有几句话：

> 夏道尊命，事鬼敬神而远之……殷人尊神，率民以事神……周人尊礼尚施，事鬼敬神而远之。

这所说的"夏道"是没有根据的，但所说的殷人和周人则颇近乎事实。殷人尊神的态度在上章中已经说得很详细，到了周人在关于天的思想上却有了一个很大的进步。

周人本是后起的民族，在古公即太王的时代都还在穴居野处，经过王季和文王的两代便突然兴盛了起来，仅仅五六十年间终至把殷朝灭了。在这民族的递禅上有一个很重要的关键，便是殷末的经营东南。文王的父亲，根据《古本竹书纪年》是被殷王文丁所杀了的，大约文丁是看见了周人的兴盛，所以对于他们加过了一番惩膺。但到了帝乙和帝辛的时代，这两位帝王都尽力在东南方面，把西北方面的敌人忽视了。《后汉书》的《东夷传》有下列的记述：

> 夷有九种，曰畎夷、于夷、方夷、黄夷、白夷、赤夷、玄夷、风夷、阳夷……殷汤革命，伐而定之。至于仲丁，蓝夷作寇。自是或服或畔，三百余年。武乙衰敝，东夷浸盛，遂分迁淮岱，渐居中土。

这所说的"分迁淮岱，渐居中土"，在卜辞中是有实证的。卜辞中关于帝乙征伐夷方和盂方的记录很多，夷方即是东夷，盂方即是于夷。征伐所经的地方有齐有雇（即"韦顾既伐"的顾），都是在山东方面，有淮有潇，都是在安徽北部的淮河流域。征伐的时期是在帝乙十年前后，又在二十年也有长期的南征。大约终帝乙之世，东夷都是或叛或服的，直到帝辛的时代才彻底把东南征服了。

> 商纣为黎之搜，东夷叛之。（《左传》昭四年）
> 纣克东夷而陨其身。（同上，昭十一年）
> 纣之百克而卒无后。（同上，宣十二年）

殷纣之征略一定是大规模的，因为古本《泰誓》说："纣有亿兆夷人亦有离德，余有乱臣十人同心同德。"（《左传》昭二十四年所引）这亿兆的夷人是他得来的俘虏，俘虏有亿兆之多，可见殷的士卒之损耗也必定是很大的。原有的兵力受了创伤，用归附的民众来填补，等他一和周武王接触时，便发生了有名的"前徒倒戈"的故事，那便是俘虏兵的掉头了。

就在这帝乙和帝辛的两代没有余暇顾到西北的时候，周人便乘着机会把自己的民族振兴了起来而获得了最终的胜利。

周人的祖先是没有什么文化的。在现今所有周代的青铜器传世的很多，但在武王以前的器皿一个也还没有出现，而自武王以后则勃然兴盛起来。这分明是表示着周人是因袭了殷人的文化。

关于天的思想，周人也是因袭了殷人的。周初的彝铭《大丰簋》和《大盂鼎》，和《周书》中的《大诰》《康诰》《酒诰》《梓材》《召诰》《洛诰》《多士》《无逸》《君奭》《多方》《立政》等十一篇，以及《周颂》的前几章都是很明显的证据。

> 王祀于天室降，天亡尤王⑦。衣（殷）祀于王不显考文王，事喜上帝。文王监在上。（《大丰簋》）

> 丕显文王，受天有（佑）大命。在武王嗣文作邦，辟厥匿，匍（抚）有四方，畯正厥民……故天冀⑧临子，法保先王（成王），×有四方。（《大盂鼎》）

这两项彝铭可以说是第一等的证据，因为在铭词中自己表明了自己的年代，便是前者是武王时代的，后者是康王时代的。我们根据着这两个证据，同时可以安心着信赖《周书》中的十几篇和《周颂》，虽然免不了是有些讹变和脱佚，但大体上是周初的文章，因为它们的文笔和思想都相同。我们权且从《周书》中引用些资料来吧。

> 于（粤）天降威，用文王遗我大宝龟，绍天明……天休于文王兴我小邦周，文王惟卜用，克绥受兹命……天明畏，弼我丕丕基。（《大诰》）

> 天乃大命文王殪戎殷，诞受厥命越（与）厥邦厥民。（《康诰》）

> 惟天降命，肇我民，惟元祀。(《酒诰》)
>
> 皇天既付中国民越（与）厥疆土于先王。(《梓材》)
>
> 皇天上帝改厥元子兹大国殷之命。(《召诰》)
>
> 旻天大降丧于殷，我有周佑（有）命，将天明威，致王罚，敕"殷命终"于帝……今惟我周王，丕灵承帝事，有命曰（爰）割殷，告敕于帝。(《多士》)
>
> 惟我周王灵承于旅，克堪用德，惟典神天。天惟式教我，用休。简畀殷命，尹尔多方。(《多方》)

这些例证所有关于上帝的属性以及说话者对于上帝的态度是和殷人完全一致的。但是把眼光掉向另一方面看的时候，周人和殷人的态度却又大有不同。

> 天棐（非）忱，尔时罔敢易法。(《大诰》)
>
> 天畏（威）棐（非）忱，民情大可见，小人难保……惟命不于常。(《康诰》)
>
> 天不可信。(《君奭》)

所谓"天棐忱"或"天畏棐忱"便是《大雅·大明》的"天难忱斯，不易惟王"，也就是"天不可信"的意思。棐都是非字（孙诒让说），旧时的注家都训为辅，弄得大错。"惟命不于常"和《大雅·文王》的"天命靡常"也是同义语。

像这些例子都是对于天取着怀疑的态度的。从这关于天的思想上说来，的确是一大进步。这一进步是应该有的，因为殷人自己那样虔诚地信仰上帝，并且说上帝是自己的祖宗，然而结果是遭了失败，殷家的天下为周人所得到了。这样还好再信天吗？所谓"天命"，所谓"天威"，还是靠得住的吗？这是当然要发生的怀疑。周人一面在怀疑天，一面又在仿效着殷人极端地尊崇天，这在表面上很像是一个矛盾，但在事实上一点也不矛盾的。请把周初的几篇文章拿来细细地读，凡是极端尊崇天的说话是对待着殷人或殷的旧时的属国说的，而有怀疑天的说话是周人对着自己说的。这是很重要的一个关键。这就表明着周人之继承殷人的天的思想只是政策上的继承，他们是把宗教思想视为了愚民政策。自己尽管知道那是不可信的东西，但拿来统治素来信仰它的民族，却是很大的一个方便。自然发生的原始宗教成为了有目的意识的一个骗局。所以《表记》上所说的"周人事鬼敬神而远之"，是道破了这个实际的。

周人根本在怀疑天，只是把天来利用着当成了一种工具，但是既已经怀疑它，那么这种工具也不是绝对可靠的。在这儿周人的思想便更进了一步，提出了一个"德"字来。

> 天不可信，我道惟文王德延。（《君奭》）
>
> 文王克明德慎罚，不敢侮鳏寡，庸庸祗祗，威（畏）威显民，用肇造我区夏。（《康诰》）
>
> 王曰封，予惟不可不监，告汝德之说于（与）罚之行……敬哉，无作怨，勿用非谋非彝蔽时（是）忱，丕则敏德，用康乃心，顾乃德，远乃猷裕，乃以民宁，不汝瑕珍。（《康诰》）
>
> 肆王惟德用和怿先后迷民，用怿先王受命。（《梓材》）
>
> 天亦哀于四方民，其眷命用懋，王其急敬德……王敬作所，不可不敬德……王其德之用祈天永命。（《召诰》）

这种"敬德"的思想在周初的几篇文章中就像同一个母题的和奏曲一样，翻来覆去地重复着。这的确是周人所独有的思想。在《商书》的《高宗肜日》中虽然也有这种同样的意思，但那篇文章在上面说过是很可疑的。还有一个主要的旁证，便是在卜辞和殷人的彝铭中没有德字，而在周代的彝铭中，如成王时的《班簋》和康王时的《大盂鼎》，都明白地有德字表现着。

> 父身三年静东国[⑨]，亡（罔）不成敨天畏（威），否奠屯陟。公告厥事于上："隹（唯）民亡（泯）徙（拙）哉。彝昧（昧）天命，故亡。允哉，显。隹（唯）敬德，亡（毋）逌（攸）违。"（《班簋》）
>
> 今我隹（唯）即刑廪于文王正（政）德，若文王令二三正。今余隹令汝盂诏荣敬雝德经，敏朝夕入谏，享奔走，畏天畏（威）。（《大盂鼎》）

这些都是把周初的思想继承了下来的。根本的主意是"人定胜天"，便是要把人的力量来济天道之穷。德字照字面上看来是从值（古直字）从心，意思是把心思放端正，便是《大学》上所说的"欲修其身者先正其心"。但从《周书》和"周彝"看来，德字不仅包括着主观方面的修养，同时也包括着客观方面的规模——后人所谓"礼"。礼字是后起的字，周初的彝铭中不见有这个字。礼是由德的客观方面的节文所蜕化下来的，古代有德者的一切正当行为的方式汇集了下来便成为后代的礼。德的客观上的节文，《周书》中说得很少，但德的精神上的推动，是明白地注重在一个"敬"字上的。敬者警也，本意是要人时常努力，不可有丝毫的放松。在那消极一面的说法便是"无逸"。还有《周书》和"周彝"大都是立在帝王的立场上来说话的，故尔那儿的德不仅包含着正心修身的工夫，并且还包含有治国平天下的作用：便是王者要努力于人事，不使丧乱有缝隙可乘；天下不生乱子，天命也就时常保存着了。

这一套思想，以天的存在为可疑，然而在客观方面要利用它来做统治的工具，而在主观方面却强调着人力，以天道为愚民的政策，以德政为操持这政策的机柄，这的确是周人所发明出来的新的思想。发明了这个思想的周人，在《周书》中表示得很明白，那便是周公。因为上揭的《周书》十一篇中除掉《召诰》的前半是召公所说的话外，其余的都是周公所说的话。那其中流露着的思想我们不能不说是周公的思想。在三千年前的周公已经有这样进步的想法，的确不能不说是一位杰出的人物。他如果不是政治家，不是立在统治者的立场上的人，说不定他在思想上早就把天神来完全否认了，而另外构成了一个什么观念来代替了它的。但他的意识却不能不为他的存在所囿，他的怀疑的精神没有更进一步发展的必要，因而也就没有可能。

周公的思想除开《周书》而外，在《大雅》里面也还见得一些。《大雅》的首篇《文王》据《吕氏春秋·古乐篇》所说是周公所作的，大概可靠，因为我们从本诗中可以得到几个内证。例如：

> 天命靡常。
>
> 聿修厥德，永言配命，自求多福。
>
> 上天之载，无声无臭，仪刑文王，万邦作孚。

这和见于《周书》中的思想完全一致。并且不仅是《文王》这一篇，就是《文王之什》里面所收的十篇，似乎都可以认为是周初的文字，纵使有些地方是经过后代儒者的润色。大凡周初的文字在追颂祖德的时候只说到太王而止，《绵篇》的"古公亶父"自来是说为太王，太王以前，周人还是以女性为酋长的社会。但一到后来便不同了，《吕刑》里面钻出了后稷来，《大雅》的《生民之什》里面，更有了姜嫄生后稷的传说，又有所谓公刘传说。这些传说，据我看来，都是由成康时代或以后的人所编造出来的，用意是要笼络殷人而掩盖自己的暴发。后稷的传说自然是由"帝俊生后稷"的传说敷衍而来，更仿着简狄的故事造一个姜嫄，或者是把自己的宗母推到了帝喾和后稷的中间，与殷人认成了同宗。同在《大雅》中，《生民之什》和《文王之什》的时代是完全不同，但在诗的体裁上却几乎是完全相同的。这是表示着《诗经》全体经过后代的纂诗者（不必是孔子）的一道通盘的润色，以纂者的个性把全书整齐化了。请看《墨子》中所引的诗和今诗的语句多所不同，便可以证明。周人本是初兴的民族，而在初期却已有《周书》和《文王之什》那样的文字似乎是一个矛盾，但这个矛盾是不难解决的，便是那些文字都是仰仗殷人的手笔，就和满人入关前后所有的文诰是仰仗汉人的手笔一样。不过文字虽然是殷人作的，意思可以说是周公授的。

《文王篇》的头几句"文王在上，于昭于天；周虽旧邦，其命维新；有周不显，帝命不时；文王陟降，在帝左右"，这和"文王监在上"的语意是相同的。这表示着在殷末周初的时候，中国人确是有天堂的思想。这种思想在南方的楚人的文学中多少还有些保存，譬如《招魂》上说：

> 魂兮归来，君无上天些。虎豹九关，啄害下人些。一夫九首，拔木九千些。豺狼从目，往来优优些。悬人以娱，投之深渊些。致命于帝，然后得瞑些。

这些虽是后来的文字，但楚人是倾服殷人而不满意周人的，这种观念可以相信一定是由殷代传来。

周公的思想可以说就是周人的"建国方略"，一方面是利用宗教以统治愚民，一方面是努力不懈以操持政柄。周人的统治方略都是根据着他的思想传继下来的。譬如夷、厉时代的彝铭，如《大克鼎》《虢旅钟》《番生簋》《叔向父篦》等一直都是守着这个传统。

> 穆穆朕文祖师华父，冲让厥心，虚^⑩静于猷，淑哲厥德。肆克龚
> （恭）保厥辟龚王，谏乂王家，惠于万民，柔远能迩。肆克友于皇天，顼
> 于上下，贲屯亡敃（浑沌无闷），锡釐亡疆。（《大克鼎》）

> 不显皇考惠叔，穆穆秉元明德，御于厥辟，贲屯亡愍（浑沌无
> 闷）……皇考严在上，翼在下，敤敤溥溥（蓬蓬勃勃），降旅多福。（《虢
> 旅钟》）

> 不显皇祖考，穆穆克哲阙德，严在上，广启厥孙子于下，擢于大服。
> 番生不敢弗帅型皇祖考丕丕元德，用绸缪大命，屏王位。虔夙夜敤求不僭
> 德，用谏四方，柔远能迩。（《番生篦》）

> 余小子嗣朕皇考，肇帅型先文祖，共明德，秉威仪，用绸缪莫保我邦
> 我家。作朕皇祖幽大叔尊篦，其严在上，降余多福繁釐，广启禹身，擢于
> 永命。（《叔向父篦》）

凡在这些文字里面所表现的都是以德为基础，以德为修身齐家治国平天下
的根本义，因而上获天佑。有德的人死了是升在天上的。在《虢旅钟》和
《番生篦》里面和德并列的虽然有一个"元"字出现，但这个字似乎是本源的
意思，或者如像《易传》说的"元者善之长也"的意思。故尔从整个上说来，
夷、厉时代的这些为政者的思想是和周公的思想没有什么距离的，但是对于天
的信仰却远在周公之上。周公的思想是由怀疑出发的，天只是政策上的工具。
宗周的统治一经久了，所谓"殷鉴"渐渐远隔了起来，"天命靡常"的认识朦
胧了，周公的那种怀疑精神完全受了隐蔽，只是所利用的工具焕发着异样的光
辉。我们试把厉王用卫巫使监谤的事情来思索一下，便可以知道那时的为政者
对于天的信仰是怎样的专一了。

> 厉王虐，国人谤王。邵公告曰："民不堪命矣。"王怒，得卫巫使监
> 谤者，以告则杀之。国人莫敢言，道路以目。王喜，告邵公曰："吾能弭
> 谤矣。"……三年乃流王于彘。（《国语·周语》）

且看他用的是巫，而且用的是卫巫，卫是殷之旧地，这很明显地表明着厉

王是怎样地依赖神祇。王者的暴虐是得到神权的保证的，王者的屠杀谤者自然是"恭行天罚"。王者在政治上的责任可以说是让天来担任了。在这儿不仅激起了政治上的暴动，向来相信着是"福善祸淫"的天，也成为了众矢之的，被当时一般"变风""变雅"的诗人们责嚷了起来。《大雅》中相传是厉王时代的几篇，如《板》如《荡》如《桑柔》，及时代相近的《云汉》，责嚷天的话言是层出不穷的。例如：

> 上帝板板，下民卒瘅……天之方难……天之方蹶……天之方虐……天之方侪。（《板》）
>
> 荡荡上帝，下民之辟，疾威上帝，其命多辟。天生蒸民，其命匪谌。（《荡》）
>
> 国步蔑资，天不我将……我生不辰，逢天僤怒……天降丧乱，灭我立王。（《桑柔》）

这里面的"上帝"和"天"，旧时的注家都讲成厉王，那是秦以后的语法，在《诗经》里是绝对讲不通的。而且这些诗人并不是立在民众立场上怨天，而是立在王室立场上怨天的，他们是怨天不作主宰，使下民暴动了起来。板板荡荡都是恶字眼，意思是上帝反动了，上帝昏乱了，上帝闹着乱子，上帝跌了跤，上帝暴虐，上帝冒了火，上帝多邪僻的行为，上帝出言不信……把一个上帝骂得不亦乐乎。又如《小雅》的《十月之交》也是厉王时的诗，近时由《函皇父簋》的出土已经得到了证明。那里面说：

> 下民之孽，匪降自天。噂沓背憎，职竞由人。
>
> （老百姓受的苦，并不是天上降下来的。互相排斥，互相诽谤，都是人干的事。）
>
> 天命不彻，我不敢效我友自逸。
>
> （天命没有一定的轨道，我是不敢跟着我的同僚学乖，不图自勉。）

由对于天的信仰降到了相信人力来，这位诗人的想念可以说是周公思想的复活。

大抵由夷、厉以后，天的思想发生了动摇。这一次的动摇和周初的不同，是很普遍而深刻的。周初的一次动摇只是一二杰出者的怀疑，并且那一二杰出者是有意识地要利用宗教，不仅不肯使宗教的信仰在民间稍稍生出动摇，甚且用尽了全力来要维系着那种信仰。我们可以说在夷、厉以前周代关于天的思想的传统是一贯的，没有改变的。到了夷、厉时代，那动摇是发生在民间，且看民众可以纠合起来放逐天的代理者的"天子"，便可以知道那深刻的程度是怎样。在政治上周人的统治虽然还经历过一次宣王的中兴，但不久仍然衰颓了下来，终竟失掉了他的真实的统治权，只是留存着一个"天子"的虚位一直绵延到周赧王为秦所灭。天的思想在古时候和政治是不能分离的，所取的路径和政治上的路线也刚好是一样。在宣王的时候随着政治的中兴，天的思想也曾中兴过一回。《大雅》《小雅》中好些是宣王时代的诗，特别像《崧高》和《烝民》两篇，连作者的名字都是在诗里面自行表示着的。吉父便是《兮甲盘》的兮伯吉父，连他的彝器在世上都有流传。《烝民》里说：

> 天生烝民，有物有则，民之秉彝，好是懿德。
> 天监有周，昭假于下，保兹天子，生仲山甫。

这是说一切的庶民都是天所生的，有物质上的身体，有精神上的规律，人之守常务正者是喜欢有好的身体和好的精神。这种人便是有德的人，是天生来保佑国家和王者的。物与则两方并没有偏轻偏重，所以知道的是在下文：

> 仲山甫之德，柔嘉维则。令仪令色，小心翼翼。古训是式，威仪是力。

"令仪令色……威仪是力"是物一方面的修饰，"柔嘉维则""小心翼翼"是则一方面的执守，诗人的德是两方面兼顾着的。这种有德的人便足以治国平天下，故又说："既明且哲，以保其身。夙夜匪懈，以事一人。"明哲保身的意思是说要心地光明，同时要保存着自己的身体之有威仪，这被后世错解了，以为是图身体的安全，避免祸败。诗人的意思并不是那样退缩的。所谓"维仲山甫，柔亦不茹，刚亦不吐，不侮矜寡，不畏强御"，这岂是徒靠聪明避免祸害的态度吗？由这几句话可以看出"柔嘉维则"的意思。柔是消极一方面的谦冲，嘉是积极一方面的刚毅。虞注《易·遁卦》的"嘉遁"说"乾为嘉"⑪，又《随卦》的"孚于嘉"说"阳为嘉"⑫，便是这儿的嘉字的意思。故尔所谓"柔嘉维则"是说"刚柔合中"。审察尹吉甫的这种一面尊天一面尚德的思想，和周公的思想并没有什么两样，他称仲山甫"古训是式"，可以见得他自己实在是保守"古训"的了。

还有《毛公鼎铭》也是宣王时的文字，那儿所记录的是宣王自己所说的话。例如说：

> 不显文武，皇天宏庆厥德，配我有周，膺受大命……唯天将集厥命，亦唯先正襄父厥辟，劳⑬勤大命，肆皇天无敦，临保我有周，丕巩先王配命。

这说到天眷有德及有德者必配天的观点，但已经含有"天命靡常"的意思在里面，便是没有德的便不会得着天佑。所以接着又说：

> 敃天疾威，司余小子弗及（急），邦将害（曷）吉？……余非庸又昏，汝勿敢妄宁，虔夙夕惠我一人，雝我邦小大猷，毋折缄，告余先王若德。用印⑭（仰）邵皇天，绸缪大命，康能四国，俗（欲）我弗作先王忧。

明明是兢兢业业，不敢懈怠，恐天命将要失坠的意思。

在宣王时代，为政者一方面虽然努力在把周初的思想唤醒起来，希图恢复周家的统治，但已经普遍而深刻地遭了动摇的天，有意志的人格神的天，再不能有从前的那样的效力了。一入春秋时代，天就和他的代理者周天子一样只是拥有一个虚名，信仰的人自然也还有，但毫不信仰的人却是特别地多。譬如在古时候王者是要仰仗龟卜来传达神命的，而楚的门廉要说："卜以决疑，不疑何卜？"（《左传》桓十一年）古时候说一切的休咎祸福是由天降下来的，而郑的申缟说："妖由人兴也，人无衅焉，妖不自作。人弃常则妖兴，故有妖。"（《左传》庄十四年）晋的伯宗说："民反德为乱，乱则妖灾生。"（《左传》宣十五年）又如鲁昭二十六年有彗星在齐的分野，齐侯要禳，晏婴劝他莫禳。哀六年"有云如众赤鸟夹日以飞"，楚昭王命人去问周大史，周大史叫他祭，可以把祸移给令尹，楚昭王也终不肯祭。郑国的子产有一句话更说得透彻，便是"天道远，人道迩，非所及也"（《左传》昭十八年）。这些都表示着春秋时代的为政者的思想是很有点程度地脱离了天的羁绊，连把旧时的愚民政策的各种工具都没有热心再维持下去了。这层由官制的进化上也可以证明。古时候的官职是以关于天事即带宗教性质的官居于上位的，其次是政务官和事务官。《曲礼下》说：

> 天子建天官，先六大：曰大宰、大宗、大史、大祝、大士、大卜，典司六典。天子之五官：曰司徒、司马、司空、司士、司寇，典司五众。天子之六府：曰司土、司木、司水、司草、司器、司货，典司六职。天子之六工：曰土工、金工、石工、木工、兽工、草工，典制六材。

六大中的大宗、大祝、大卜，都是宗教性质的官职，在初原是很显要的，但在春秋时代这些官职都式微了下来，转是次位的五官大出其风头。更到汉代，如司马迁《报任少卿书》上所说：

> 文史星历近乎卜祝之间，固主上所戏弄，倡优所畜，流俗之所轻也。

这部官职贵贱之推移史正明白地表现着天道思想的没落。

三

春秋时代的智者对于天虽然取着不信的态度，但天的统治如周王仍拥有天子的虚位一样，依然在惯性中维持着的。所以当时的诸侯强凌弱，众暴寡，完全在执行着以力为正义的霸道，而声罪致讨的时候，动辄便要称天，动辄便要闹一出勤王的把戏。就如声称"天道远，人道迩"的子产也时而要高谈其鬼神（参看《左传》昭七年）。所以春秋在政治上是争乱的时代，在思想上是矛盾的时代。政治上的争乱是在求定，思想上的矛盾是在酝酿着新的统一的。在春秋末年，这种新的统一是逐渐地出现了，在中国的思想史上展开了灿烂的篇页。

在这儿是应该讨论老子的思想的，但在说到他的思想之前，却有讨论老子这个人的存在和年代的必要。老子这个人的存在和他的年代，近年来成了很大的问题，原因是世间所传的《老子》那部书明显地表示着战国时代的色彩，那绝不是春秋末年所能有的书。由这个事实便生出了对于人和年代的怀疑。有人说老子这个人和他的书一样都是战国时人所假造的，这是根本否定了老子的存在。又有人说老子是有其人，但不是春秋末年的老聃，而是《史记·老子列传》里所说的在孔子死后百二十九年的周太史儋。问题到现在依然是没有解决的。

据我自己最近的研究，知道了对于老子的怀疑在汉初本来就是有的。《史记》的一篇《老子传》表示得非常明白。那儿对于老子的存在有三种主张：一说是老聃，是孔子的先生；一说是老莱子，与孔子同时；又一说是太史儋，是在孔子死后百二十九年。太史公自己和他同时代的人又想调和这几种说法，创出了老子长寿说来，说"盖老子百有六十余岁或言二百余岁"。老子有这样的长寿，那么上而老聃，下而太史儋，都含盖在里面去了。然而调和说和其他三种主张一样都是没有把问题解决了的，看太史公在自己的长寿说上加上一个"盖"字，便可以知道连太史公自己都是没有把握的。但我们要知道这些问题之所以发生，在《老子传》中虽然未曾明言，那一定是汉人早见到了《老子》那部书的时代性，故尔对于老子这个人才生出了怀疑，并生出了提供新的解说的要求的。

但我们要知道老子就是老聃，本是秦以前人的定论，《庄子》《吕氏春秋》《韩非子》，都是绝好的证明。

《庄子·天下篇》里论及老聃，引用了他的"知其雄守其雌为天下溪，知其白守其辱为天下谷"的话，那在今存《老子》的第二十八章中，可见《天下篇》的作者是认定老子即是老聃。而老聃曾为孔子的先生，是在《德充符》《天道》《天运》诸篇里散见着的。

《吕氏春秋》里有五处说到老聃的地方。

一、荆人有遗弓者而不肯索，曰："荆人遗之，荆人得之，又何索焉？"孔子闻之曰："去其荆而可矣。"老聃闻之曰："去其人而可矣。"故老聃则至公矣。（《贵公》）

二、孔子学于老聃、孟苏、夔靖叔。（《当染》）

三、老聃则得之矣，若植木而立。(《去尤》)

四、老聃贵柔，孔子贵仁，墨翟贵廉（兼），关尹贵清，子列子贵虚，陈骈贵齐，阳生贵己，孙膑贵势，王廖贵先，兄良贵后。(《不二》)

五、圣人听于无声，视于无形，詹何、田子方、老耽（即老聃）是也。(《重言》)

这所谓"至公""贵柔""听于无声，视于无形"的老聃明白地是《道德经》中所表现着的老子，而老子与孔子同时，且为孔子的先生，在吕氏门下的那一批学者也是毫无疑问的。

《韩非子》有《解老》《喻老》诸篇，所解所喻的《老子》都和今存的《老子》无甚出入。而《六反篇》里引老聃有言曰"知足不辱，知止不殆"，在今本第四十四章。《内储说下·六微》里言："权势不可以借人……其说在老聃之言'失鱼'也。"其下所引申的说明又引用着"国之利器不可以示人"的话，都在今本第三十六章中。《喻老篇》也有同样解说着这一章的话。可见韩非子眼中的老子也就是老聃。

老子即老聃，在秦以前人本来是没有问题的，而在秦以后便生出了问题来，这是什么原故呢？这是因为秦以前人都知道《老子》成书甚晚，是老子的遗说而为后人所纂集的，就和《论语》是孔门弟子所纂集，《墨子》是墨家弟子所纂集的一样，那自然是不会有问题发生的；而在秦以后的人以为《老子》是老子自己所作，故尔在一发现到书中饱和着战国时代的色彩的时候，便对于老子的存在发生了问题。提出了这问题的汉人是表示着大有研究的精神，但可惜那研究没有到家，没有把问题的全面顾虑周到，便性急地提出了些结论来，便结果成了太史公的那篇支离灭裂的《老子传》。

其实老子的《道德经》是纂成于战国时人的环渊，在《史记》的《孟荀列传》中替我们保存下了这一个史实。《孟荀列传》上说：

自驺衍与齐之稷下先生，如淳于髡、慎到、环渊、接子、田骈、驺奭之徒，各著书言治乱之事，以干世主……慎到，赵人。田骈、接子，齐人。环渊，楚人。皆学黄老道德之术，因发明序其旨意。故慎到著《十二论》，环渊著《上下篇》，而田骈、接子皆有所论焉。

太史公的这段文字自然是根据着齐国的史乘而来的。但这"学黄老道德之术，因发明序其旨意"的环渊所著的《上下篇》，不就是老子《道德经》的"上下篇"吗？太史公引用了这个史实，连他自己都不曾明白这《上下篇》就是《道德经》，却在《老子列传》里面又另外记出了一段《上下篇》成立的传说。

> 老子修道德，其学以自隐无名为务。居周久之，见周之衰，乃遂去。至关，关令尹喜曰："子将隐矣，强为我著书。"于是老子乃著书《上下篇》，言道德之意五千余言而去，莫知其所终。

这完全是传说，而且造出这个传说的一定是汉人，是那主张老子即太史儋的那批汉人。在汉人的眼目中总是把《老子》认为是老聃自己作的书，因为书的时代性太晚，故尔又把老聃认为太史儋。太史儋是由周入秦的，其中必然要经过一些关门，故尔又造成了这项过关作书的传说。这传说中的"关令尹"就是《庄子·天下篇》和《吕氏·不二篇》中的关尹，关尹其实就是环渊的音变。《天下篇》中所举的墨翟、禽滑釐、尹文、宋钘、彭蒙、田骈、慎到、关尹、老聃、庄周、惠施、桓团、公孙龙，《不二篇》里所举的老聃、孔子、墨翟、关尹、子列子、陈骈（田骈）、阳生、孙膑、王廖、兒良，都是人名，断不能说"关尹"两个字特别是官职。只因环渊由方言之故变成了关尹，这就和老聃一作老耽，田骈一作陈骈，宋钘一作宋轻（见《孟子》）的一样，在秦以前是常有的现象，落到汉人手里便望文生义地把关尹弄成了"关令尹"，又因环渊本是著《上下篇》的人，便又转化成老子为"关令尹"作书的故事。这种转变，已经是可笑的。弄到《汉书·艺文志》更生出了"《关尹子》九篇，名喜"的话。《关尹子》不用说是汉人的依托，"名喜"的根据是由于误读了太史公的"关令尹喜曰"的那句话，其实"喜"字是动词，是说"关令尹"欢喜，并不是说"关令尹"名喜。

环渊这个人的姓名讹变得最为厉害，除变为关尹而外，在典籍中还有玄渊、蜎渊、娟嬛、娟蠉、便蠉、便蜎等种种异称。而在《荀子》的《非十二子篇》中误为它嚣，在《韩诗外传》中更误为范雎。关于这些转变，我另外有详细的专文⑮，在这儿不愿意多生枝节。我在这儿所要说的，只是《道德经》

是环渊所纂集的老子的遗说，他是楚人，游宦于齐，而与孟子约略同时。环渊除掉纂录了《上下篇》之外也还有他自己的著作，便是《艺文志》的"《蜎子》十三篇"，可惜那部书是亡逸了。环渊纂集老子遗说，就和孔门弟子纂集孔子遗说，墨家弟子纂集墨子遗说一样，在秦以前人大约是周知的事实，故尔没有发生问题。而《庄子·天下篇》把关尹（环渊）和老聃并举，特别称他们为"古之博大真人"（这是说古时候有过的博大真人，不是以关尹、老聃为古人），足见得环渊和老聃的关系很密切。他是道家的正统，而庄子的一派又自认为是承继着这个道统的。但是环渊是文学的趣味太浓厚的楚人，他纂集老子遗说的态度却没有孔门弟子那样的质实，他充分地把老子的遗说文学化了，加了些润色和修饰，遂使《道德经》一书饱和了他自己的时代色彩。因此我们对于《道德经》所应取的态度，虽不是完全的不信，然也不可全信。便是文章的词藻多半是环渊的，而所言道德的精神则是老子的。阐明了《老子》这部书的来历，我们然后才可以在限定的范围内利用它来讨论老子的思想以及中国思想史的发展。

老子的最大的发明便是取消了殷周以来的人格神的天之至上权威，而建立了一个超绝时空的形而上学的本体。这个本体他勉强给了它一个名字叫作"道"，又叫作"大一"。《道德经》的第二十五章说：

> 有物混成，先天地生，寂兮寥兮，独立而不改，周行而不殆，可以为天下母。吾不知其名，强字之曰道，强为之名曰大一。（一字原夺。）

这段文字是老聃的根本思想，不是到战国时候才生出来的东西，在《庄子》和《韩非子》上是有旁证的。《庄子》的《天下篇》说：

> 以本为精，以物为粗，以有积为不足，澹然独与神明居。古之道术有在于是者，关尹老聃闻其风而悦之。建之以常无有，主之以太一。

所谓"常"便是"独立而不改"，所谓"无"便是"寂寥"，所谓"有"便是"混成""周行"，所谓"太一"便是"大一"，便是"道"。

《韩非子》的《解老篇》上也说：

> 夫物之一存一亡，乍死乍生，初盛而后衰者不可谓"常"。唯夫与天地之剖判也俱生，至天地之消散也不死不衰者谓"常"……圣人观其玄虚，用其周行，强字之曰"道"。然而可论，故曰"道可道非常道"也。

所谓"强字之曰'道'"即出本章，而"道可道非常道"更是《道德经》中的第一句。故尔在资料上以及由文字上说来，"道"这个观念为老子所发明，是毫无疑义的。

道字本来是道路的道，在老子以前的人又多用为法则。如《尚书·康王之诰》的"皇天用训厥道，付界四方"，《左传》中子产所说的"天道""人道"，以及其他所屡见的道字，都是法则或方法的意思。但到了老子才有了表示本体的"道"。老子发明了本体的观念，是中国思想史上所从来没有的观念，他找不出既成的文字来命名它，只在方便上勉强名之曰"大一"，终嫌太笼统，不得已又勉强给它一个字，叫作"道"。选用了这个道字的动机，大约就因为有"天道"的成语在前，而且在这个字中是包含有四通八达的意义的吧。这些话正表示着老子的苦心孤诣的发明。

"道"是宇宙万物的本体，是为感官所不能接触的实在，一切由人的感官所生出的范畴不仅不能范围它，且都是由它所引申而出；一切物质的与观念的存在，连人所有的至高的观念"上帝"都是由它所幻演出来的。

> 道冲而用之或（又）不（丕）盈，渊兮似万物之宗……湛兮似或存。吾不知谁之子，象帝之先。（第四章）

连"上帝"都是由"道"所生出来的，老子对于殷周的传统思想的确是起了一个天大的革命。帝和鬼神没有道的存在是不能存在的；有了道，在智者看来，鬼神也就失其威严。

> 天得一以清，地得一以宁，神得一以灵，谷得一以盈，万物得一以生，侯王得一以为天下贞。（第三十九章）
> 以道莅天下其鬼不神；非其鬼不神，其神不伤人。（第六十章）

第六十章的话亦见《韩非子·解老篇》，第三十九章有"贵以贱为本，高以下为基"的话见于《战国策·齐策》四，为颜蠋所引用为老子语，故尔这些话我们是能够相信的确是老子的。鬼神都失其尊严，则相传为通达鬼神之意的卜筮自然失其神秘。故尔他说：

> 能无卜筮而知吉凶。（《庄子·庚桑楚篇》所引）

但是在政治思想上老子是主张"愚民"的人。在作为愚民的手段上，他对于天或鬼神仍然肯定着。例如说：

> 天之所恶，孰知其故？（第七十三章）
>
> 天将救之，以慈卫之。（第六十七章）（亦见《韩非子·解老篇》）
>
> 天道无亲，常与善人。（第七十九章）
>
> 是谓配天，古之极。（第六十八章）
>
> 善建者不拔，善抱者不脱，子孙以祭祀不辍。（第五十四章）（亦见《韩非子·解老篇》及《喻老篇》）

这些辞句和向来的传统思想并无多大的差别，这正是春秋时代的矛盾思想的孑遗。老子自己把那矛盾没有清算得干净。他的思想的特色是建立了一个新的宇宙的根元，而依然保守着向来的因袭。就是他的新的发明也还没有十分圆熟。例如本体的"道"是从什么地方发生出来的，在他都还是疑问。他说"吾不知谁之子"，便是这个疑问的表明。又譬如第二十五章上说：

> 人法地，地法天，天法道，道法自然。

于"道"之上又列出"自然"来，所谓"自然"当然是指天地中一切云行雨施的变化，让"道"来取法乎它是连"道"也失掉了它的至上性了。这些地方正表现着老子思想的未圆熟，也表现着他的苦心处，他对于他自己所产生出的"道"的来历确实是还在苦心探索着的。

继老子而起的伟大的智者是孔子，孔子和老子有过师生的关系，在孔子自己和他的门徒们都是承认着的。《论语·述而篇》说"述而不作，信而好古，窃比于我老彭"，老彭就是老聃[⑯]。《礼记·曾子问》记载四处论礼的话，孔子都说是"闻诸老聃"。孔子既向老聃问过礼，想来于老聃的形而上学的思想一定是曾经接触过的。但遗憾的是，孔子是自称"述而不作"的人，他的思想没有由自己体系出来。他所表彰的《六经》都不是他自己作的。《易经》的《十翼》在前是以为孔子作的，但到近年来已经遭了否认，竟连他曾经见过《易经》的话都是靠不住的。孔子和《易经》发生过关系的痕迹，在《论语》上只有两处。

> 子曰：加我数年，五十以学《易》，可以无大过矣。(《述而》)
>
> 子曰：南人有言曰"人而无恒不可以作巫医"，善夫，"不恒其德或承之羞。"子曰不占而已矣。(《子路》)

但这前一例在《鲁论》是作"五十以学，亦可以无大过矣"(据《经典释文》)，又汉《高彪碑》"恬虚守约，五十以学"也就是根据的《鲁论》。后一例"不恒其德或承之羞"是《周易·恒卦》九三的爻辞，但《论语》上并没有引作"《易》曰"。还有《宪问篇》有曾子曰"君子思不出其位"的话和《易经·艮卦》的大象相同，也没有引作"《易》曰"。这些与其说是孔子、曾子曾经见过《易经》，毋宁说是编制《易经》的人盗用了他们的话。因为《周易》的经部本来是由既成的繇辞或谚语所编辑出来的。晋时太康年间由汲郡的魏襄王墓所发掘出的竹简，关于《易》的部分很多。

《晋书·束晳传》云：

> 其《易经》二篇与《周易》上下经同。《易繇阴阳卦》二篇与《周易》略同，繇辞则异。《卦下易经》一篇似《说卦》而异。《公孙段》二篇，公孙段与邵陟论《易》……《师春》一篇，书《左传》诸卜筮，"师春"似是造书者姓名也。

其次，杜预《左传集解·后叙》云：

> 《周易》上下篇与今正同，别有《阴阳说》而无《彖》《象》《文言》《系辞》……又别有一卷，纯集疏《左氏传》卜筮事，上下次第及其文义皆与《左传》同，名曰《师春》。"师春"似是抄集者人名也。

据此则《周易》上下《经》在魏襄王时即孟子时代确已成书，然又有与
"《周易》略同繇辞则异"的《易繇阴阳卦》二篇，可见《易经》的编制在当
时也不只一种。今存《左传》中所载的卜筮繇辞有与《周易》同，也有与
《周易》不同的，大率即由于根据这些不同的底本而来。《师春》当是师春的
著作，其书在汉之秘府中当有残存，为刘歆所割裂，分载入于《左传》。这部
《师春》是可以从《左传》摘取出来使它复原的。《左传》记卜筮终于哀公十
一年，所说的都是预言而且都是的中了的，那自然是事后的假托无疑。因此我
们可以断定师春一定是孔子以后的人。他作书的目的是在保证《周易》的神
秘，而所依据的底本复有种种，同时也可以断定他在保证《周易》之外还保
证《易繇阴阳卦》。大约这些书就是公孙段、邵陟、师春这一批人所纂集并依
托的。这一批人的年代至早不得过战国初年，而他们和儒家的关系也全不可
考，因此孔子和《周易》的关系也就是莫须有了。

至于《庄子》的《天运篇》里言孔子"求之于阴阳十有二年"，又说
"丘治《诗》《书》《礼》《乐》《易》《春秋》六经"，而《天下篇》里也说：
"其在于《诗》《书》《礼》《乐》者，邹鲁之士、缙绅先生多能明之。《诗》
以道志，《书》以道事，《礼》以道行，《乐》以道和，《易》以道阴阳，《春
秋》以道名分。"虽明白地表示着孔子和《易》的关系，但《天运篇》是庄子
的后学作的，大约是在战国末年，而《天下篇》的"《诗》以道志"以下六
句，近人马叙伦更疑是"古注文，传写误为正文"⑰的，由上下的文脉来看，
此疑很近情理。

孔子和《易》虽然没有关系，但他在老聃思想已经发生了的空气中，受
了它的感化是可能的。目前最可靠的资料是《论语》，虽然那已经是曾子的后
学所纂集成的，但纂集的态度颇质实，我们是很可以置信的。那儿我们很可以
得到一些消极的引证。

子贡曰："夫子之文章可得而闻也，夫子之言性与天道不可得而闻
也。"（《公冶长》）

季路问事鬼神。子曰："未能事人，焉能事鬼?"曰："敢问死?"曰：
"未知生，焉知死?"（《先进》）

　　子疾病，子路请祷。子曰："有诸？"子路对曰："有之，《诔》曰：
'祷尔于上下神祇。'"曰："丘之祷久矣。"（《述而》）

　　子不语怪力乱神。（《述而》）

据这些资料可见孔子对于殷、周以来的传统思想取的是否认的态度。
但他却肯定祭祀。

　　祭如在，祭神如神在。子曰："吾不与祭如不祭。"（《八佾》）

这儿好像是一个矛盾。但我们要看重那两个"如"字，鬼神是如像在，
并不是真正的在。他的肯定祭祀是求的祭祀者的心理的满足，并不是认定被祭
祀者的鬼神之真正的存在。《礼记·檀弓》里有一段话："惟祭祀之礼，主人
自尽焉尔，岂知神之所飨？"正是这句话的注释。后来的礼家谈到祭礼的精神
上大抵都是这一种态度的发挥。所以孔子又说：

　　务民之义，敬鬼神而远之，可谓知矣。（《雍也》）

这也就是《檀弓》上的"之死而致死之（死了就当他是死了），不仁而不
可为也。之死而致生之（死了还当他是活的），不知而不可为也"的另一种说
法。孔子是否认鬼神的；有以鬼神为存在的，他说是不智，但自然界与祖宗父
母对于自己有很大的恩德，他在祭祀中便来表示着自己的思恩的意思，若连这
种思恩的意思都要否定，他是认为不仁。所以他的肯定祭祀始终是在感情方面
的满足[18]。

　　孔子又相信命。

　　不知命无以为君子也。（《尧曰》）

　　君子有三畏：畏天命，畏大人，畏圣人之言。（《季氏》）

　　道之将行也与？命也。道之将废也与？命也。（《宪问》）

　　五十而知天命。（《为政》）

也时常称天。

　　子畏于匡，曰："文王既没，文不在兹乎？天之将丧斯文也，后死者

不得与于斯文也。天之未丧斯文也，匡人其如予何？"（《子罕》）

颜渊死，子曰："噫！天丧予！天丧予！"（《先进》）

不怨天，不尤人，下学而上达，知我者其天乎！（《宪问》）

获罪于天，无所祷也。（《八佾》）

吾谁欺？欺天乎？（《子罕》）

唯天为大，唯尧则之。（《泰伯》）

这些命和天或天命，假使是殷周传统思想上的至上的人格神和神的意旨的解法，那和否定鬼神的态度又是矛盾的。然而孔子所说的"天"其实只是自然，所谓"命"是自然之数或自然之必然性，和向来的思想是大有不同的。且看下列的一句话便是证据。

天何言哉？四时行焉，百物生焉，天何言哉？（《阳货》）

这儿的两个"天"字古本有作"夫"的，但由四时百物的两句话看来，那显然是字误。看了孔子这句话便可以知道孔子心目中的天只是自然，或自然界中的理法，那和旧时的有意想行识的天是不同的。故尔他可以"不怨天"，也不必向天祈祷。假使他心目中的天是有意想行识的，那在道之不行的时候，一定会和做变风变雅的那一批诗人一样，对于天生出怨嗟祈向来了。

从《论语》中所能剔取出的孔子的天道思想就止于此，但就仅止这一点在天道思想的整个的历史上要算是一个进步。他是把老聃思想和殷周的传统思想融和了。他避去了老子的"道"的一个名称，而挹取了他的精神来对于向来的天另外加了一番解释。他是把天来合理化了，也可以说把老子的道来神化了。在他的思想中"道"即是"天"。后来的儒家，特别是作《易传》的人，是深深地懂得了这种思想的。

老子和孔子在根本上都是泛神论者，而在肯定人格神的狭隘的宗教家看来，便都是无神论者。故尔到了宗教家的墨子对于他们便一样地非毁了起来。

墨子是一位宗教家，他的思想在今存的《墨子》书中只能够根据下列的几篇：

《尚贤》　《尚同》　《兼爱》　《非攻》　《节用》

《节葬》　《天志》　《明鬼》　《非乐》　《非命》

这几篇是分成上中下三篇的，都是大同小异的文字，那便是墨家三派所个别著录出的墨子的语录。其余的各篇都是后人所附益的。

《韩非子·显学篇》说：

> 自墨子之死也，有相里氏之墨，有相夫氏之墨，有邓陵氏之墨……墨离为三。

《庄子·天下篇》也说：

> 相里勤之弟子，五侯之徒，南方之墨者苦获己齿、邓陵子之属，俱诵《墨经》而倍谲不同，相谓"别墨"。

"相夫"，孙诒让《札迻》云："蒲阪圆引山仲质云'相夫一本作祖夫'。"又云："《元和姓纂》二十陌有伯夫氏，引《韩子》云伯夫氏墨家流也。"孙以为殆均是柏字之误。今案孙说是也，柏夫殆即五侯。又《艺文志》墨家有《胡非子》，疑是一人。苦获己齿似一氏一名，当连"南方之墨者"为读，因为是南方人故有此奇异的姓名。前人将"南方之墨者"属上读，又分苦获己齿为二人，似乎都是错误的。墨家有这三派，故尔他们所据的《墨经》有"倍谲不同"的三篇，《墨经》就是那分成上中下的十篇，并不是今本《墨子》中的所谓《经上》《经下》的那两篇。

《墨子·鲁问篇》里面更有下列的一段话。

> 子墨子曰：凡入国必择务而从事焉。国家昏乱则语之尚贤尚同，国家贫则语之节用节葬，国家憙音湛湎则语之非乐非命，国家淫僻无礼则语之尊天事鬼，国家务夺侵凌则语之兼爱非攻。

所说的也只提到那十篇的主旨。这正是一个显明的证据。就这样在我们讨论墨子思想的时候，不应该跳出了这十篇的范围。

就那十篇中看来，墨子根本是一个宗教家，他是把殷、周的传统思想复活了。他是肯定了一位人格神的天，自然也肯定了鬼神。人民万物都是天所造生的，国家政长都是天所建立的，有天在作一切的主宰，由天之意志在赏善罚恶，善恶无所逃形，没有什么自然之数在里面。这便是他的根本思想。这样的主旨贯穿于那全部十篇中，且引几项扼要的文字在下面。

> 我有天志，譬若轮人之有规，匠人之有矩。（《天志上》）
>
> 天不可为林谷幽门无人，明必见之……天欲义而恶不义……顺天意者兼相爱，交相利，必得赏。反天意者别相恶，交相贼，必得罚。（《天志上》）
>
> 鬼神之能赏贤而罚暴……鬼神之所赏，无小必赏之。鬼神之所罚，无大必罚之。（《明鬼下》）

他的兼爱、尚贤、非攻、节用等等学说都是以这天鬼为规矩而倡导出来的。他的这些学说是天的意旨，能够实行这些学说的便是体贴了天的意旨，一定要受赏，不然便要受罚。但是天鬼和这些学说的根据是从哪里来的呢？一问到根据上来，他总离不了古书、古史，便是古书上是这样说，古史上有这样的记载。所以他实际上是一位复古派。最可注意的是他所引的古人，在善人方面有尧、舜、禹、汤、文、武、伯益、伊尹、傅说、泰颠、闳夭、散宜生、南宫括诸人，大抵与儒家相同，而却没提到周公。《所染》《耕柱》《贵义》诸篇虽然也提到了周公，但那些是在十篇之外。在这儿最明显地表现着墨子和孔子的态度之不同。因为凡在周初的《诗》《书》中所表现着的周公的思想，对于天取的是怀疑的态度，根本信仰上帝的墨子自然提不到他，而把天看成一种自然中流行的理法并否定其为人格神的孔子自然要时常梦见周公了。

墨子的思想从历史的演进上看来，实在是一种反动。他的立论根据异常薄弱。但他的学术一出却是风靡一时，不久便与儒家和道家的杨朱三分天下。揆其所以然的原故，大约即由于他的持论不高，便于俗受。本来殷、周二代都是以宗教思想为传统的，尤其是周代乃利用宗教思想为统治的工具，宗教思想是浸润于民间的。就算是直到两千年以后的今天，对于"天老爷"的信仰也依然是根深蒂固地存在于民间，只要有一"替天行道"的狂信者出现便立刻可以造成一种教派。墨家在当时之所以流行，大约也就和这一样。墨子的家世不详，《元和姓纂》以为是"孤竹君之后"，毫无根据。近人钱穆谓"墨本刑徒之称"，又解"墨子兼爱，摩顶放踵"一语，以为"摩顶者摩突其顶。盖效奴作髡钳，所以便事。放踵则不履不綦，出无车乘"[19]。这种解法颇近情理。或者他的先人本是职司刺墨的贱吏，后世以为氏。总之他和老子、孔子比较起来，出身当得是微贱的。老子为周守藏史，孔子的先人是宋国的贵族，他们都是当时的上流人物，故他们的陈义甚高，而墨子则迥然不同，只是一味地保守。所以楚的威王说他"言多而不辩"（《韩非子·外储说左上》），荀子讥他的是"役夫之道"（《王霸》），又说他"蔽于用而不知文"（《解蔽》）。汉时的王充也说他的学术"虽得愚民之欲，不合知者之心"（《论衡·薄葬》），是很得乎正鹄的。不过王充以他那种见解为墨学不传的原因，那却是说到反面。因为不辩不文能得愚者之欲，正是墨学之所以传，它的所以不传是因墨子后学溺于辩而流于文，取消了自己的宗教的特质。墨子的后学自己也见到了有不辩不文的缺点，故在言说上力求其文而趋于名辩，在思想上便力求其宗教色彩之淡薄而拜借儒家道家的理论。在《墨子》书中如《经》《说》四篇及《大取》《小取》，便是前一种的表现，如《亲士》《修身》《所染》，便是后一种的表现。那些都不是墨子本人的见解，是他的后学所演化出来的。但那样一转变，他的学派是自行取消了。他的学统的完全失传是所谓"鱼烂而亡"。

四

中国的思想史上自从有老子、孔子、墨子这三位大师出现以后，在战国年间演出了一个学术的黄金时代，这同时也是学派斗争得最剧烈的时代。墨家的一派非毁儒道，道家的一派非毁儒墨，儒家的一派非毁道墨。"道家"这个名称是汉人所取的，在战国时代的人是以杨朱为其代表，孟子说："圣王不作，诸侯放恣，处士横议，杨朱、墨翟之言盈天下。天下之言不归杨，则归墨。杨氏为我，是无君也。墨氏兼爱，是无父也。无父无君是禽兽也。"（《滕文公下》）又说："距杨、墨，放淫辞……能言距杨、墨者圣人之徒。"（同上）又说："杨子取为我，拔一毛而利天下不为也。墨子兼爱，摩顶放踵，利天下为之。"（《尽心上》）又说："逃墨必归于杨，逃杨必归于儒。"（《尽心下》）《庄子》的《骈拇篇》上也说："骈于辩者，累丸，结绳，窜句，游心于坚白同异之间，而敝跬誉无用之言，非乎？而杨、墨是已。"《胠箧篇》上说"削曾、史之行，钳杨、墨之口"。孟子和庄子都是以杨、墨对举。杨朱本是老聃的弟子，在家派的竞争上不攻击老聃而攻击杨朱，当是因为老聃是百家的元祖，对于他有一种特别的尊敬或规避。庄子本是道家，也在攻击杨朱，那是因为在同一家派中又有斗争，就和儒家的荀子在攻击子思、孟子等的一样，而且《骈拇》《胠箧》等篇是庄子后学做的。

杨朱的著述可惜没有留存，晋人伪托的《列子》中有《杨朱篇》，是不足信的。看孟子说"距杨、墨，放淫辞"，庄子把杨、墨同归于辩者之流，足见杨子的后学也和墨子的后学一样流入了坚白同异之辩的一班诡辩派。孟子既说"杨朱、墨翟之言盈天下"，代表墨辩的有《墨子》书中的《经》《说》《大小取》诸篇，代表杨子的不会说没有人。在这儿我找着了一个根蒂，我发觉了惠施、公孙龙之徒本是杨朱的嫡派[20]。

惠施与孟子同时，是庄子的极好的朋友。因为派别不同而且在被排斥之列，故孟子不曾提过他，但在《庄子》书中则屡见不一见。最重要的是《天下篇》里的一段关于惠施的评述。

> 惠施多方，其书五车（蛞蝓），其道舛驰（据郭庆藩校），其言也不中。历物之意曰："至大无外，谓之大一。至小无内，谓之小一。无厚，不可积也，其大千里。天与地卑，山与泽平。日方中方睨，物方生方死。大同而与小同异，此之谓小同异。万物毕同毕异，此之谓大同异……泛爱万物，天地一体也。"惠施以此为大观于天下而晓辩者，天下之辩者相与乐之……桓团、公孙龙辩者之徒，饰人之心，易人之意，能胜人之口，不能服人之心，辩者之圈（尤）也。

庄子所举出的惠施、公孙龙这一批人的坚白同异之辩，正是孟子所谓"淫辞"，但这一批人的代表惠施，他的学说也不尽全是诡辩。我们看他说"至大无外，谓之大一"，"天与地卑，山与泽平"，"万物毕同毕异"，"泛爱万物，天地一体也"，这却是一派泛神论的断片。而同时从这些学说上便可以断定他是老聃、杨朱的一派。还有《吕氏春秋》的《爱类篇》上有下列一段记载：

> 匡章谓惠子曰："公之学去尊，今又王齐王，何其到（倒）也？"惠子曰："今有人于此，欲必击其爱子之头，石可以代之。"匡章曰："公取之代乎？其不与？""施取代之。子头，所重也；石，所轻也。击其所轻以免其所重，岂不可哉？"

匡章见于《孟子·滕文公下》，取石代子头的譬喻便是《庄子·齐物论》上的"奚必'知代而心自取者'有之，愚者与有焉"的注脚。在这儿说惠施之学"去尊"，也和孟子责备杨朱的学说"无君"相一致。"去尊"译成现代的话当是无政府主义，老聃、杨朱的学说充其极是应该到达这一步的，在这儿也明显地可以看出惠施是杨朱之徒。

惠施继承着老聃的"大一"的思想似乎把它扩展到了无神，他是把本体来代替了天的。但他的思想比老聃更进了一步是提出了"小一"来。这个观念颇如今之原子电子，他是说万物有其"大一"的本体，而万物之实现是由"小一"所积成的。无论由"大一"言或由"小一"言，天地万物都是一体。故尔他能够说"天与地卑，山与泽平"。时间空间都不是绝对的，故尔他能够说"南方无穷而有穷，今日适越而昔来"。由这些观念导引出他的"泛爱"说来，这是把老子的"慈柔"、杨子的"为我"扩大了，把儒家的"仁"和墨子的"兼爱"都是含括了的。在这些地方可以看见学派的分裂，也可以看见学派的融和。各派在互相斗争，而同时也在互相影响着的。便是惠施这"小一"的观念，虽是由他所取的分析的态度所必然得出的结果，然而也应该是受了儒家的五行说的影响。

五行说倡导于儒家的子思，《荀子》的《非十二子篇》上说：

> 犹然而材剧志大，闻见杂博，案往旧造说，谓之五行，甚僻违而无类，幽隐而无说，闭约而无解，案饰其辞而祗敬之曰："此真先君子之言也。"子思唱之，孟轲和之。世俗之沟犹瞀儒嚾嚾然不知其所非也，遂受而传之，以为仲尼、子弓为兹厚于后世。

所谓"五行"虽没有说出它的内容来，看他用"僻违""幽隐""闭约"等字面来品评，可知一定是金、木、水、火、土的五行，旧时注家所说的仁、义、礼、智、信的五常是五行说的引申、发展。子思、孟轲的五行说在今存的思、孟的书中虽然不见，但在《尚书》的《洪范》中是保存着的。《洪范》那篇一定是子思所作的文章，就文笔和思想的内容上看来，《尧典》《皋陶谟》《禹贡》也当得是他作的。子思应该说是战国的一批分析学派的创首，他的五行说到了惠施手中变为"小一"，到了邹衍手中便扩大了起来成为了阴阳生胜之学，更演为灾变神异的秘教，儒者也就讳言起来，荀子要尽力地排斥那倡始者是有由来的。

《洪范》的根本思想是以中正为极，和《中庸》一篇正相为表里。它肯定人格神的"天"和"上帝"，在儒家思想上似乎是倒逆，但那是托古的关系，而且也是有意地要"神道设教"。这是受了墨家的影响，看它托始于禹，也就是儒家要起来夺墨子的教主之席的明白的表现。儒家到了子思已经是有意地要构成为一种宗教的企图，在《中庸》里面这种企图是表示得极明白的。看那里面说：

> 仲尼祖述尧、舜，宪章文、武，上律天时，下袭水土，譬如天地之无不持载，无不覆帱，譬如四时之错行，如日月之代明。万物并育而不相害，道并行而不相悖。小德川流，大德敦化。此天地之所以为大也。唯天下至圣为能聪明睿知足以有临也，宽裕温柔足以有容也，发强刚毅足以有执也，齐庄中正足以有敬也，文理密察足以有别也，溥博渊泉而时出之，溥博如天，渊泉如渊。见而民莫不敬，言而民莫不信，行而民莫不说。是以声名洋溢乎中国，施及蛮貊，舟车所至，人力所通，天之所覆，地之所载，日月所照，霜露所队，凡有血气者，莫不尊亲，故曰配天。

这样堂皇绝顶的一篇大赞辞，十足地把孔子推尊成为了一位通天教主。这不能不说是受了墨家的刺激。然而在《中庸》中也充分地抱取了道家的精华。

> 天命之谓性，率性之谓道，修道之谓教。
> 诚者天之道也，诚之者人之道也。
> 诚者自成也，而道自道也。
> 诚者物之终始，不诚无物。

看他这所谓"诚"便是天，而具现在人身上的便是圣人，分明是从老子的思想演化下来的。诚是道体"独立而不改，周行而不殆"的一个简括。诚便是道，便是本体。不过道家是把本体看成一种朴素的实质，而子思是把本体看成一种永恒不变的理法。这是他们不同的地方。而且子思更说出"诚者自成而道自道"的话来，这是本体自因的说法，比老子的"不知谁之子""道法自然"的话也更进了一步。要之，子思的天道观是采取了老子的思想，而在说教的方便上则以天立极，维系了殷、周以来的传统。儒家到了子思的确是一个宏大的扩张，他的思想是应该把《中庸》《洪范》《尧典》《皋陶谟》《禹贡》等篇拿来一并研究的。

孟子是直承着子思的传统的，他的关于天的思想和子思的没有两样，他也肯定着上帝。

> 虽有恶人，斋戒沐浴可以祀上帝。（《离娄下》）
>
> 天之将降大任于是人也，必先苦其心志，劳其筋骨，饿其体肤，空乏其身，行拂乱其所为，所以动心忍性，曾益其所不能。（《告子下》）

但上帝只是一种永恒不变的自然界的理法。

> 诚者天之道也，思诚者人之道也。（《离娄上》）
>
> 天不言，以行与事示之而已矣。（《万章上》）

他有时也素朴地把它表现成"浩然之气"。

> 我善养吾浩然之气……其为气也至大至刚，以直养而无害，则塞于天地之间。（《公孙丑上》）

这种"浩然之气"，就是人心中的神，人性中的天。天是无所不在的，天在人之外，也在人之内。

> 尽其心者知其性也，知其性则知天矣。存其心，养其性，所以事天也；夭寿不贰，修身以俟之，所以立命也。（《尽心上》）

人与天本是一体，把人扩大起来便是天，便是神，体验得自然界之理法的知道天神就是自己。故尔他说：

> 万物皆备于我。（《尽心上》）
>
> 夫君子所过者化，所存者神，上下与天地同流。（《尽心上》）
>
> 充实之谓美，充实而有光辉之谓大，大而化之之谓圣，圣而不可知之之谓神。（《尽心下》）

《中庸》把仲尼来配天，孟子则骎骎乎要把自己来配天，他是存心想要做第三世教主的，且看《孟子》最后一章以承继尧、舜、禹、汤、文王、孔子自任，便可以知道。

孟子的大我思想和庄子的很相一致。《齐物论》上说：

> 天下莫大于秋毫之末而泰山为小，莫寿于殇子而彭祖为夭。天地与我并生，而万物与我为一。

庄子是承继着老聃的道统的，他对于本体不另立名目，只是直称之为"道"。

> 夫道有情有信，无为（象）无形，可传而不可受（授），可得而不可见，自本自根；未有天地，自古以（已）固存；神鬼神帝，生天生地；在太极之先（上）而不为高，在六极之下而不为深，先天地生而不为久，长于上古而不为老。（《大宗师》）

这种道体观和老子的完全一致，而在说出"自本自根"上则和子思一样比老子更有进境，大约庄子是受了些子思的影响，不过他的道仍然是实质的。道是天地万物的实在的本体，本体演化而为万物。万物是相对的，有限的，本体是绝对的，无限的。秋毫之末是本体的表现，殇子也是本体的表现，于有限之中，体得无限来，则秋毫之末在其本体上是无限大的绝对，比较起感官界的有限大的泰山来，自然是大到无穷；而殇子在其本体上是永没消灭，比较起仅仅八百岁的彭祖来，自然是寿到无穷。我同天地万物都是本体的表现，故从时间上说来天地是和我一同生出来的，从空间上说来万物是和我一体。庄子的大我观出发点虽然和孟子略有不同，但结果是一致的。他们两人约略同时，大约同是出于一种的宗教情操的产物。《庄子·内篇》的七篇中专门论道体的是

《大宗师》一篇。看他选用了"大宗师"这个名目，又看他托诸许由的口，称道为"师"，所说出的下面的一番话：

> 吾师乎，吾师乎。齑万物而不为义，泽及万世而不为仁，长于上古而不为老，覆载天地，刻雕众形而不为巧。

可见在庄子的诗人情操中，"道"又被他拟人化了。但他不仅是在作诗，他在《大宗师篇》中提出了他所理想的人格，便是体得了道体，实现了大我的"古之真人"。在《天下篇》中他把老聃称为"至极"，又称老聃和关尹为"古之博大真人"，而自己是来继承他们。可见庄子有意地在推老聃为第一世教主，关尹为第二世教主，而他自己是第三世。道家到了庄子也有了宗教化的倾向，这也不能不说是墨子的影响。

天道思想，儒家到了思、孟，道家到了惠、庄，差不多是再没有进展的可能了。他们彼此在互相攻击着，也在互相影响着，同时也一样地攻击墨家，而一样地受着墨家的影响，彼此之间的差异是很微细的。再后一辈的荀子，他是颇以统一百家自命的人，又把儒道两家的天道观统一了起来。他在名目上肯定着道家的"道"。他的弟子韩非子流入了道家是有来由的。

> 大道者所以变化遂成万物也。（《哀公》）
>
> 万物为道一偏。（《天论》）

但他所说的道不是道家的实质的本体，而只是儒家的自然界的理法。他是把道家的根本观念儒家化了。自然的理法就是神，也就是天。

> 列星随旋，日月递炤，四时代御，阴阳大化，风雨博施。万物各得其和以生，各得其养以成，不见其事而见其功，夫是之谓神。皆知其所以成，莫知其无形，夫是之谓天。（《天论》）

天就是这样，神就是这样，不当更进一步去求。说天是有意想行识的人格神固然是迷信，说天是超越乎感官的物体后面的实在也毫无把握。只知道自然界中有一种生生不息的运行着的大理法，便天之亦可，神之亦可，道之亦可，诚之亦可，用不着去探求，也用不着去迷信。故尔他说：

> 唯圣人为不求知天。(《天论》)
>
> 日月食而救之，天旱而雩，卜筮然后决大事，非以为得求也，以文之也。故君子以为文，而百姓以为神。(《天论》)

荀子的天道思想的确是把儒道两家融和了的。这种思想和《易传》，特别是《系辞传》的思想完全如出一范。在这儿且引几条来和它对照。

> 神无方而易无体。
>
> 一阴一阳之谓道……显诸仁，藏诸用，鼓万物而不与圣人同忧，盛德大业至矣哉。富有之谓大业，日新之谓盛德，生生之谓易，成象之谓乾，效法之谓坤……阴阳不测之谓神。
>
> 乾坤成列而易立乎其中矣。乾坤毁则无以见易。易不可见，则乾坤或几乎息矣。是故形而上者谓之道，形而下者谓之器，化而裁之谓之变，推而行之谓之通，举而措之天下之民谓之事业。
>
> 天下同归而殊途，一致而百虑。天下何思何虑！日往则月来，月往则日来，日月相推而明生焉。寒往则暑来，暑往则寒来，寒暑相推而岁成焉。往者屈也，来者伸也，屈伸相感而利生焉。尺蠖之屈以求伸也，龙蛇之蛰以存身也，精义入神以致用也，利用安身以崇德也，过此以往未之或知也。穷神知化，德之盛也。

看这把"道"看为自然界中变化着的理法，同时把它看成神，看成天地，自此以上不主张再去探求，这和荀子的《天论》是完全同一的思想和态度。不同的只是《系辞传》作者是在赞《易》，故又在"易"中看出自然界的理法，易就是变化，而变化是有永恒性的，是呈示在人的眼前再简单也没有的现象，再简单也没有的真理。故尔易是变易、不易、简易。这样的"易"，在作《易传》者的眼里，又看成了可以代替"道"，可以代替"神"的一个新名词。他离开了卜筮来谈自己的哲理，便是易等于道，道等于神，神等于易。

在这儿我们又可以得到一个断案：便是至少这作《系辞传》的人该得是荀子的弟子，而这作《系辞传》的时代当得在秦始皇三十四年焚《诗》《书》

"百家"、禁止挟书之后。秦嬴政焚书时，医药、卜筮、种树诸书是在禁令之外的。先秦盛极一时的学人受了这番政治上的高压，他们没有用武之地，自然会向这些在禁令之外的书籍里来韬晦，《艺文志》里面的农家、医家、神仙家、蓍龟杂占阴阳诸家，假托于神农、黄帝、宓戏、天老的一些著作，把一些哲理含混在不犯禁令的向来为学者所不齿的一些小家杂技里面，都得是由这禁书生出来的结果。《易传》正是这样生出的结果之一。而且秦始皇帝是提倡万世一系的人，而作《易传》的人却在高赞变化，那也可以见得作《易传》者的苦心。《易传》的价值是应该从新来估定的。

再者，《荀子》书最后一篇《尧问篇》的最后一节，是荀子的弟子称赞荀卿的文章，那位作者的态度和作《系辞传》者的态度很相似。那儿称赞荀子，谓和孔子不相上下，只是声名没有孔子那样大，门徒没有孔子那样多，光辉没有孔子那样广被，那是因为遭时更难。说荀子"迫于乱世，鳅于严刑，上无贤主，下遇暴秦"，因此便不能不明哲保身，示天下以愚，"怀将圣之心，蒙佯狂之色"。把那一段文字和"尺蠖之屈以求伸也，龙蛇之蛰以存身也"的几句话比较起来，可以见到作者的时代和感慨是怎样地一致。我疑心作《系辞传》的人就是跋《荀子》的那位隐者。即使两者不是一人，而作《系辞传》的人是荀卿弟子，却断无可疑。刘向称荀卿善为《易》。《荀子》书屡以子弓与仲尼并举，子弓当即馯臂子弓。《史记·仲尼弟子列传》："商瞿，鲁人，字子木……孔子传《易》于瞿；瞿传楚人馯臂子弘；弘传江东人矫子庸疵。"而《汉书·儒林传》云："商瞿子木受《易》孔子，以授鲁桥庇子庸；子庸授江东馯臂子弓。"二说先后不同而传《易》则一。《史记》所据资料较古，应比《汉书》更为可靠。子弓当是《易》理的创道者，而荀子是他的私淑弟子。《荀子》书中引《易》者二处，论《易》者一处。

〔《非相》〕《易》曰："括囊无咎无誉。"（今本《坤卦》六四）

〔《大略》〕《易》曰："复自道，何其咎。"（《小畜》初九）

所引的与今本《周易》同。

〔《大略》〕《易》之成，见夫妇。夫妇之道不可不正也，君臣父子之本也。成，感也，以高下下，以男下女，柔上而刚下。

所谈《易》理与今传《易传》之说亦颇相合拍。由这些证据看来，《易传》作于荀子的门人是不成问题的。《易传》中所有的"子曰"可以解为"荀子曰"或"子弓曰"，并不是孔子。荀子弟子因为处在赢秦严令禁书之下，虽隐于卜筮之书，也不敢自著姓名，就是师的姓名也不敢明著，故只统称子曰。后经汉人误会，认为是孔子，于是才生出孔子赞《易》的那一套莫须有的传说。现在把《易传》的时代和其著述的苦心阐明了，它在思想史的演进上才得成为有价值的资料，序列在《荀子》之后正得到了它自己的应有的地位。一切先秦时天道思想在这儿也就告了一个归宿[20]。

追　记

《洪范》，"五皇极，皇建其有极"下数语除散见于《墨子》、《韩非子》、《吕览》及《左传》襄三年以外，《荀子·修身篇》及《天论篇》亦有所引："《书》曰无有作好，遵王之道，无有作恶，遵王之路。"与《洪范》文全同。《洪范》认为子思所作，其反对者的荀子乃引用其文似觉悖理。但此数语据《墨子》所引称为"周诗"而言，实是古语，为子思撰述《洪范》时所利用，正荀子所谓"案往旧造说"。荀子引"书"亦引古书而已，于子思作《洪范》说不相悖。

一九三五年十二月二十三日记

注释

①《卜辞通纂》第七八八片。——作者注

②《卜辞通纂》第三六八片。原文二字合书，故知确是"上帝"。——作者注

③文五年、成六年、襄三年。——作者注

④畀、释、敀、围、卟、無，诸字下。——作者注

⑤王说见《观堂集林》卷九《殷卜辞中所见先公先王考》及《续考》。

⑥C. J. Ball：Chinese and Sumerian，p. 26. ——作者注

⑦《两周金文辞大系图录考释》作"天亡又（佑）王"。《考释》第一页云："'天亡又王，句，余曩读为'天无尤王'，意终难安，今改从刘心源说。刘云'天亡，据文义决是作器者名。亡通无，《古今人表》宾须亡、费亡极，《左传》并作无。《姓考》"天，黄帝臣天老之后"，则此铭为天姓亡名。"又王"读"佑王"，谓助祭也。'《奇》四，十二。"

⑧《两周金文辞大系图录考释·考释》第三四页作"翼"。

⑨《金文丛考·补录（班簋的再发现）》作"卫父身，三年静东国"。

⑩《两周金文辞大系图录考释·考释》第一二一页作"宝"。

⑪孙星衍《周易集解》五卷逐卦九五爻辞解。

⑫同上书三卷随卦九五爻辞解。

⑬《金文丛考·补录〈师克盨铭考释〉》谓"当是古奉字"。

⑭《两周金文辞大系图录考释》作"印"。《考释》第一三七页云："印邵皇天'当是体念天心之意。印旧释为仰，误。邵通照。"

⑮见本书《老聃、关尹、环渊》一文。

⑯马叙伦说，见所著《老子核诂》卷首《老子老莱子周太史儋老彭是非一人考》。——作者注

⑰马氏《庄子义证》三十三卷二页。——作者注

⑱冯友兰《儒家对于婚丧祭礼之理论》一文（《燕京学报》第三期），可参照。——作者注

⑲钱说见《古史辨》第四册序，今案此说不可靠。近年有人认为墨子乃宋墨胎氏之后。墨胎即宋公子目夷，较为可信。——作者注

⑳《庄子·徐无鬼》中有庄子和惠子的一段对话，庄子向惠子说："儒、墨、杨、秉四，与夫子为五。"惠子自己也说："儒、墨、杨、秉，且方与我以辩。"照这些话看来，惠施显然不是杨派。但这儿的两个"杨"字都该是"料"字的错误。《尸子·广泽篇》言："料子贵别囿。"料子自是《庄子·天下篇》"接万物以别囿为始"的宋钘、尹文一派人。《天下篇》序当时的学派以儒、墨，宋钘、尹文一派为主，彭蒙、田骈、慎到一派为次，正与此"儒、墨、料、秉四"相合。秉即彭蒙，秉、彭一音之转。料即料子，因料子罕见，故被后录书者任意改为形近的杨字。又料子有人说即是宋钘。或者宋以国著，料以氏著，亦未可知。如公输班一称鲁般之类也。——作者注

㉑本文的要点可揭示如下图。——作者注

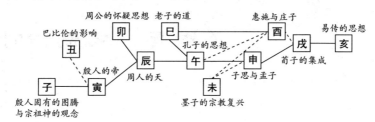

《周易》之制作时代

一 序说

《周易》的经部与传部的构成时代及其作者，是这儿所想要讨论的问题。

自来的定说，以为《易》的基础的八卦是伏羲氏所画；由文王重为六十四卦，卦各六爻，卦与爻各系以文辞便成为《周易》的经部；《易传》的《十翼》，即《彖传》上下、《象传》上下、《系辞传》上下、《文言》《序卦》《说卦》《杂卦》的十篇，都是孔子所作的。

就这样，所谓"人更三圣，世历三古"①所成就出来的《周易》，在儒家经典中是被认为最古且最神圣的东西。

这伏羲、文王、孔子的三位一体的定说，究竟可靠不可靠，是这儿所当得先行解决的问题。

二 八卦是既成文字的诱导物

伏羲画八卦之说见《系辞下传》，那儿说：

> 古者包羲氏之王天下也，仰则观象于天，俯则观法于地，观鸟兽之文与地之宜，近取诸身，远取诸物，于是始作八卦，以通神明之德，以类万物之情。

自来相信《系辞传》是孔子所作，故尔这伏羲画卦之说也就被视为天经地义，自汉以来从没有人怀疑过。但是《系辞传》的那篇论观象制器的文章是汉人所假托的。除掉这包羲氏作八卦的一件为先秦文献所未见之外，其他所说的神农、黄帝、尧、舜的制作都和历来的传说不同，而且在思想上有剽窃《淮南子·氾论训》的痕迹。顾颉刚有《论易系辞传中观象制器的故事》①一篇文章，把这件事情论得很透彻，八卦并非作于伏羲，是毫无疑问的。本来伏羲这个人的存在已经是出于周末学者的虚构，举凡有巢、燧人、伏羲、神农等等，都是当时学者对于人类社会的起源及其进展的程序上所推拟出的假想人物，汉人把那些推拟来正史化了，又从而把八卦的著作权送给伏羲，那不用说完全是虚构上的一重虚构。

八卦虽不作于伏羲，但一般人以为总是很古的东西，当得是文字以前的成品。更有些人以为是由巴比伦的楔形文字转化来的。其实这些见解都只是皮相。八卦的卦形大部分是由既成的文字诱导出来的。现在我把卦形列在下边，更进而加以说明：

　　乾☰　　坤☷　　震☳　　艮☶
　　离☲　　坎☵　　兑☱　　巽☴

这八个卦形里面，坤、坎二卦的生成是最为明白的。坎所象征的是水。水字的古文作〢〢，坎卦的卦形三分明是由这〢〢字拉直而横置起来所成的。"坎者陷也"，水是聚集在洼下处的坎陷的，故尔由水字所形成的这个卦，以水所常在处为名，名之曰坎。《经典释文》于坎卦"习坎"下云："坎本亦作埳，京刘作欿。"近出《汉熹平石经》残石亦作欿，只是坎的异文，盖以臽为声兼义也。

坤字，据《经典释文》云："本又作〣〣，坤今字也，困魂反，《说卦》云：'顺也。'"《汉熹平石经》残石作〢〢，汉碑凡乾坤字亦均作〢〢，并未见有坤字。可见坤字是后起的。〢〢才是坤的本来面目。钱玄同疑坤字出于所谓"中古文"《易》，是刘歆所伪造，我看是很正确的。知道〢〢是坤的本字便可以知道坤卦卦形的来源。我看这分明是由川字变化出来的。川字古作〢〢，把曲画中断，横置起来便成为☷的卦形。因卦形脱胎于川，故坤有顺的意义，顺字本从川得声，且亦以声兼义。又因大川所系是陆地，故尔坤又用为地的象征。

☳是震字的省略，☱是兑的省略，震与兑的今字和古文相差不远，都是各各把那卦形包含着的。

乾所象征的是天是金是玉，金和玉的两个字里面都包有三的卦形。就是天字也是包含着的。天，古字作𣺟，把当中的一笔竖画去掉，稍稍加以修正，便可以成为☰的卦形。

离所象征的是火。火字以从火的字，在春秋战国时代的铭刻中多作𤆍，把天字省为☰的同样的方法应用过来便可以得到☲的卦形。

艮和巽颇难解释。据《说卦传》艮有门阙之象，更想到从艮声之字有限，有"门楣"[③]的含义，大约艮的卦形☶是由门字省略而来。门字卜辞或作𩎟（《殷契前编》四，十六），卦形是包含在这里面的。

巽字据《说文》有哭、𠀤、異的三种字形，又以𢌞为巽卦之巽的本字，而《熹平石经》则作巽。由这隶书虽可以导出☴的卦形，但在篆体是不可能的。又由巽所象征着的木风鸡股等的字形也无法导引出来。

以上八个卦形中有六项乃至七项，明白地可以知道是于既成文字加以某种改变或省略而成的。大约画八卦的人最初是发现了坎坤二卦，卦各三爻，爻所共通的画有━与╍两种。用这两种不同的画再作别种的三爻时，连坎坤二卦共可得八种。他为这种数学的必然性所感动，便把自己的理想来依附起来，选了一系列的适当的字来作为了八卦的名号；于是八卦的成因便受了掩蔽，而它们的神秘性就呈显了出来。

由既成文字所诱导出的八卦，它们的构成时代也不能出于春秋以前。由火字所生出的离卦，或三形所附会出的"离为火"的观念在利用着春秋以来的字形，已经可以明白，而殷周典籍以及古器物文字，如卜辞与金文之类，丝毫也没有表现着八卦的气味。八卦的卦形最好拿来作图案，但是青铜器的图象中尽管有不少的神秘的花样，而却没有一件是利用到了八卦上来的。宋人书中有所谓"卦象卣"，是有一个字的铭文和卦象相似，一个作䷀（《博古》九，十六；《啸堂》三，二；《薛》三，二），又一个作𦦡（《续考古图》五，一），其实并不是卦象。张伦《内府古器评》（上卷十七）称第二器为"渊卣"，又是因为与𦧵字形近之故，然而也不好便定为𦧵字。大凡古器铭文仅有一二奇字，或如图画，或似符箓样的，都是作器者的族徽或花押，是无法认识的。

再从八卦所被依附着的思想来说，以乾坤相对立便是以天地相对立，然而以天地相对立的这种观念在春秋以前是没有的。单就金文来说，春秋以前的长篇大作的铭文很多，表现到超现实的观念上来的也很不少，但都是只有至上神的天，或者称为皇天（《大克鼎》《毛公鼎》），称为皇天王（《宗周钟》），又称为帝（《猷钟》），称为上帝（《大丰簋》），称为皇帝（《师訇簋》），称为皇上帝（《宗周钟》），真是屡见不一见。但绝不曾见过有天地对立的表现，甚至连地字也没有。便是在典籍中，凡是确实可靠的春秋以前的文献也没有天地对立的观念，并且也没有地字。《尚书》的《金縢》和《吕刑》有地字。《金縢》云："乃命于帝庭，敷佑四方，用能定尔子孙于下地。"《吕刑》云："乃命重黎绝地天通，罔有降格。"这两篇本来都是有些疑问的东西，单是有这地字的出现，也就可以知道它们至少是当得经过了后人的窜改。

总之，八卦是既成文字的诱导物，而其构成时期亦不得在春秋以前。

三 《周易》非文王所作

八卦既不能出于春秋以前，所谓文王把八卦重为六十四卦，再系以卦辞爻辞的说法，不用说完全是后人的附会。但我们为慎重起见，不妨也把这项旧说来研讨一下。

最初说文王演《易》的是司马迁。他的《报任少卿书》上说："文王拘而演《周易》。"又在《史记·周本纪》上说："文王……其囚列羑里，盖益《易》之八卦为六十四卦。"在重卦说上加了一个"盖"字，已经可以知道这只是推拟之辞，根据是很薄弱的。他所有的根据大约也不外是《易传》上的下列的两项推拟：

《易》之兴也，其于中古乎？作《易》者其有忧患乎？（《系辞下传》）

《易》之兴也，其当殷之末世，周之盛德耶？当文王与纣之事耶？

（同上）

作《易传》的人只是疑《周易》是文王时代作成的东西，并没有说就是文王所作。司马迁却未免太性急了，把作《易传》者的疑问都肯定了下去，而且还更进一步，定了为是文王作的。这真是未免太早计了。

其实照史实看来，文王并不是能够作出《易经》来的那样高度的文化人。在他的祖父太王的一代，周人还是穴居野处的原始民族④，并没有怎样进步的文化。就是文王自己，尽管是一族的王长者，而他还亲自在看牛放马，种田打谷。

> 文王卑服，即康（糠）功田功。（《尚书·无逸》）
>
> 伯昌号（荷）衰（蓑），秉鞭作牧。（《楚辞·天问》）

荷蓑与卑服固是一样的寒伧，而打谷种田与看牛放马也并没有多大的文化上的差异。以这样的一位半开化民族的酋长，要说他作出了一部《周易》，那在道理上是怎么也讲不过去的。

不过著《易传》的人疑《周易》起于殷、周之际，也多少是有些根据的，便是《易》的爻辞里，有几处明明说到了殷、周之际的故事。例如说：

> 高宗伐鬼方，三年克之。（《既济》九三）
>
> 帝乙归妹。（《泰》六五、《归妹》六五）
>
> 箕子之明夷。（《明夷》六五）

据这些故事看来，自然会以为《易》之兴是在"中古"，但作《易传》的人却看脱了好些以后的故事。

> 中行告公，用圭。（《益》六三）
>
> 中行告公，从。利用为依（卫）迁国。（《益》六四）
>
> 包荒用冯河，不遐遗。朋亡，得尚（当）于中行。（《泰》九二）
>
> 中行独复。（《复》六四）
>
> 苋陆夬夬，中行无咎。（《夬》九五）

这几条的"中行"，我相信就是春秋时晋国的荀林父。就前两例的"中行告公"而言，"中行"二字除讲为人名之外，不能有第二种解释。

"中行"之名初见《左传》僖公二十八年："晋侯作三行以御狄。荀林父将中行，屠击将右行，先蔑将左行。"荀林父初将中行，故有"中行"之称，《左传》宣十四年称为中行桓子，而他的子孙便以中行为氏。

《益》六四的"为依迁国"，当是僖三十一年"狄围卫，卫迁于帝丘"的故事。卫与鄗古本一字，《吕览·慎大》"亲鄗如夏"，高注云"鄗读如衣"。则"为依迁国"即"为卫迁国"，盖狄人围卫时，晋人曾出师援之也。

《泰》九二的"朋亡，得尚于中行"。尚与当通。我相信就是《左传》文七年，先蔑奔秦，荀林父"尽送其帑及其器用财贿于秦"的故事。

《夬》九五的"中行无咎"，《复》六四的"中行独复"也就是宣公十二年荀林父帅晋师救郑，为楚所大败，归而请死时的故事。"桓子请死，晋侯欲许之。士贞子谏曰：'不可。……林父之事君也，进思尽忠，退思补过，社稷之卫也。若之何杀之？夫其败也，如日月之食焉，何损于明！'晋侯使复其位。"⑤

据这些故事看来，我们又可以断定，《周易》之作绝不能在春秋中叶以前。由这个断定不用说是把文王重卦，文王演《易》之说更完全推翻了。在文王重卦说之外本来还有伏羲说、神农说、夏禹说，这些都是不值一辩的。又有人主张卦辞作于文王，爻辞作于周公，也同一是臆说。

周公说之发生是根据《左传》昭二年韩起的一番话：

> 晋侯使韩宣子来聘，且告为政而来见，礼也。观书于大史氏，见《易象》与鲁《春秋》，曰："周礼尽在鲁矣，吾乃今知周公之德与周之所以王也。"公享之。

就这一番话看来，观书的一节完全是不可靠的。凡是《左传》上的解经的语句，如"礼也""非礼也"一类的文章，都是刘歆所窜加。观书的几句话直承在窜加语的"礼也"之下，而把上下文的聘与享一联的事迹插断，作伪的痕迹甚为显著。故尔这一节不仅完全不能作为周公作爻辞的证据，甚且要想拿来证明《周易》或至少是八卦在当时已经存在，都是不可能的。

四 孔子与《易》并无关系

八卦既利用了春秋时代的字体，《周易》的爻辞又利用了春秋中年晋国的故事，《周易》一书无论怎样不能出于春秋中叶以前是明白如火。因而在那儿浮游着的一些伏羲、神农、夏禹、文王、周公等的鬼影便自然消灭了。剩下的就还有一位孔子。

自来的人都说是孔子赞《易》，《易传》的"十翼"通是孔子著的东西。到了康有为却以为《周易》经部的卦辞爻辞也都是孔子所作，而传部的《系辞传》称"子曰"，倒应该是孔门弟子所作。

康说较旧时的学说是更进了一步的，但可惜他的立说并没有根据。

自来使孔子和《易》发生了关系的是根据于《论语》。《论语》上有两处表明着孔子和《易》的关系：

一　子曰："加我数年，五十以学《易》，可以无大过矣。"（《述而》）
二　子曰："南人有言曰：'人而无恒，不可以作巫医。'善夫，不恒其德，或承之羞。"（《子路》）

第一项似乎是很坚确的根据，然而陆德明的《经典释文》出"学易"二字，言"鲁读易为亦，今从古"，可以知道作"易"的是《古文论语》，而《鲁论》于该句的全文是作：

加我数年，五十以学，亦可以无大过矣。

《汉外黄令高彪碑》有"恬虚守约，五十以学"之语，也正是根据的《鲁论》。这样一来，那第一项的根据便完全动摇了。

第二项的"不恒其德，或承之羞"与《周易·恒卦》九三的爻辞相同，如认爻辞卦辞都是孔子所作，当然一人的言辞两处可以通用；但奇怪的是，孔子说过不少的话，何以只共通得这一句？孔子既作了《周易》那样一部大作，何以他的嫡传如子思、孟轲之徒竟一个字也不提及？《系辞传》上诚然有好些"子曰"，但子不限于孔子，即使真是孔子，也是后来的人所假托的，就和

《古文论语》把第一项的"亦"字改为"易"字一样。

孔子和《易》的关系在《庄子》书中也有几处。《天运篇》载孔子见老聃的说话，说"丘治《诗》《书》《礼》《乐》《易》《春秋》"，又说"吾求之于阴阳十有二年而未得"，但这是庄子的后学作的寓言，是战国末年或更后的作品。在那时孔子和《易》的关系，由儒者的附会是已经成立了的。《天下篇》里又说：

> 其明而在度数者……《诗》《书》《礼》《乐》者，邹鲁之士、缙绅先
> 生多能明之。《诗》以道志，《书》以道事，《礼》以道行，《乐》以道和，
> 《易》以道阴阳，《春秋》以道名分。

"《诗》以道志"以下六句，当如马叙伦所说，是古时的注文，由传写误为了正文的（《庄子义证》三三卷二页）。因为上面只说"《诗》《书》《礼》《乐》"，下面突然钻出了《易》和《春秋》来，在文脉上实在是通不过去的。

总之，孔子和《易》并没有关系，在孔子当时《易》的经部还没有构成，他的话被采用了，也正是一个确实的证据。

五 《易》之构成时代

《易》的经部之构成究竟是在什么时候呢？关于这层，由晋太康二年所发掘的汲县的魏襄王墓的出土品，可以得到一个暗示。《晋书》卷五十一的《束晳传》上说：

> 初太康二年汲郡人不准盗发魏襄王墓……得竹书数十车。其《纪年》
> 十三篇记夏以来至周幽王为犬戎所灭，以〔晋〕事接之。三家分〔晋〕，
> 仍述魏事至安厘王（案当作襄王）之二十年……其《易经》二篇，与
> 《周易》上下经同。《易繇阴阳卦》二篇，与《周易》略同，《繇辞》则
> 异。《卦下易经》一篇，似《说卦》而异……《师春》一篇，书《左传》
> 诸卜筮，"师春"似是造书者姓名也……

又杜预的《左传集解·后序》上也有约略同样的记载：

> 汲郡汲县有发其界内旧冢者，大得古书，皆简编蝌蚪文字……所纪大凡七十五卷……《周易》及《纪年》最为分了。《周易》上下篇，与今正同。别有《阴阳说》，而无《彖》《象》《文言》《系辞》……其《纪年篇》起自夏、殷、周，皆三代王事，无诸国别也。唯特记晋国……晋国灭，独记魏事，下至魏哀王（案当作襄王）之二十年……又别有一卷，纯集疏《左氏传》卜筮事，上下次第及其文义，皆与《左传》同，名曰《师春》。"师春"似是抄集者人名也。

由这两种的记录看来，可以知道在魏襄王的二十年时，《易传》的"十翼"是完全没有的，《易经》是被构成了，但不仅一种，在《周易》之外还有和《周易》约略相似的《易繇阴阳卦》（杜预的《阴阳说》，疑即指此）。同样的东西有两种，正是表明那种东西还在试作时代，这由伴出品的《纪年》与《师春》也可以得到证明⑥。

《纪年》就是《竹书纪年》，原书到后来也散佚了，现存的《竹书纪年》是由明时的人所伪托的。关于这件事情，有王国维的《古本竹书纪年辑校》和《今本竹书纪年疏证》的两种很周到的研究成绩⑦，用不着多说。《古本纪年》的纪事是终结于魏襄王的死前三年之二十年的，明白地是襄王时代的书籍。那么，同时出土的《周易》和《易繇阴阳卦》也当得是时代相差不远的作品。

《师春》虽被认为是《左传》的卜筮事之辑录，但在我看来，宁可认为是在刘歆编制《左传》时被割裂而利用了的一种资料。因为《师春》是关于卜筮的书，不会受到秦始皇的焚书之厄，同时也就可以想到，在汉代的秘府中必然有所收藏。我们试看《左传》上的卜筮事的繇辞，那里面有和现存的《周易》相合的，也有不相合的，便可以知道所使用的《易》的底本是在一种以上。《左传》的卜筮事都是中了的预言，明明是事后所假托。其最后的事件是鲁哀公十一年，可以知道《师春》的原本一定是哀公十一年以后的成品。而且它的作伪的目的明明是在对于种种不同的《易》的底本作虚伪的证明。因此那被伪证了的种种不同的《易》的底本也可以明白地推定是出于哀公十一年以后，即春秋以后。

由以上的推论，可知汲冢所出的《周易》及《易繇阴阳卦》，都是孔子以后，即战国初年的东西。《易繇阴阳卦》，又有《归藏易》的名称。《隋书·经籍志》上说："《归藏》汉初已亡，案晋《中经》有之，唯载卜筮，不似圣人之旨。"但晋的《中经》所著录的都是汲冢的出品。《晋书·荀勖传》上说："得汲郡冢中古文竹书，诏勖撰述之，以为《中经》，列在秘书。"据此可以知道所谓《归藏易》不外是由荀勖对于《易繇阴阳卦》所赋与的拟名。原来《归藏》之名仅见于《周礼》的春官太卜，与《连山》《周易》共合为所谓"《三易》"，但《汉书·艺文志》中并没有《连山》和《归藏》的著录，我疑是和《周礼》一样乃刘歆所伪托的东西，不过那伪托品没有流传便化为了乌有。荀勖得到了《易繇阴阳卦》，便任意把它拟定为《归藏》罢了。他这所拟定的名称也没有为他的同时代人所公认，且看束晢和杜预都别立名目便可以明白。由荀勖所拟定的《归藏》，到宋以后又散佚了。只是被引用于宋以前的著述的佚文由马国翰所辑录了起来，收在了他的《玉函山房辑佚书》里面。由那佚文看来，最令人注目的是那南方色彩的浓厚。例如在同是南方系统的书籍《山海经》的注中，由郭璞所屡屡引用的《归藏·郑母经》的佚文里面便有下列的故事：

> 夏后启筮御飞龙登于天，吉。（《海外西经》注）
>
> 昔者羿善射，毕十日，果毕之。（《海外东经》注）

又如《归藏·启筮》的佚文里面的：

> 空桑之苍苍，八极之既张，乃有夫羲和，是主日月（主字疑是生字之误），职出入以为晦明。（《大荒南经》注）
>
> 瞻彼上天，一明一晦，有夫羲和之子，出于旸谷。（同上）
>
> 昔彼九冥，是与帝辩，同宫之序，是谓《九歌》。（《大荒西经》注）
>
> 不（乃）得《窃辩》与《九歌》以国于下。（同上）

（《窃辩》疑是《加辩》之误，《楚辞·大招》有"伏羲《驾辩》"之语，《驾辩》即《加辩》，亦即《九辩》也。《离骚》"启《九辩》与

《九歌》"。）

像这些故事或传说，和《楚辞》，特别和《天问篇》是共通着的。在《周易》里面这种的色彩虽然多被洗掉了，但也并未全然消灭。例如最初的乾卦的关于龙的观念，特别是九五爻的"飞龙在天"的那种着想，依然是南方系统的东西。乘龙御天的那种浪漫的空想，除掉《楚辞》与《庄子》之外，在北方系统的著述中是没有看见过的。

《周易》的爻辞里面，如上文所述有利用春秋中叶的晋事的痕迹，在着想上又多带着南方的色彩，且与南方色彩更加浓厚的《易縣阴阳卦》复同出于魏襄王墓。关于这两种《易》的生成我们可以得到一些明确的判断，便是《易縣阴阳卦》当是南方的人著的，而《周易》则可以有两种的推想。第一种是著了《易縣阴阳卦》的同一的南人到了魏，为迎合北方人的趣味起见，又另外著了一部縣辞不同的《周易》来。第二种是北方的魏、晋人模仿着《易縣阴阳卦》而自行著出了一部作品。但这两种的推想，由向来所有的《易》学传授的系统看来，是以第一种为近乎事实的。

六 《易》之作者当是馯臂子弓

据汉人的记载，关于《易》学的传统有两种。一种出于《史记·仲尼弟子列传》：

> 商瞿，鲁人，字子木，少孔子二十九岁。孔子传《易》于瞿；瞿传楚人馯臂子弘；弘传江东人矫子庸疵；疵传燕人周子家竖；竖传淳于人光子乘羽；羽传齐入田子庄何；何传东武人王子中同；同传淄川人杨何。何元朔中以治《易》为汉中大夫。

另一种出于《汉书·儒林传》：

> 自鲁商瞿子木受《易》孔子，以授鲁桥庇子庸；子庸授江东马馯臂子弓；子弓授燕周丑子家；子家授东武孙虞子乘；子乘授齐田何子装……汉兴，田何以齐田徙杜陵，号杜田生，授东武王同子中……同授淄川杨何字

叔元，元光中征为大中大夫。

两者大抵是相同的，只有第三世和第四世是互相更易了。我看《史记》是较为可信的。《史记》不用说是出于《汉书》之前，而由两者所举出的人名看来，《史记》是字上名下的古式，《汉书》是字下名上的新式，单据这层两种资料的时代性也就是判然了的。但是《史记》的馯臂子弘应该是经过后人的窜改。我想那原文当是"馯（姓）子弘（字）臂（名）"，因为后来录书的人不知道古代的人名有新旧两种的表现方式，妄根据了《汉书》来把它更改了。弘字应该是肱字的笔误，肱与臂，一字一名，义正相应。弓是肱的假借字。《左传》和《谷梁》的邾黑肱，《公羊》作黑弓，是同一例证。

照这两种传授系统看来，晋人或魏人是于《易》学的传统上没有关系的。因此《周易》与其认为是魏、晋人的摹仿作，宁该认为是由《易繇阴阳卦》的作者迎合北人而改作了的成品。问题倒是著出了这两种《易》的南人究竟是谁？由种种的推论上看来，我觉得这位作者就是楚人的馯臂子弓，这是我在这儿要提示出的一个主要的断案。

子弓的名字又见《荀子》的《非十二子篇》，在那儿荀子极端地称赞他，把他认为是孔子以后的唯一的圣人。

> 无置锥之地而王公不能与之争名，在一大夫之位则一君不能独畜，一国不能独容，成名况乎诸侯，莫不愿以为臣。是圣人之不得势者也。仲尼、子弓是也。

> 今夫仁人也将何务哉？上则法舜、禹之制，下则法仲尼、子弓之义，以务息十二子之说。如是，则天下之害除，仁人之事毕，圣王之迹著矣。

荀子本来是在秦以前论到《周易》的唯一的一个儒者，他把同时代的一切学派的代表，尤其是同出于儒家的子思、孟轲，都一概摈斥了，特别把子弓提起来和孔子一道并论，而加以那样超级的赞辞，可知这位子弓决不会是通泛的人物。子弓自然就是馯臂子弓；有人说是仲弓，那是错误了的。但馯臂子弓如果只是第三代的一位传《易》者，那他值不得受荀子那样超级的称赞。所以在以上种种推定之外，在这儿更可以得到一个坚确的证据，使我们相信子弓定然是《易》的创作者。子弓生于楚，游学于北方，曾为商瞿的弟子，孔子的再传弟子。这些当然是事实，但是《易》的传统更由他突出而上溯到了商瞿和孔子，那一定是他的后学们所闹出来的玩意。因为孔子是儒家的总本山，凡他的徒子徒孙有所述作都好像是渊源于那儿，而子弓作《易》的事迹也就被湮没了。

从《易》的纯粹的思想上来说，它之强调着变化而透辟地采取着辩证的思维方式，在中国的思想史上的确是一大进步。而且那种思想的来源明白地是受着了老子和孔子的影响的。老子说："万物负阴而抱阳。"⑧他认定了宇宙中有这种相反相成的两种对立的性质。孔子说："天何言哉？四时行焉，百物生焉，天何言哉？"⑨他认定了宇宙只是变化的过程。但到了《易》的作者，他把阴阳二性的相生相克认为是变化之所以发生的宇宙的根本原理，他是完全把老子和孔子的思想综合了。由时代与生地看来，这项思想上演进的过程，对于子弓之为作《易》者的认定是最为适应的。子弓大约是和子思同时，比墨子稍后。那时的南方人多游学于北方，如《孟子》上所说的"陈良楚产也，悦周公、仲尼之道，北学于中国"⑩，可以说便是他的同志。但子弓怀抱着那种划时代的思想，却为卜筮和神秘的氛围气所围，不待说是时代的束缚使然，我想也怕是由于他所固有的独特的个性吧。我们如想到两千年后德国的大哲学家莱普涅慈⑪发明了与《易》卦的道理相同的所谓"二元算数"，后来得见了邵康节的《先天易图》而狂喜的神情，对于这作《易》者的矛盾性我们是容易了解的。

七 《易传》之构成时代

《周易》既作于驵臂子弓，那么《易传》的"十翼"不作于孔子，是不待论的。现存的"十翼"是《彖传上下》《象传上下》《系辞传上下》《文言传》《说卦传》《序卦传》《杂卦传》，但是《说卦传》以下的三篇据《论衡》与《隋书》的记载是出于汉宣帝时。

> 孝宣皇帝之时，河内女子发老屋，得逸《易》《礼》《尚书》各一篇，奏之。宣帝下示博士，然后《易》《礼》《尚书》各益一篇。(《论衡·正说》)

> 及秦焚书，《周易》独以卜筮得存，唯失《说卦》三篇，后河内女子得之。(《隋书·经籍志》)

《论衡》所说的"一篇"《隋书》说为"三篇"，好像不相符，其实只是证明《说卦》《序卦》《杂卦》的三种在初本是合成一组，后来分成了三下罢了。这样一说来，好像"十翼"的名称要到汉宣帝时才有，但事实上不是那样。《汉书·艺文志》所著录的汉初施、孟、梁丘三家的《易经》已经都是"十二篇"，这又怎么说呢？这是因为"十翼"的分法，古时有种种的不同。孔颖达的《周易正义》的第六论《夫子十翼》上说：

> 但数"十翼"亦有多家。既文王《易经》本分上下二篇，则区域各别，《彖》、《象》、《释卦》，亦当随经而分。故一家数"十翼"云：《上彖》一，《下彖》二，《上象》三，《下象》四，《上系》五，《下系》六，《文言》七，《说卦》八，《序卦》九，《杂卦》十。郑学之徒并同此说。

据此可以知道，现存本的"十翼"只是郑玄一派的分法，其他还有"多家"的分法，可惜已经不可考了，但有费直的一种似乎还可以踪迹。《汉书·儒林传》上说：

> 费直……治《易》……亡章句，徒以《彖》《象》《系辞》十篇、《文言》，解说上下《经》。

在《系辞》之下系了"十篇"两个字，如照着那样讲来，便是费氏《易传》是超过了"十翼"之数。但我想那"十篇"应该是"七篇"的错误。汉人写七字作十，十字作十，只以横直二划的长短来分别，是很容易弄错的。《系辞传》现存本虽然分成上下篇，但那是没有一定的标准的，要分成七篇也没有什么不可。我想费氏的"十翼"一定是以《彖》《象》《文言》各为一篇，与七篇的《系辞传》相合而为十的。

总之现存的"十翼"中，《说卦传》以下的三篇是出现于西汉的中叶，汉初时所未有。不过这三篇也不必便如近人所怀疑的那样，是汉人所伪托。据《束晳传》，汲冢的出土品中已有"似《说卦》而异"的《卦下易经》一篇，那么在战国初年，便是馯臂子弓把《易》作成而加以传授的时候，一定是有过一些说明自己的假定与理念的一种《传》样的东西。《卦下易经》怕也就是他著的。那么《说卦传》以下的三篇或者就是《卦下易经》的别一种的记录，如像墨家三派所记录的他们的先师的学说各有一篇而内容多少不同的一样。我相信《说卦传》以下三篇应该是秦以前的作品。但是《彖》《象》《系辞》《文言》，却不能出于秦前。大抵《彖》《系辞》《文言》三种是荀子的门徒在秦的统治期间所写出来的东西。《象》是在《彖》之后，由别一派的人所写出来的。

关于《象传》，有近人李镜池的《易传探源》⑫论得比较详细。他的结论是：《象传》多有摹仿《彖传》的地方，有时两者的见解又全相背驰；作者大约是齐鲁间的儒者，时代大约是在秦汉之际。对于他的结论，我是全表同意的。因为《彖传》本是秦时的东西。那么摹仿它的《象传》自然是当得在秦、汉之际了。《象传》全体显明地带着北方的色彩，而且明白地受着《论语》的影响的地方很多，作者认为是齐、鲁间的儒者也是不会错的。故尔在这儿关于《象传》不必多费唇舌，我只把《彖传》《系辞传》《文言传》三种来加以研讨。

八 《彖传》与荀子之比较

上面已经说过荀子是先秦儒家中论到《周易》上来的唯一的人，现存的《荀子》书中引用《易经》的话有两处。

一 《易》曰："括囊无咎无誉。"腐儒之谓也。（《非相》）
二 《易》曰："复自道，何其咎。"（《大略》）

一是今《坤卦》六四的爻辞，二是《小畜》初九的爻辞，都和现存的《周易》没有出入。还有一处是论到《咸卦》的，不仅和《彖传》的理论大同小异，而且连用语都有完全相同的地方。现在我把两项文字并列在下边。

> 《易》之成，见夫妇，夫妇之道不可不正也，君臣父子之本也。成，感也，以高下下，以男下女，柔上而刚下。（《荀子·大略》）

> 成，感也，柔上而刚下。二气感应以相与，止而说（悦），男下女，是以亨。利贞，取女吉也。天地感而万物化生，圣人感人心而天下和平，观其所感而天地万物之情可见矣。（《彖下传》）

两者之相类似是很明显的。假如荀子是引用了《易传》，应该要标明出它的来源。《荀子》书中引用他书的地方极多，都是标明了出处的，而关于《咸卦》的这一段议论却全然是作为自己的学说而叙述着，以荀子那样富于独创性的人，我们可以断定他的话决不会是出于《易传》之剽窃。而且《易传》显明地是把荀子的说话展开了，它把他的见解由君臣父子的人伦问题扩展到了天地万物的宇宙观上去了。无论怎么看，都是荀子的说话在先，而《易传》在后。

再者，在《咸卦》中看见夫妇的说法须得有《说卦传》中所揭出的假设以为前提。据《说卦传》上所说，兑三是少女，艮三为少男，少男与少女相合自然便呈夫妇之象。而卦位是艮下兑上，故尔又生出了"男下女"的说法。由此看来，可以知道《说卦传》里面所有的各种假设是先秦时代的东西。荀子根据了那些假设以解释《易》理，《彖传》又是把荀子的说法敷衍夸大了的。

九 《系辞传》的思想系统

《系辞传》，至少其中的一部分，也明明受了荀子的影响，从思想系统上可以见到它们的关系。本来中国的天道思想是发足于殷、周时代的人格神的上帝。到了春秋末叶有老子出现，把一种超绝乎感官的实质的本体名叫"道"的东西来代替了人格神。他的后辈孔子也同样抛弃了人格神的观念，但于老子的"道"的观念也没有表示接受，他是把自然中的变化以及变化所遵循的理法神圣化了。他之所谓天不外是理法。到了墨子，又把人格神的观念复活了起来。由是战国时代思想上的分野便形成了儒道墨三派鼎立的形势。单由儒家来说，在孔子以后，关于天的思想也还有种种的变迁。子思、孟子把本体的名目定为"诚"，或者素朴地称为"浩然之气"，已经不少地带着了道家的倾向，但不肯率直地采用老子的"道"的名目。直到荀子却毫不踌躇地采用起"道"这个术语来了。

> 所谓大圣者知通乎大道……大道者所以变化遂成万物也。（《哀公》）
> 万物为道一偏，一物为万物一偏。（《天论》）

这些"道"字决不是儒家所惯用的道术的意义，显明地是道家所惯用的本体的名目。不过荀子的道体观和老子学派的依然是两样。他把"道"完全看成一种观念体，"道"便是宇宙中的有秩序的变化，也就是所谓天，所谓神。

> 列星随旋，日月递照，四时代御，阴阳大化，风雨博施。万物各得其和以生，各得其养以成，不见其事而见其功，夫是之谓神。皆知其所以成，莫知其无形，夫是之谓天。（《天论》）

这一节文字可以说是他的天论的精髓，同时也就是他的道体观的全面。他是把神、天、道当成一体，看成为自然中所有的秩序井然的变化。自此以往的更深一层的穿凿是为他所摈弃的。

> 唯圣人为不求知天。（《天论》）

知道了这层再来反顾《系辞传》，荀子学派的风貌便明白地显露了出来。

> 一阴一阳之谓道，继之者善也，成之者性也。仁者见之谓之仁，智者见之谓之智，百姓日用而不知……显诸仁，藏诸用，鼓万物而不与圣人同忧，盛德大业至矣哉。富有之谓大业，日新之谓盛德，生生之谓易……阴阳不测之谓神。（《系辞上传》）
> 形而上者谓之道，形而下者谓之器，化而裁之谓之变，推而行之谓之

通，举而措之天下之民谓之事业。（同上）

不仅在使用着本体的意义的"道"，而且道即是易，易即是神的概念，也完全是荀子思想的复写。本来"易"这个字据《说文》说来是蜥蜴的象形文，大约就是所谓石龙子。石龙子是善于变化的，故尔借了易字来作为了变化之象征。最初把易即变化认为宇宙之第一原理的，自然是承继了孔子思想的《易》之作者驲臂子弓，然而把道家的术语输入了的却是始于荀子。故尔写出了这些《系辞传》的人们必然是荀子的后学。而且他们也和荀子一样，在变化以上是不再去对于天道作更深的穿凿的。

> 日往则月来，月往则日来，日月相推而明生焉。寒往则暑来，暑往则寒来，寒暑相推而岁成焉。往者屈也，来者信（伸）也，屈信相感而利生焉。尺蠖之屈以求信也，龙蛇之蛰以存身也，精义入神以致用也，利用安身以崇德也。过此以往，未之或知也。（《系辞下传》）

十 《文言传》与《象传》之一致

《文言传》不成于一人之手，早已由宋的欧阳修揭破了。但其中有一部分和《象传》确是出于同一作者的东西。现在且把两者所共通的地方并列在下边：

《象上传》

> 大哉乾元，万物资始，乃统天。云行雨施，品物流行，大明终始，六位时成，时乘六龙以御天。乾道变化，各正性命，保合大和，乃利贞。首出庶物，万国咸宁。
>
> 至哉坤元，万物资生，乃顺承天。坤厚载物，德合无疆，含弘光大，品物咸亨。牝马地类，行地无疆，柔顺利贞，君子攸行。先迷失道，后顺得常。西南得朋，乃与类行。东北丧朋，乃终有庆。安贞之吉，应地无疆。

《文言传》

> 乾元者始而亨者也。利贞者性情也。乾始能以美利利天下，不言所利大矣哉。大哉乾乎，刚健中正，纯粹精也。六爻发挥，旁通情也。时乘六龙以御天也。云行雨施，天下平也。
>
> 坤至柔而动也刚，至静而德方。后得主而有常，含万物而化光。坤道其顺乎，承天而时行。积善之家必有余庆，积不善之家必有余殃。

不仅着想相同，连用语也多一致。这个现象与其解释为某一边的抄袭，宁当解释为由同一个人在不同的时候所写出的东西，或则是同一个人的学说由不同的人所笔记下来的。

特别当注意的是两者所共通的"时乘六龙以御天"的一句。古代的车乘，就是殷代末期的帝王都只是驾着二马的[13]。到了周人添成为四匹。驾用六匹，旧说以为是秦制，但在战国末年也早就有了，《荀子·劝学篇》的"伯牙鼓琴而六马仰秣"便是证据。"时乘六龙"是由六马的车驾所得来的联想，这表示着了《象传》和《文言传》一部分的作者的时代。而"乘龙以御天"是南方系统的着想，却又表示了作者的国别。

十一 《易传》多出自荀门

以上由思想的系统与表现之一致见到了《象传》与《系辞传》《文言传》之一部分是明显地受着了荀子的影响，而且三者的着想多带南方的色彩，可以见得那些文字的作者们一定是楚国的荀子门徒。

荀子本是赵人，仕于楚而终竟是在楚的兰陵客死了的。刘向的《荀子叙录》上说：

> 兰陵多善为学，盖以孙卿（即荀子）也。长老至今称之，曰：兰陵人喜字为"卿"，盖以法孙卿也。

荀子的生前和死后，对于兰陵人所加被的感化，可以见得是怎样地普遍而深刻。

秦始皇的二十六年兼并六国的时候，大约荀子是还存在的。秦始皇的三十四年听从了他的弟子李斯的建议，焚毁《诗》《书》及百家的著作，并且以严刑禁止挟书。第二年又有了坑儒的惨祸。在那样的统治学术思想的高压政策之下，春秋、战国以来的盛极一时的学者，特别是受着荀子影响的"善为学"的兰陵人，究竟往哪儿走呢？秦人焚书，对于几种书籍是视为例外的，便是关于"医药、卜筮、种树"的那些书。这儿不正好是那些学者的安全瓣吗？《易经》本是关于卜筮的书，学者们要趋向到这儿来，正是理所当然的事。大部分的《易传》之所以产生，而且多产生于受了荀子的感化的楚人之手，我相信是由于有这样的机缘。

国灭以后把秦人怨恨得最深刻的要算是楚人。楚人有句谚语，是说"楚虽三户，亡秦必楚"⑬。可见得楚人是始终想图报复，而和秦人反抗的。秦始皇帝兼并了天下以后，他自己号称为"始皇帝"，在那时有过一道诏书说明他的这种称号的用意。

> 朕为始皇帝，后世以计数，二世、三世，至千万世，传之无穷。
（《史记·秦始皇本纪》）

这种万世一系的期望所包含着的思想是万事万物都恒定不变。这不用说是秦人的统治思想。但这种思想在和秦人反对的楚人，自然是要反对的。想到了这层便可以知道为什么楚国的学者要多多趋向到《易》理的阐发上来。《易经》是注重变化的，这和当时的统治思想正相对抗。那种叛逆的思想自然是不能够自由发表的，而楚人却借了卜筮书的《易》来表示，令人不能不感叹到那些楚人要算是些巧妙的石龙子。

最后还有一件事情可注意的，是《荀子》书中最后一篇的《尧问篇》之最后的一节。那是荀子的门人所著的荀子的赞辞。那儿极力的称赞荀子，以为"孔子弗过"。但不幸的是"迫于乱世，鳅于严刑，上无贤主，下遇暴秦"，所以便不得不"蒙佯狂之色，视（示）天下以愚"。由那一段文字看来，可以知道，当时的荀子自身和他的门徒们，是怎样的岌岌乎其危。那些门徒要来讲究卜筮，或许也就是"蒙佯狂之色，示天下以愚"的手段吧。

总之，《易传》中有大部分是秦时代的荀子的门徒们楚国的人所著的。著书的时期当得在秦始皇三十四年以后。

十二 余论

由以上所述，《周易》经传的作者及其时代，算给予了一个通盘的检定。经部作于战国初年的楚人馯臂子弓，我相信是没有问题的。子弓把种种的资料利用了来作为《周易》的卦辞和爻辞，资料的时代本不一致，但所被利用的殷、周时代的繇辞特别多，故尔对于那著作全体蒙上了一层原始的色彩。后世的人把《周易》当成一部很古的著作看，便是由于受了这种色彩的蒙混。

子弓之作《周易》，自然是具现了他自己的思想，同时他一定是一位神秘主义者，他存心要提供出一种新式的卜筮方法。他的思想可取，卜筮是他的迷信。

作《易传》的人是无法决定的，但那些作者和子弓不同的地方是存心来利用卜筮以掩蔽自己的思想的色彩。我们知道了作者们的这番苦心时，我们研究《易传》，应该抛撇了那卜筮的部分，而专挹取它的思想的精华。

一九三五年三月十日

注释

①《汉书·艺文志》语。——作者注

②《古史辨》第三册第三七至七〇页。——作者注

③《说文》阜部，又木部云："梱，门限也。"——作者注

④《大雅·绵》，诗中的古公即是太王。或以为非者，非是。——作者注

⑤《左传》宣公十二年。

⑥见《新学伪经考》卷三上及卷十，又见《孔子改制考》卷十。——作者注

⑦见《王氏遗书全集》。——作者注

⑧《道德经》第四十二章。

⑨《论语·阳货》。

⑩《孟子·滕文公上》。

⑪今译莱布尼兹。——编者注

⑫《古史辨》第三册。——作者注

⑬《卜辞通纂》第七三〇片参照。——作者注

⑭《史记·项羽本纪》。

由周代农事诗论到周代社会

周代的诗歌里面有好几篇纯粹关于农事的诗，我现在先把那些诗的篇名分列在下边吧。

《风》：《七月》。

《雅》：《楚茨》《信南山》《甫田》《大田》。

《颂》：《臣工》《噫嘻》《丰年》《载芟》《良耜》。

我在十三四年前写《诗书时代的社会变革与其思想上之反映》（见《中国古代社会研究》）的时候，对于这些诗曾经作过一番研讨，但那时我对于古代史料还没有充分的接触，感情先跑到前头去了，因此对于这些诗的认识终有未能满意的地方。这些诗，对于西周的生产方式是很好的启示，如认识不够，则西周的社会制度便可成为悬案。因此我要更费些工夫，来尽可能客观地、实事求是地，对于它们再作一番检点。

第一，《噫嘻》。

> 噫嘻成王，既昭假尔。率时农夫，播厥百谷。
>
> 骏发尔私，终三十里。亦服尔耕，十千维耦。

"成王"，《毛传》训为"成是王事"，《郑笺》训为"能成周王之功"，完全讲错了。照文法结构上看来，成王分明是一个人，而且是诗中的主格，当即周成王是毫无疑问的。《鲁诗序》以为是"康王孟春祈谷于东郊，以成王配享之诗"，大约以"成"为谥故以定之于康王。其实古时候并无谥法，凡文、武、成、康、昭、穆、恭、懿等，都是生号而非死谥。彝器有《献侯鼎》，其铭文云"唯成王大奉，在宗周，赏献侯䫉贝，用作丁侯障彝"，分明在王生时已称"成王"。此外生称邵王、穆王、恭王、懿王之例也被发现，及到春秋中叶齐灵公时的《叔夷钟》与《庚壶》也都生称灵公。谥法大抵是在战国中叶才规定的，此事初由王国维揭发，继由我加以补充，业已成为了定论①。前人不明此例，故于古书上的王公名号每多曲解，如《孟子》书中的梁惠王、齐宣王、滕文公之类均以为死后追称，其实并不是那么一回事。

这里的"成王"，断然无疑的还是在生时的周成王。作诗的人当得是周室的史官，是在对着一些田官说话。翻译成白话时便是这样：

> 啊啊，我们的主子周成王既已经召集了你们来，
> 要你们率领着这些耕田的人去播种百谷。
> 赶快把你们的耕具拿出来，
> 在整个三十里的区域，大大地从事耕作吧，
> 要配足一万对的人才好呵。

"骏发尔私"的"私"注家均称为"私田"，这是所谓"增字解经"。其实只是指各人所有的家私农具，而且可能也就是"耜"字的错误，照诗的层次上说来，是应该这样解释的。

照着我这样解释，这首诗便成为了研究周代农业的极可宝贵的一项史料，可以作为一个标准点。诗明是作于周成王时，周初的农业情形表现得异常明白。农业生产的督率是王者所躬亲的要政之一；土地是国家的所有，作着大规模的耕耘；耕田者的农夫是有王家官吏管率着的。这情形和殷代卜辞里面所见的别无二致。

一、戊寅卜宾贞：王往辈②众黍于𡇬。（《卜辞通纂》第四七三片）

二、乙巳卜㱿贞：王大令众人曰：协田，其受年。十一月。（《殷契粹编》第八六六片、《前编》七·三〇·二）

三、贞：叀（维）小臣令众黍。一月。（《卜辞通纂》第四七二片）

四、丙午卜盅贞：（令）众黍于×。（《卜辞通纂》《别录》二）③

在文字上虽然有繁有简，有韵文和散文的不同，但实质上是完全相同的。譬如我们把《噫嘻》一诗简单化起来，便是"成王命田官率农夫耕种"，如此而已。在卜辞里虽然表示殷王每每直接和"众人"发生关系，但也每每间接由"小臣"或其他同身分的人。这"小臣"就等于周代的田官（别的诗称为"保介"或"田畯"），"众人"呢不用说也就是农夫了。"众"字在卜辞作"日下三人形"，即表示在太阳光底下劳作的人。但周王自己也每每和农夫直接发生关系，见于下述别的诗篇，而在文王当时，文王还亲自下田收谷，《周书》的《无逸篇》里面是有明证的："文王卑服，即康（糠）功田功……自朝至于日中昃，不遑暇食。"

第二，《臣工》。

> 嗟嗟臣工，敬尔在公。王釐尔成，来咨来茹：
> "嗟嗟保介，维莫（暮）之春。亦又（有）何求？如何新畬？"（王咨询）
> "于皇来年，将受（抽）厥明（芒）。明昭上帝，迄用康年。"（保介答）
> 命我众人："庤乃钱镈，奄观铚艾。"（王向臣工发令）

这诗的时代不敢定，大约和《噫嘻》相差不远，因为风格相同，而且没有韵脚。诗中的王亲自来催耕，和卜辞中的王亲自去"观黍"和"受禾"的情形相同。首节是传宣使的宣说，次节与三节为王与保介的一问一答，尾节为王给臣工的命令。"众人"还保持着殷代的称谓，自然也就是农夫。所谓"保介"，郑玄在此处及《月令》"天子亲载耒耜，措之于参保介之御间"均解为车右，谓"车上勇力之士，被甲执兵"，但在本诗里便讲不通。《吕氏春秋·孟春纪》注："保介，副也。"也没有说明是什么官职之副。朱熹补充之，解为"农官之副"。但看情形应该就是后来的"田畯"，也就是田官。介者界之省，保介者保护田界之人。全诗译述如下：

> 啊啊，你们这些耕作的人！好生当心你们的工作。国王赏识你们的成就，亲自来慰问你们来了！
> 王问道："啊啊，你们这些管田的官，在这暮春时节，你们可有什么要求？两岁的新田种得怎样？三岁的畬田种得怎么样？"

管田的官回答："很好的，大麦（年）小麦（来）都要抽穗了。感谢老天爷照顾，年年都是有好收成的。"

王又向着大家说："好生准备你们的耕具呵，今年又会看到好收成的啦！"

第三：《丰年》。

> 丰年，多黍多稌，亦有高廪，万亿及秭。
> 为酒为醴，蒸畀祖妣。以洽百礼，降福孔皆。

译文：

年辰好呵，小米多，大米也多。到处都有高大的仓，屯积着整千整万整十万石的粮。

拿来做烧酒，拿来做甜酒，奉祀先祖代代，使春夏秋冬的祭典没有尽头，降下很多的福泽呵，祖先保佑。

这首诗没有什么可以解释的，时代要晚些，辞句多与《载芟》相同。"万亿及秭"的情形同样表示着土地国有的大规模耕作，绝不是所谓小有产或大有产的个人地主所能企及的。

第四，《载芟》。

> 载芟载柞，其耕泽泽。千耦其耘，徂隰徂畛，侯主侯伯，侯亚侯旅，侯强侯以。
> 有嗿其馌，思媚其妇。有依其士，有略其耜。俶载南亩，播厥百谷，实函斯活。
> 驿驿其达，有厌其杰。厌厌其苗，绵绵其麃。
> 载获济济，有实其积，万亿及秭。为酒为醴，蒸畀祖妣，以洽百礼。
> 有飶其香，邦家之光。有椒其馨，胡考之宁。匪且有且，匪今斯今，振古如兹。

这在《周颂》里面要算是最长的一首诗，看它说到"振古如兹"的话，年代比《噫嘻》《臣工》应该后得多了。诗从耕作说到播种，说到禾苗条畅，说到收成良好，说到祭祀祖宗，含括着农政的一年。值得注意的是：（一）"千耦其耘"和《噫嘻》篇"十千维耦"相印证，耕作的规模依然是广大；（二）从事耕作的人有主（即王）有伯，有大夫士的亚旅，有年富力强者（"强"），有年纪老弱者（"以"），全国上下都是在参加的。——"以"与"强"为对文，应当读为骏或骎，即是不强的人。《传》《笺》均当作雇佣讲，那可讲不通，被雇佣者力当强，何以乃别出于"强"之外而成对立呢？当时假如已经能有雇佣存在，主伯亚旅何以还要亲自参加呢？因此我的讲法有些不同。还是用白话整个翻译在下边吧：

> 除草根，拔树根，耕地的声音泽泽的响。
> 有一千对人在薅草呵，薅向平地，薅上坡坎，
> 国王也在，公卿也在，大夫也在，
> 强的弱的，老的少的，一切都在。
> 送饭的娘子真是多呵！打扮得多漂亮呵！
> 男子们好高兴呵！犁头是风快的呵！
> 今天开首耕上向阳的田，
> 准备播种百谷，耕得真是深（函）而且阔（活）呵！
> 啊，陆续的射出禾苗来了，先出土的冲得多么高呵！
> 苗条真是聪骏可爱呵，不断地还在往上标呵！
> 收获开始了，好多的人呵，好丰盛的收成呵！
> 屯积成整千整万整十万石的粮。
> 拿来煮烧酒，拿来煮甜酒，
> 奉祀先祖代代，使春夏秋冬的祭典没有尽头。
> 饭是那样的香，酒是那样的香，
> 真是国家的祥瑞呵，人人的寿命都要延长。
> 不但是现在才这样，不但是今天才这样，
> 从古以来一直都是这样呵。

第五，《良耜》。

畟畟良耜，俶载南亩，播厥百谷，实函斯活。

或来瞻汝，载筐及筥。其馕伊黍，其笠伊纠。其镈斯赵，以薅荼蓼。

荼蓼朽止，黍稷茂止。获之挃挃，积之栗栗。其崇如墉，其比如栉，以开百室。

百室盈止，妇子宁止，杀时犉牡，有捄其角。以似以续，续古之人。

译文：

坚利的好犁头呵，今天开始耕上向阳的田，
准备播种百谷，耕得真是深而且阔呵！
有人来看望你们，背起篼子，提起篮子。
送来的是小米饭，戴的笠子多别致呵。
男子们的锄头加劲赵（平声）起来了，加劲地在薅杂草了。
杂草肥了田，庄稼茂盛了。
割起来戚戚察察地响，堆起来密密栗栗的高。
高得像城墙，排起来像梳子的齿，
百打百间仓库都打开了。
百打百间的仓库都堆满了，
大大小小的眷属都没有担心的了。
把这黑嘴唇的大牯牛杀掉吧，它的角是那么弯弯的。
好拿来祭祖先，祈求福泽绵延。

这诗不用说也还是宗周的情形，和《载芟》的时代大概相差不远吧。当时的天子事实上只是像后来的一位大地主，不过他的规模更宏大得多了。“百室”断然是仓库无疑，为着押韵的关系，故用了“室”字。“妇子”这种字面在诗中多见，周初的《矢令簋》也有“妇子后人永享”的字样。但在这儿是指后妃和王子，古人素朴，在这些地方还没有感觉着有用特殊敬语的必要。

第六，《甫田》。

> 倬彼甫田，岁取十千。我取其陈，食我农人，自古有年。今适南亩，或耘或耔，黍稷薿薿。攸介攸止，烝我髦士。
>
> 以我齐明，与我牺羊，以社以方。我田既臧，农夫之庆。琴瑟击鼓，以御田祖，以祈甘雨，以介我稷黍，以谷我士女。
>
> 曾孙来止，以其妇子，馌彼南亩，田畯至（致）喜（饎）。攘其左右，尝其旨否。禾易长亩，终善且有（尤）。曾孙不怒，农夫克敏。
>
> 曾孙之稼，如茨如梁。曾孙之庾，如坻如京。乃求千斯仓，乃求万斯箱。黍稷稻粱，农夫之庆。报以介福，万寿无疆。

"甫田"是大田，田之大一年可以取十千石，事实上怕还不止。这和"千耦其耘"，"十千维耦"相印证，足以断定土地依然属于公有。

"曾孙"，郑玄以为成王，他的根据大概是《噫嘻》吧，但奇怪的是《噫嘻》的成王却被他解为"能成周王之功"去了。照理总要理解得《噫嘻》的成王就是周成王，这儿的"曾孙"要解为成王才有根据。其实就诗的情趣看来，决不会是成王时代的作品。它在说"自古有年"，它在用琴瑟，已经晚得多了。《周颂》中祭神是没有用琴瑟的，琴瑟的出现当在春秋时代。因此这位曾孙不必一定是周王，即使是周王也当得属于东周了。

"报以介福"句，前人都解"报"为报酬，解"介"为大，但于文理上说不过去。我的看法是"报"乃报祭之报，《国语·鲁语》："凡禘、郊、祖、宗、报，此五者国之典祀也。""介"字假为匄，求也，金文中用匄字。因而"报以介福"即是报祭先祖以求幸福。

译文：

> 开朗呵，好广大的田，一年要收十千石的收成。我们只把每年的陈谷拿给农夫们吃，因为年年都是丰年啦。今天要到向阳的田地里去，那儿有的在犁田，有的在薅草，稻子都长得很茂盛了。为了要求神，为了要休息，把一切壮健男子都集拢来了。
>
> 把我们清洁的齍盛和祭羊，拿来祭社神，拿来敬四方。我们的田已经

弄好了，是农人们的喜庆啦。弹起琴，鼓起瑟，还打起鼓，我们大家来敬田神呵，求雨水好，求收成好，求我们男男女女大家都有饭吃得饱。

国王也亲自来了，还带着他的王妃和王子，到这向阳的田里犒劳我们，给管田的官们送来了酒食。国王跟他的随从，也同我们一道尝了尝口味。禾稻满田都种遍了，长得真是好，而且好到尽头了。国王没有生气，他说：农夫们真正够勤勉呵。

国王的稻子要积得如像草房，如像车篷。国王的谷堆要堆得如像岛子，如像高峰。要准备一千座谷仓，要准备一万个箩筐，以好来装这些黄米、小米、大米、高粱，这是农夫们的喜庆啦。我们报祭先祖，祈求多福多寿，没有尽头。

第七，《大田》。

> 大田多稼，既种既戒，既备乃事。以我覃耜，俶载南亩，播厥百谷，既庭且硕，曾孙是若。
>
> 既方既皁，既坚既好，不稂不莠，去其螟螣，及其蟊贼，无害我田稚。田祖有神，秉畀炎火。
>
> 有渰凄凄，兴雨祈祈，雨我公田，遂及我私。彼有不获稚，此有不敛穧，彼有遗秉，此有滞穗，伊寡妇之利。
>
> 曾孙来止，以其妇子，馌彼南亩，田畯至喜，来方禋祀，以其骍黑，与其黍稷。以享以祀，以介景福。

这诗的"曾孙"，郑玄也说为成王，那是毫无根据的。和《甫田》大约是先后年代的作品吧，连辞句都有些相同。诗中最可注意的是"雨我公田，遂及我私"二句，这并不是孟子所解释的"井九百亩，其中为公田，八家皆私百亩"的那种情形，而是足以证明在公有的土田之外已经有了私有的土田，而且失掉了生产力的老寡妇，已经在做乞丐了。

译文：

> 广大的田里要多种稻子，已经把种子选好了，已经把家具也弄好了，一切都准备停当了。担起我们锋快的犁头，今天开始去耕向阳的田土，准

备播种百谷。耕得要直而且宽，我们只是顺从国王的命令。

稻穗飏了花，又结了子，稻子很结实而又整齐；没有童粱，没有秕壳。把那些吃心、吃叶、吃根、吃节的害虫们都除掉吧。不要让它们害了我们的禾苗。田神是有灵有验的，把它们用火来烧掉吧。

天上阴阴地起了乌云，密密地下起雨来了。落到我们的公田，又落到我们的私田。到丰收的时候你看吧，那儿有割不完的残稻，这儿有收不尽的割禾，那儿掉下了一把稻子，这儿掉下了一些穗子，都让给寡妇们拾了去。

国王亲自走来，带着他的王妃和王子，犒劳向阳的田地里的人们，向管田的官们赏些饮食。国王是来祭四方的大神的，用黑的猪羊和黄的牛，加上黄米和高粱。求大神飨受，求大神赐福无量。

第八，《信南山》。

信彼南山，维禹甸之。畇畇原隰，曾孙田之。我疆我理，南东其亩。

上天同云，雨雪雰雰，益之以霡霂。既优既渥，既霑既足，生我百谷。

疆埸翼翼，黍稷彧彧。曾孙之穑，以为酒食，畀我尸宾，寿考万年。

中田有庐（芦），疆埸有瓜，是剥是菹，献之皇祖。曾孙寿考，受天之祜。

祭以清酒，从以骍牡。享于祖考，执其鸾刀，以启其毛，取其血膋。

是烝是亨（烹），苾苾芬芬，祀事孔明，先祖是皇。报以介福，万寿无疆。

"信彼南山"与"倬彼甫田"同例，"信"与伸通，应当是坦直的意思。南山的坡很坦荡，夏禹王把它画成了田。这一带的田现在由我们的主子来耕种了。曾孙大约就是周王吧，但究竟是哪一位周王，无法决定。年代和《大田》《甫田》应该是相近的。

"中田有庐"和"疆埸有瓜"为对文，可知"庐"必然是芦字。（《说文》："芦、芦菔也。"）以前的人都把这讲错了，甚至据以为八家共井式的井田的证据。其实这犹如"南山有台，北山有莱"（《小雅》）一样，"台"与"莱"为对文，是莎草，并不是亭台楼阁的台。这儿的"庐"也断然不是房屋庐舍的庐呵。

译文：

坦直的呵，南山的坡，夏禹王把它画成了田。这些高高低低的田，我们王室的子孙在耕种。我们画出疆界，清理田坎，向南一片，朝东一片。

天上起着一片的云，雾雾霏霏地下着雪，回头又下些毛毛雨。雨水是丰顺的，田土都渗透了，庄稼准定会好的。

田坎多整齐呵，黄米和高粱长得蓬蓬勃勃的。国王的稻子可以煮酒，又可以煮饭，要拿来敬神，祈求万年的长寿。

在田地当中有芦菔，在田坎埂上有黄瓜，把它们剥来淹好，敬献祖宗。求国王多福多寿，受上帝的保佑。

祭祀的时候用清酒，牵来一条红黄色的公牛敬献祖宗。我们拿着鸾刀，剥了牛的毛，取出牛的血和油。

有的是蒸，有的是烹，真是香气蓬蓬。敬神的仪式是多么堂皇呵，祖宗是多么光辉呵。我们报祭先祖，祈求多福多寿，没有尽头。

第九，《楚茨》。

楚楚者茨，言抽其棘。自昔何为？我艺黍稷。我黍与与，我稷翼翼。我仓既盈，我庾维亿。以为酒食，以享以祀，以妥以侑，以介景福。

济济跄跄，絜尔牛羊，以往烝尝。或剥或亨（烹），或肆或将，祝祭于祊。祀事孔明，先祖是皇。神保是飨，孝孙有庆，报以介福，万寿无疆。

执爨踖踖，为俎孔硕。或燔或炙，君妇莫莫，为豆孔庶，为宾为客。献酬交错，礼仪卒度，笑语卒获，神保是格。报以介福，万寿攸酢。

我孔熯矣，式礼莫愆。工祝致告，徂赉孝孙。苾芬孝祀，神嗜饮食，卜尔百福，如几如式。既齐既稷，既匡既敕，永锡尔极，时万时亿。

礼仪既备，钟鼓既戒。孝孙徂位，工祝致告。神具醉止，皇尸载起。

鼓钟送尸，神保聿归。诸宰君妇，废彻不迟。诸父兄弟，备言燕私。

乐具入奏，以绥后禄，尔肴既将，莫怨具庆。既醉既饱，小大稽首，神嗜饮食，使君寿考。孔惠孔时，维其尽之，子子孙孙，勿替引之。

这首诗，在年代上更晚，祭神的仪节和《少牢馈食礼》相近。彼礼，郑玄云"诸侯之卿大夫祭其祖祢于庙之礼"，虽不一定就是这样，但足见其礼节之晚。主祭者的"孝孙"可能是周王，可能是哪一国的诸侯，也可能是卿大夫。在春秋末年鲁之三家已用"雍彻"，季氏已用"八佾舞于庭"，天子诸侯卿大夫的仪式并没有什么区别了。

译文：

> 很条畅的蒺藜，它老是在抽它的刺。
>
> 我们是干什么的呢？从古以来便耕我们的地。
>
> 我们的黄米长得好，我们的高粱长得高，
>
> 我们的仓装满了，我们的谷堆有十千。
>
> 拿来煮酒，拿来煮饭，拿来祭祖宗，拿来祭鬼神，祈求大的幸福。
>
> 大家热热闹闹的，牵起你们的羊，牵起你们的牛，去赶祭祀吧。
>
> 有些人来剥皮，有些人来煮肉，有些人来陈设，有些人来运搬，我们要在神堂祈祷。
>
> 我们的祭典多么堂皇呵，我们的祖先多么光辉呵，
>
> 神灵是要保佑的，我们的主子有幸福。
>
> 我们要报祭先祖，祈求多福多寿，没有尽头。
>
> 管灶的人忙忙碌碌的，祭盘做得顶顶大。
>
> 有的在叉烧，有的在油炙，主妇们都诚心诚意的，为了宾客做了不少的席面。
>
> 大家要敬酒，你敬我一杯，我回敬你一杯，礼节要周到，谈笑要尽兴。
>
> 神灵是要保佑的呵，我们要报祭先祖，祈求多福多寿，这就是报酬。
>
> 我们都好兴奋的呵，仪式没有差池的了。
>
> 司仪的人要开始司仪了，他要宣告着："主祭者就位。"

香气蓬蓬的祭品，神灵都很喜欢，

要给你一百种的幸福呵，一分一厘也不周转。

祭献已毕，神意再宣：

"永远保佑你到尽头，福分让你有十万八千。"

仪式都准备好了，钟鼓手也都在等候着奏乐了。

主祭者就了位，司仪的人开始司仪了。

神灵都喝醉了，皇尸离开神位了。

奏乐送尸，神灵也就回去了。

管膳事的人，和主妇们，都赶快把祭献撤了。

老老少少，大家都一团和气地有说有笑。

乐移到后堂里去奏，大家在后堂里享享快乐。

"你们都请就席啦，别嫌弃啦！"

"哪里，好得很呵！"

醉的醉了，饱的饱了，大大小小都叩头告辞了。

"神灵喜欢你们的饮食，要使你们延年益寿。"

"真是慷慨呵，真是合时呵，一切都好到了尽头。"

祝你们的子子孙孙，世世代代，

都照着你们这样天长地久。

第十，《七月》。

七月流火，九月授衣。一之，日觱发。二之，日栗烈。无衣无褐，何以卒岁？三之，日于耜。四之，日举趾。同我妇子，馌彼南亩，田畯至喜。

七月流火，九月授衣。春日载阳，有鸣仓庚。女执懿筐，遵彼微行，爰求柔桑。春日迟迟，采蘩祁祁。女心伤悲，殆及公子同归。

七月流火，八月萑苇。蚕月条桑，取彼斧斨，以伐远扬，猗彼女桑。七月鸣鵙，八月载绩。载玄载黄，我朱孔阳，为公子裳。

四月秀葽，五月鸣蜩，八月其获，十月陨萚。一之，日于貉。取彼狐狸，为公子裘。二之，日其同，载缵武功。言私其豵，献豜于公。

> 五月斯螽动股，六月莎鸡振羽。七月在野，八月在宇，九月在户。十月蟋蟀，入我床下。穹窒熏鼠，塞向墐户，嗟我妇子，曰为改岁，入此室处。
>
> 六月食郁及薁，七月亨（烹）葵及菽。八月剥枣，十月获稻，为此春酒，以介眉寿。七月食瓜，八月断壶，九月叔苴，采荼薪樗，食我农夫。
>
> 九月筑场圃，十月纳禾稼。黍稷重穋，禾麻菽麦。嗟我农夫，我稼既同，上入执官功。昼尔于茅，宵尔索绹，亟其乘屋，其始播百谷。
>
> 二之，日凿冰冲冲。三之，日纳于凌阴。四之，日其蚤，献羔祭韭。九月肃霜，十月涤场，朋酒斯飨，曰杀羔羊。跻彼公堂，称彼兕觥，万寿无疆。

这不是王室的诗，也不是周人的诗。诗的时代当在春秋末年或以后。诗中的物候与时令是所谓"周正"，比旧时的农历，所谓"夏正"，要早两个月。据日本新城新藏博士《春秋长历的研究》，发现在鲁文公与宣公的时代，历法上有过重大的变化。以此时期为界，其前半叶以含有冬至之月份的次月为岁首（所谓建丑），其后半叶则以含有冬至之月份为岁首（所谓建子）。又前半叶置闰法显然无规律，后半叶则颇齐整。他这个发现，是根据春秋二百四十二年间的三十七次日蚀（其中有四次应系讹误），用现代较精确的天文学知识所逆推出来的，我们不能不认为很有科学的根据。他根据这个发现推论到三正论的问题。

> 关于三正论之文献，由来颇古。然由研究春秋长历之结果，可知其断非春秋以前历史上之事实。余以为，盖在战国中叶以降，将所行之冬至正月历（建子）拨迟二个月，改为立春正月历（建寅）时，因须示一般民众以改历之理由，遂倡三正论而笃宣传耳。其后，因秦代施行十月岁首历（建亥），更加以汉代之宣传，遂至认三正之交替真为上古历史上之事实。时至今日，信者尚不乏人，此于中国上古天文历法发展史之阐明，系累非浅，诚可谓憾事。④

所谓三正论系出于后人捏造，毫无疑问，唯造此说之时代不当在战国中叶，而当在春秋末年。孔子已在主张"行夏之时"，足见当时对于改历之要求已相当普遍，存世有《夏小正》一书，大抵即为春秋时代的历术家所拟述的私人计划。此种时宪早为学者间所倡导，所公认，特为政治力量所限制，直至战国中叶，始见诸一般的实施而已。

知道了中国古代并无所谓三正交替的事实，而自春秋中叶至战国中叶所实施的历法即是所谓"周正"，那么合于周正时令的《七月》一诗是作于春秋中叶以后，可以说是毫无问题的了。

《七月》，《鲁诗》无序，其收入《诗经》，大率较其他为晚。假使真是采自豳地，当得是秦人统治下的诗，故诗中只称"公子"与"公堂"。这也可以算得是一些内证。

又诗的"一之日"云云，"二之日"云云，向来的注家都是在"日"字点读，讲为"一月之日""二月之日"，但讲来讲去总有些地方讲不通。而且既有"四月秀葽"，又有"四之日"，何以独无一月二月三月？而五月至十月何以又不见"五之日"至"十之日"呢？这些都是应有的疑问。一句话归总，分明是前人读错了。我的读法是"日"字连下不连上。"一之""二之""三之"，也就如现今的"一来""二来""三来"了。说穿了，很平常。

"九月肃霜，十月涤场"，前人亦未得其解，至王国维始发其覆。

> 肃霜涤场皆互为双声，乃古之联绵字，不容分别释之。肃霜犹言肃爽，涤场犹言涤荡也……九月肃霜，谓九月之气清高颢白而已。至十月则万物摇落无余矣。⑤

"授衣"两个字，也很重要。古代对于农民应该有一定的制服，就如像现今发军服一样。到了"九月"（农历七月），是应该发寒衣的时候了。

译文（我按照农历都提前两个月）：

> 五月里，大火星在天上流；七月里应该发下寒衣了。一来呢，风一天一天地吹得辟里拍拉的响。二来呢，寒气一天一天地冷得牙齿战。我们自己没有衣裳，农夫们没有粗麻布，怎么过得了冬呢？三来呢，天天要拿锄

头。四来呢，天天要跑路。我们要带起老婆儿女，到那向阳的田里给送点饭去，犒劳在田地里监工的管家。

五月里，大火星在天上流；七月里应该发下寒衣了。春天里天气好的时候，黄鹂鸟儿在叫，姑娘们提着深深的篮子，走上狭窄的小路，要去采嫩的桑叶了。春天的太阳走得很慢呵，采白蒿的人很多呵，姑娘们的心里有点惊惶，怕的是有公子哥儿们会把她们看上。

五月里，大火星在天上流；六月里要开芦苇花。养蚕的月份里桑树抽了条，我们要拿起斧头去砍桑条了。嫩桑树的叶子是多么的柔软呵。五月里伯劳鸟开始叫，六月里要动手织布了。染成青的布，染成黄的布，朱红色来的特别鲜，好替公子做裙子啦。

二月里燕子花开花，三月里马蝲子开始叫了。六月里要割稻子，七月里要捡笋壳了。一来呢，天天要打猎，打些狐狸来，替公子们做皮袄。二来呢，天天要集合，打猎之外还要下操，打到野猪的时候，把小猪儿自己留下来，把大猪儿送给公家吃。

三月里蟊斯开始弹琴，四月里梭鸡开始纺织了。五月里蟋蟀儿在田地里叫，六月里叫进了厅堂，七月里叫进了房门，八月里叫到了床下了。赶快地填地洞呵，熏老鼠呵，塞紧当北的窗孔呵，糊好门缝呵。啊，我的老板娘，我的儿女们呵，快要过年了，我们要在房里过活啦。

四月里吃山楂和樱桃，五月里煮兔葵和豆子，六月里打枣子，八月里割稻子。稻子打来煮春酒，喝了延年益寿啦。五月里吃南瓜，六月里摘葫芦，七月里采苏麻，掐苦菜，劈杂柴，好供养我们的耕田的汉子啦。

七月里修好场子和菜园，八月里要收稻子进仓库。黄米，高粱，早种的迟种的都熟了。也有米，也有芝麻，也有大豆，也有小麦。啊，耕田的汉子们，今年的收成已经完了，该到上面去修理宫殿了。白天取茅草，晚上搓麻绳，赶快上屋顶去修理啦，回头又快要开始播种了。

二来呢，天天得去凿冷冰，凿得叮叮当当的响。三来呢，天天要把冷冰抱去藏在冷的地方。四来呢，天天还得起个早，饲好小羔羊儿，用水灌韭菜。七月里天高气爽，八月里开心见肠，农忙过了快活哉，吃喜酒，打羔羊。大家走到公堂上，用大杯子给国公献寿，祈求国公万岁，没有尽头。

以上我把周代的农事诗逐一地检查了一遍，而且翻译了一遍。

从时代来讲，《周颂》里面有几首诗最早，确是周初的东西。《小雅》里面的几篇较迟，有的当迟到东迁以后。《七月》最迟，确实是春秋中叶以后的作品。农业社会发展的进度是很迟缓的，从周初到春秋中叶虽然已经有五百来年，在诗的形式上未能显示出有多么大的变化。《诗》经删订，是经过儒家整齐化了，固然是一个原因，而社会的停滞性却更鲜明地表现了在这儿。后来的五言诗、七言诗，亘历千年以上都没有多么大的变化是出于同一道理。不过在那样徐徐的进度中却可看得出有一个极大的转变，便是土田的渐见分割，而农夫的渐归私有。

在周初的诗里面可以看出有大规模的公田制，耦耕的人多至千对或十千对，同时动土，同时播种，同时收获。而收获所入，千仓万箱，堆积得如山如岭。要说是诗人的夸张吧，后代的诗人何以不能够夸张到这样的程度？事实上周代的北方诗人，夸张的性格极少，差不多都是本分的叙事抒情，因而我们可以知道，这些农事诗确实是有它们的现实的背景。着眼到这儿，古代井田制的一个问题是可以肯定的。要有井田制才能有这样大规模的耕种，也才能有这样十分本分而又类似夸张的农事诗。

井田制，我在前有一个时期否认过它[⑥]。因为我不能够找出孟子所说的"方里而井，井九百亩，其中为公田，八家皆私百亩"的那种情形的实证。我曾经在《周代彝铭中的社会史观》（见《中国古代社会研究》）里面说过这样的话：

> 井田制是中国古代史上一个最大的疑问。其见于古代文献的最古的要算是《周礼》，然而《周礼》便是有问题的书。如像《诗经》的"中田有庐，疆场有瓜"或"雨我公田，遂及我私"，《韩诗外传》及《孟子》虽然作为古代有井田的证据，但那是戴着有色眼镜的观察。此外如《春秋》三传和《王制》等书，都是后来的文献，而所说与《周官》亦互有出入。儒家以外如《管子》《司马法》诸书，虽亦有类似的都鄙连里制，然其制度亦各不相同。
>
> 论理所谓"方里而井，井九百亩，其中为公田，八家皆私百亩"

（《孟子·滕文公上》）的办法，要施诸实际是不可能的。不可能的理由可以不用缕述，最好是拿事实来证明，便是在周代彝铭中有不少的锡土田或者以土田为赔偿或抵债的记录，我们在这里面却寻不出有井田制的丝毫的痕迹。

我这个判断其实是错了，孟子所说的那八家共井的所谓井田制虽然无法证实，而规整划分的公田制却是应该存在过的。周代金文里面的锡土田或以土田为贸易赔偿的记录，其实就是证明了。例如：

> 锡汝马十匹，牛十。锡于×一田，锡于×一田，锡于队一田，锡于×一田。（《卯簋》）
> 锡汝弓一矢束，臣五家，田十田。（《不娶簋》）
> ×贝五十朋，锡田于敔五十田，于早五十田。（《敔簋》）
> （以上锡土田例。）
> 格伯受良马乘于佣生，厥贮（价）卅田，则析。（《格伯簋》）
> （以上以土田为货物例。）
> ……用即谮田七田，人五夫。（《曶鼎》）
> （以上以土田为赔偿例。）

如上五例均西周中叶时器，而均以"田"为单位，可知田必有一定的大小。这便可以认为井田制的例证。田有一定的大小固不必一定是方田，现今中国东北部还残留着以十亩为"一垧地"的习惯，或许便是古代的孑遗，但在古代农业生产还未十分发达的时候，选择平衍肥沃的土地作方格的等分是可能的事。罗马的百分田法，已由地下的发掘找到了实证了。根据安培尔（C. Humbert）、勒诺尔曼（L. Lenormant）和加尼亚（Gagnat）诸氏之研究，其情形有如下述：

> 罗马人于建设都邑时，须由占师（augur）先占视飞鸟之行动以察其禨祥。卜地既吉，乃以悬规（grume 或 groma）测定地之中点……中点既定，即于此处辟一方场以建设祠庙，又由中心引出正交之纵横二路。以此为基线，辟一中央四分之方形或矩形之地面，于其四隅建立界标，或以

木，或以石。其次以白牛牝犊各一曳青铜之犁于其周围起土。当门之处则起犁而不耕。牝犊驾于内侧，土即反于其侧。所积之土墩为墉（murus），所成之土沟为濠（fossa）。又其次与纵横二路两两平行，各作小径，境内即成无数之区划，每区以罗马尺二四〇方尺之正方形为定规，时亦分作矩形。⑦

土田划分的办法也和这相同，仅仅是没有墉濠之设。各区的丈量是有一定的。

这和《周官·遂人职》"以土地之图经田野造县鄙形体之法"颇相暗合。

凡治野，夫间有遂，遂上有径。十夫有沟，沟上有畛。百夫有洫，洫上有涂。千夫有浍，浍上有道。万夫有川，川上有路。以达于畿。

像这种十进位的办法，实和百分田法相同。《周官》虽然经过刘歆的改窜，但它里面有好些是真实的史料。我们是不能一概摒弃的。

就是锡方地的例子在金文中也有。《召卣铭》云：

唯十又三月初吉丁卯，召启进事奔走事，皇辟尹休，王自毅使赏毕土方五十里。召弗敢忘王休异，用作𫭢宫旅彝。

我以前因为摒弃方田制的想法，故对于这"赏毕土方五十里"句多所曲解，今知古实有十进位的分田法，本铭毫无疑问是赏召以毕地之上五十里见方了。

土地既有了分割，就有了好些朋友认为西周已经是封建社会的。因而我从金文里面所发掘出的一些锡臣锡地的资料，在我以为乃奴隶社会的绝好证明者，通被利用为支持封建说的根据。然而这是把资料的整个性分割了，铭文是从青铜器引用下来的，青铜器时代的生产技术承极原始的石器时代而来，并没有可能发展为封建式的生产。而农业民族的奴隶制与工商业民族的也有性态上的差异，是尤其值得我们注意的。工商业的生产奴隶须有束缚人身自由的枷锁或髡钳，农业的生产奴隶则可以用土地为枷锁。故尔在农业民族的奴隶制时代已有土地的分割，希腊时代的斯巴达便是这样，我国现存的彝族社会也是这样。我们请看彝族社会的情形吧。

一九三五年四月出版的中国西部科学院《特刊》第一号《四川省雷马峨屏调查记》里面有下列的叙述：

> 倮罗之视汉人犹汉人之视牛马，为家中财产之一部，可以鞭挞之，而不愿杀毙之。总以不能逃逸，日就驯服为度……掳得之汉人若有过剩，或系同一家族，同一里居，即须转卖远方……其索价之标准亦如汉人之卖牛马。身强力壮者可得银百数十两，次者数十两，老者最贱，仅值数两。小儿极易死亡，价值由数两以至数钱，盖与一鸡之值相差无几。

> 汉人入凉山后，即称为"娃子"，备受异族之贱视，极易死亡。此等汉人在一二年后自知出山绝望，日就驯服，谨慎执役，亦可自由行动，可免缧绁之苦，且可与倮彝同等起居，仅衣服粮食稍为粗劣耳。凡倮罗家中之一切操作，如耕田、打柴、牧羊、煮饭，均由此等人任之。黑彝唯袖手而食，督饬一切而已。

> 在凉山中苟延残喘之汉人，历年既久，事事将顺倮罗之意，或能先意承志为其忠仆，则可得倮罗之欢心，特加赏识，配以异性汉人，使成夫妇，另组家庭。唯此奴隶夫妻须双方均为其忠仆。成婚后，即自建小屋一所，由倮罗分与田土若干，使自耕种，自谋衣食。唯须时时应候差遣，不得违误。遇有战事及劫掠等事，皆须躬临阵地，为倮罗效死力。且在年终献猪一头，杂酒一桶，即尽厥职。此外则无一捐税，各方皆非常自由，其主人对之并负有极端保护之义务……凡白彝之姓皆从其主人，其原来之汉姓名不可考。

> 白彝世代相传仍为白彝，仍为"娃子"，仍为黑彝之奴隶。即能生财有道，子孙蕃衍，蔚成大族，然仍须恭顺主人，绝不能逾越一步，绝不能与黑彝通婚姻。唯若其主人特加青睐，可令其照料家务，助理管辖田地房屋，较其他"娃子"地位高升一级，称为"管家娃子"，气宇自属不凡。"管家娃子"之婚姻则仍择"管家娃子"为亲家，又绝对不与一般白彝为偶矣。

> 白彝亦可买汉人为奴隶，或掳汉人为奴隶，用倮罗驯服其祖先之法虐

待其苦同胞。此等被驯服之汉人即成为白彝之"娃子"。同为白彝，然此则称之为"三滩娃子"。"滩"者土语等级之意。"三滩"者，"管家娃子"为头滩，普通"娃子"为二滩，"娃子之娃子"为三滩。三滩之婚姻对象亦为三滩，地位最低。

保罗之家私，通常以"娃子"之多少定贫富之等级。所畜之"娃子"多者至三四百，可以随意买卖。遣嫁均媵以"娃子"。"娃子"之姓名随主人而更改。黑白彝之界限极严，白彝有过失，可以任被生杀予夺。命令须绝对服从。迁徙婚嫁，均唯黑彝之命是听。

彝人聚族而居，自成村落。黑彝为之领袖，白彝则出力以奉养黑彝。大都务农，其耕种法与汉人相似。有犁有锄，皆自汉地购来。……木工石工皆自汉地掳来，铁工亦有，然至多只能作刀锄而已。此外之能自制者为纺羊毛以制牟子，压羊毛以制毡衫，挖木为碗，削竹为琴，编竹为笠而已。又能向汉地买漆以髹器具，成各种简单花纹，其图案皆为保罗所画。土产有余时方始出卖，多以易蓝布或生银。贸易仍属以有易无，无一定之市场，常跋涉数十里，费时若干日，而交易仍未成。

此项调查虽未必十分详尽，但关于彝族社会的阶级组织与生产方式，是叙述得相当扼要的。尤其值得提起的，调查者并无唯物史观的素养，可以免掉某一部分人认为有成见的非难，故调查所得的结果可以说是纯客观的。这样的社会是奴隶制，自然毫无问题，然而已经有土田的分割了！假使有土田的分割即当认为封建制，那么彝族社会也可以说是封建制吗？这是怎么也说不通的事。因而见西周有土田的分割即认西周为封建社会，也真可以说是"见卵而求时夜"了。

土田的分割如只说为封建的萌芽胚胎倒也说得过去的。或由锡予，或由垦辟，于公田之外便有了私田。这私田所占的地面，大部分当得是井田以外的羡地，羡地在当时是无限的，而奴隶劳力的榨取也无限制，年代既久便可能使私田多于公田，私家肥于公家，故尔弄到后来只好"废井田，开阡陌"了。就这样，经济制度便生了变革，人民的身分也就随之而生了变革，奴隶便逐渐变化而为自由民了。

但在农业社会里面的奴隶，在形式上和农奴相差不远，即是有比较宽展的身体自由，这层我们是须得认明的。斯巴达的黑劳士（Helots），耕种奴隶，有类于农奴，早为史家所公认。何以会有这样的性质呢？这是因为农业奴隶被束缚于土地，离开了土地便不能生存，无须乎强加束缚。你看，就连文化程度落后的彝族不也是懂得这一点的吗？——"汉人在一二年后自知出山绝望，日就驯服，谨慎执役，亦可自由行动，可免缧绁之苦"，而且忠仆更可以组织家庭，分土而耕，自食其力，居然也就像自由民了。这些兄弟民族的状况正不失为解决中国古代社会的关键。了解得这些情形，回头再去读殷、周时代的典籍，有好些暧昧的地方也就可以迎刃而解了。

总括地说，西周是奴隶社会的见解，我始终是毫无改变。井田制是存在过的，但当如《周官·遂人》所述的十进位的百分田法，而不如孟子所说的那样的八家共井，只因规整划分有类"井"字，故名之为井田而已。土田的分割在西周固已有之，但和彝族社会也有土田分割的事实一样，决不能认为封建制。农业奴隶比较自由，可能"宅尔宅，田尔田"，有家有室，有一定的耕作地面，但只有享受权，而非有私有权。在形式上看来虽然颇类似农奴乃至自由民，但奴隶的本质没有变革。周代金文中多"锡臣"之例，分明以"家"为单位，不仅把"臣"的身分表示得很清楚，就连他家人的身分都表示得很清楚，那是无法解为农奴或自由民的。有些朋友又把周代农事诗解为地主生活的记录，把孟子式的井田制解为庄园的雏形，那更完全是过于自由的纯粹的臆想了。

一九四四年二月十七日

注释

①详见王国维《遹敦跋》（全集本《观堂集林》卷十八）及拙著《谥法之起源》（《金文丛考》）。——作者注

②作者谓"'挈'当释为以"，见《中国古代社会研究·卜辞中的古代社会》补注。

③该书别录二为"日本所藏甲骨择尤",包括材料很多,本条见《卜辞通纂·别录二》七页一片。

④见新城博士著《东洋天文学研究》及《中国上古天文学》(二书均有沈璿译本,由商务出版)。——作者注。

⑤王著《肃霜涤场说》(全集本《观堂集林》卷一)。——作者注

⑥《中国古代社会研究》第四篇第四章《周代彝铭中无井田制的痕迹》。——作者注

⑦《中国古代社会研究》附录《附庸土田之另一解》,译自小川琢治博士著中国历史地理研究续集《阡陌与井田》。又见亨利·司徒华德·琼斯(Henry Stuart Jones)著《罗马史之友》。——作者注

驳 《说儒》

一 《说儒》的基础建立在一个对比上

胡适的《说儒》，初发表于《历史语言研究所集刊》第四本第三分，后收入《论学近著》。他说儒本殷民族的奴性的宗教，到了孔子才"改变到刚毅进取的儒"。孔子的地位，就完全和耶稣基督一样。他有一段文章，把孔子和耶稣对比，我且把它抄在下面：

> 犹太民族亡国后的预言，也曾期望一个民族英雄出来，"做万民的君王和司令"（《以赛亚书》五五章四节），"使雅各众复兴，使以色列之中得保全的人民能归回——这还是小事——还要作外邦人的光，推行我（耶和华）的救恩，直到地的尽头"（同书四九章六节）。但到了后来，大卫的子孙里出了一个耶稣，他的聪明仁爱得了民众的推戴，民众认他是古代先知预言的"弥赛亚"，称他为"犹太人的王"。后来他被拘捕了，罗马帝国的兵给他脱了衣服，穿上一件朱红色袍子，用荆棘编作冠冕，戴在他头上，拿一根苇子放在他右手里；他们跪在他面前，戏弄他说："恭喜犹太人的王啊！"戏弄过了，他们带他出去，把他钉死在十字架上。犹太人的王"使雅各众复兴，使以色列归回"的梦想，就这样吹散了。但那个钉死在十字架上的殉道者，死了又"复活"了："好象一粒芥菜子，这原是种子里最小的，等到长大起来，却比各样菜都大，且成了一株树，天

上的飞鸟来宿在他的枝上"，他真成了"外邦人的光，直到地的尽头"。

　　孔子的故事也很象这样的。殷商民族亡国以后，也曾期望"武丁孙子"里有一个无所不胜的"武王"起来，"大糦是承"，"肇域彼四海"。后来这个希望渐渐形成了一个"五百年必有王者兴"的悬记，引起了宋襄公复兴殷商的野心。这一次民族复兴的运动失败之后，那个伟大的民族仍旧把他们的希望继续寄托在一个将兴的圣王身上。果然，亡国后的第六世纪里，起来了一个伟大的"学而不厌，诲人不倦"的圣人。这一个伟大的人不久就得着了许多人的崇敬，他们认他是他们所期待的圣人；就是和他不同族的鲁国统治阶级里，也有人承认那个圣人将兴的预言要应在这个人身上。和他接近的人，仰望他如同仰望日月一样，相信他若得着机会，他一定能"立之斯立，道之斯行，绥之斯来，动之斯和"。他自己也明白人们对他的期望，也以泰山梁木自待，自信"天生德于予"，自许要做文王周公的功业。到他临死时，他还做梦"坐奠于两楹之间"。他抱着"天下其孰能宗予"的遗憾死了，但他死了也"复活"了："人能弘道，非道弘人"，他打破了殷周文化的藩篱，打通了殷周民族的畛域，把那含有部落性的"儒"抬高了，放大了，重新建立在六百年殷周民族共同生活的新基础之上；他做了那中兴的"儒"的不祧的宗主；他也成了"外邦人的光"。"声名洋溢乎中国，施及蛮貊。舟车所至，人力所通……凡有血气者莫不尊亲。"

　　他的说法，基本就建立在这样一个对比上。这是很成问题的。当然，为了要建立这个对比，他也有他的一些根据。我们现在就请来追究他的根据。

二　三年之丧并非殷制

　　最主要的根据怕就是三年丧制的溯源吧。三年丧制本是儒家的特征，胡适往年是认为孔子的创制，据我所见到的也是这样。但在《说儒》里他却改从了傅斯年说，以为这种制度本是殷人所旧有，殷灭于周，殷之遗民行之而周不行，下层社会行之而上层社会不行，故孔子说："夫三年之丧，天下之通丧也。"（《论语·阳货》）而孟子时的滕国父兄百官反对行此丧制时，说："吾宗国鲁先君莫之行，吾先君亦莫之行也。"（《孟子·滕文公上》）这个新说在求文献的彼此相安，面面圆到上，诚然是美满的发明，但可惜依然没有证据。

《尚书·无逸篇》里说："其在高宗，时旧劳于外，爰暨小人；作其即位，乃或亮阴三年不言。"这个故事大约就是唯一的证据了吧。但这个故事，在孔子的大门人子张已经就弄不明白，质问过他的老师。《论语·宪问篇》载有他们师徒间的问答：

> 子张曰："《书》云：'高宗谅阴，三年不言'，何谓也？"
> 子曰："何必高宗，古之人皆然！君薨，百官总已以听于冢宰三年。"①

这段文字在《说儒》里也是被征引了的，博士对此丝毫没有怀疑，但我觉得我们的圣人似乎有点所答非所问。"谅阴"或"亮阴"（也有作"谅闇"或"梁闇"的）这两个古怪的字眼，怎么便可以解为守制呢？一个人要"三年不言"，不问在寻常的健康状态下是否可能，即使说用坚强的意志力可以控制得来，然而如在"古之人"或古之为人君者，在父母死时都有"三年不言"的"亮阴"期，那么《无逸篇》里所举的殷王，有中宗、高宗、祖甲，应该是这三位殷王所同样经历过的通制，何以独把这件事情系在了高宗项下呢？子张不解所谓，发出疑问，正是那位"堂堂乎张也"的识见过人的地方。可惜孔子的答案只是一种独断式，对于问题实在并没有解决到。而所谓"古之人皆然"的话，尤其是大有问题的。真正是"古之人皆然"吗？在这儿却要感谢时间的经过大有深惠于我们，我们三千年下的后人，却得见了为孔子所未见的由地下发掘出的殷代的文献。

一　癸未王卜贞：酒肜日自上甲至于多后，衣。亡它自尤。在四月，惟王二祀。（《殷虚书契》前编三卷二十七页七片）

二　□□王卜贞：今由巫九咎，其酒肜日〔自上甲〕至于多后，衣。亡它在尤。在〔十月〕又二。王稽，曰大吉。惟王二祀。（同上三卷二十八页一片）

三　癸巳王卜贞：旬亡尤。王稽，曰吉。在六月，甲午，肜芳甲。惟王三祀。（同上续编一卷二十三页五片。）

四　癸酉王卜贞：旬亡尤。王稽，曰吉。在十月又一，甲戌，妹工典，其苋，惟王三祀。（同上一卷五页一片）

这些是由安阳小屯所出土的殷虚卜辞，由字体及辞例看来，是帝乙时代的记录。（时代规定的说明很长，在此从略，下面将有略略谈到的地方。）这里面还有少数的字不认识，但大体是明白的。请看这儿有什么三年之丧的痕迹呢？第一第二两例的"衣"是"五年而再殷祭"之殷，古人读殷声如衣，这是已成定论的，是一种合祭。两例都同在"王二祀"，即王即位后的第二年，一在四月，一在十二月。仅隔七八月便行了两次殷祭，已经和礼家所说的殷祭年限大有不同；而在王即位后的第二年，为王者已经在自行贞卜，自行稽疑，自行主祭。古者祭祀侑神必有酒肉乐舞，王不用说是亲预其事了。这何尝是"三年不言""三年不为礼""三年不为乐"？何尝是"百官总己以听于冢宰"，作三年的木偶呢？

第三、第四两例也是同样。那是在王的即位后第三年，一在六月，一在十一月，而王也在自行贞卜，自行稽疑，自行主祭。

这些是祭祀的例子。此外，畋猎行幸之例虽然还没有见到，但我相信一定是会有的，或者还藏在地下，或者已经出土而未见著录。而且卜辞系年是稀罕的例子，畋猎行幸之例已见著录者已经很多，虽然通未系年，但要说那里面绝对没有王元祀、王二祀、王三祀时的贞卜，那是谁也不能够的。

殷代的金文不多，系着元、二、三祀的例子也还没有见到。周代的是有的，也毫无三年丧制的痕迹。但那是事属于周，在这儿就不便征引了。

三　高宗谅阴的新解释

根据上举铁证，我们可以断言：殷代，就连王室都是没有行三年之丧的。问题倒应该回头去跟着两千多年前的子张再来问一遍：

《书》云："高宗谅阴，三年不言"，何谓也？

健康的人要"三年不言",那实在是办不到的事,但在某种病态上是有这个现象的。这种病态,在近代的医学上称之谓"不言症"(Aphasie),为例并不稀罕。据我看来,殷高宗实在是害了这种毛病的。所谓"谅阴"或"谅闇"大约就是这种病症的古名。阴同闇是假借为瘖,口不能言谓之瘖,闇与瘖同从音声,阴与瘖同在侵部,《文选·思玄赋》"经重瘖乎寂寞兮",旧注"瘖古阴字",可见两字后人都还通用。这几个字的古音,如用罗马字来音出,通是ám,当然是可以通用的。亮和谅,虽然不好强解,大约也就是明确、真正的意思吧。那是说高宗的哑,并不是假装的。得到了这样的解释,我相信比较起古时的"宅忧""倚庐"的那些解释要正确得多。请拿《尚书》的本文来说吧。"其在高宗,时旧劳于外,爰暨小人;作其即位,乃或(又)亮阴,三年不言":是说高宗经历了很多的艰苦,在未即位之前,曾在朝外与下民共同甘苦(大约是用兵在外吧);即了位之后,又患了真正的瘖哑症,不能够说话,苦了三年。这样解来,正是尽情尽理的。

据上所述,可见把"谅阴三年"解为三年之丧,也不过如把"雨我公田"解为井田制之类而已,那自然是同样的不可靠。孔子原是注重实据的人,他要谈殷礼,曾痛感到宋国文献之不足征。高宗的故事当然也是无多可考的,仅仅六个字,他要把它解成了"君薨,百官总己以听冢宰三年"(《论语·宪问》),大约是由于他的"托古改制"的苦衷,加以淑世心切,又来一句"古之人皆然"的话,都不过如敝同乡苏东坡的"想当然耳"之类。知道得这一层,那么"天下之通丧也"的那么一句,也就尽可以不必拘泥了。如一定要与圣人圆个谎,我看也尽可以解为"古之天下",或者来个悬记,说是"将来之天下"。好在《论语》本是孔子的徒子徒孙们的断烂笔记,偶尔脱落几个字是事有可能的。

我要再来申说一下那"不言症"的病理。那种病症有两种型:一种是"运动性不言症"(motorische Aphasie),一种是"感觉性不言症"(sensorische Aphasie)。前者的脑中语识没有失掉,只是末梢的器官不能发言,有时甚至于连写也不能写,不过你同他讲话他是明白的。后者是连脑中语识都失掉了,听亲人说话俨如听外国语。德国话称这种为 Worttaubheit 或 Seelentaubheit,译出来是"言聋"或"魂聋"。两种不言症都有种种轻重的程度,我在这儿不便写医学讲义，只好暂且从略。但其病源呢？据说是大脑皮质上的左侧的言语中枢受了障碍。有时是有实质上的变化，如像肿疡外伤等；有时却也没有，没有的自然是容易好的。殷高宗的不言症，大约是没有实质变化的一种，因为他是没有受手术而自然痊愈了的，由这儿我们可以推想得到。

殷高宗的"谅阴"既是不言症而非倚庐守制，那么三年之丧乃殷制的唯一的根据便失掉了。

〔追记〕殷高宗曾患不言症，卜辞中已有直接证明。武丁时卜辞每多"今夕王言"或"今夕王遁言"之卜，往时不明其意者，今已涣然冰释。

四　论《周易》的制作时代

胡适似乎很相信《周易》，《说儒》里面屡屡引到它。最有趣味的是他根据章太炎把《需》卦的那些卦爻辞来讲儒，他说那儿所刻画的是孔子以前的柔懦而图口腹的儒者。孔子的出现是把这种儒道改革了的。有趣是有趣，可惜牵强得太不近情理，记得已经由江绍原把他驳斥了。但他除《需》卦而外也说到了其他，你看他说：

> 我们试回想到前八世纪的正考父的《鼎铭》，回想到《周易》里《谦》、《损》、《坎》、《巽》等等教人柔逊的卦爻辞，回想到曾子说的"昔者吾友尝从事"的"犯而不校"，回想到《论语》里讨论的"以德报怨"的问题，——我们不能不承认这种柔逊谦卑的人生观正是古来的正宗儒行。孔子早年也从这个正宗儒学里淘炼出来……后来孔子渐渐超过了这个正统遗风，建立了那刚毅弘大的新儒行，就自成一种新气象。

这儿的大前提中也把《周易》的《谦》《损》《坎》《巽》等卦包含着。《周易》里面也有《乾》《大壮》《晋》《益》《革》《震》等等积极的卦，为何落了选，都暂且不提。其实要把《周易》来作论据，还有一个先决问题横亘着的，那便是《周易》的制作时代了。这层胡适也是见到了的，你看他说"《周易》制作的时代已不可考了"，但回头又下出一个"推测"，说"《易》的卦爻辞的制作大概在殷亡之后，殷民族受周民族的压迫最甚的一二百年之中"，而断定作者"是殷人"。这个"推测"和断定，连边际也没有触到。关于这，我在三年前已经用日本文写过一篇《周易之制作时代》，发表在日本的《思想》杂志上（一九三五年四月）。那文章早就由我自己译成中文寄回国去，大约不久就可以问世了吧。

我的见解，《易》的作者是馯臂子弓，作的时期是在战国前半。详细的论证已有专文，但在这儿不妨把一个重要的揭发写出：

> 中行告公，用圭。（《益》六三）
>
> 中行告公，从。（《益》六四）
>
> 朋亡，得尚（当）于中行。（《泰》九二）
>
> 中行独复。（《复》六四）
>
> 苋陆夬夬，中行无咎。（《夬》九五）

这些爻辞里面的"中行"，尤其前四项，无论怎样看，都须得是人名或官名。这些爻辞里面应该包含有某种故事。想到了这一层，这钥匙就落在我们手边了。请看《左传》僖公二十八年的传文吧，那儿有这样的话：

> 晋侯作三行以御狄。荀林父将中行，屠击将右行，先蔑将左行。

晋侯是晋襄公，"三行"之作是由他创始的。荀林父是最初的中行将，因而他便博得了"中行"的称号，宣公十四年的传文称他为中行桓子。他的子孙，后来也就有了中行氏的一族。发现了这个典故，回头去看那些爻辞，不是可以迎刃而解了吗？尤其《泰》九二的"朋亡，得尚（当）于中行"，我看，那明明说的是文公七年先蔑奔秦的事。那年晋襄公死了，晋人先遣先蔑士会到秦国去迎接公子雍，以为襄公的后嗣。但到秦国派着兵把人送到令狐的时候，晋人却变了卦，出其不意地给秦兵一个邀击，把秦兵打败了，弄得先蔑士会都不得不向秦国亡命。《左传》上说：

> 戊子，败秦师于令狐，至于刳首。己丑，先蔑奔秦，士会从之。先蔑之使也，荀林父止之曰："夫人太子犹在而外求君，此必不行。子以疾辞，若何？不然，将及。摄卿以往，可也，何必子？同官为寮，吾尝同寮，敢

不尽心乎？"弗听。为赋《板》之三章，又弗听。及亡，苟伯尽送其帑及其器用财贿于秦，曰："为同寮故也。"

同寮亡命，岂不就是"朋亡"？"苟伯尽送其帑及其器用财贿于秦"，岂不就是"得当于中行"？亡与行是押着韵的。想来这简单的两句大约是当时的口碑，口碑流传既久，往往会和那故事的母胎脱离而成为纯粹的格言。编《周易》的人恐怕也只是当成一些格言在采纳的吧？因为"中行"两个字与中庸同义，故尔一收便收到了五项。《周易》爻辞中像这样明明白白地收入了春秋中叶的晋事，那年代也就可想而知了。要之，《周易》是后起的，事实上连孔子本人也没有见过。《论语》上有"加我数年，五十以学易，可以无大过矣"的话，这是孔子和《易经》发生关系的唯一出处，但那个"易"字是有点蹊跷的。据陆德明《音义》，"易"字《鲁论》作"亦"，可见那原文本是"加我数年，五十以学，亦可以无大过矣"，是后世的《易》学家把它改了的。汉时《高彪碑》有"恬虚守约，五十以学"的两句，正是根据的《鲁论》。

五 论《正考父鼎铭》之不足据

《正考父鼎铭》在《说儒》中也反反复复地见了四五次，不用说也是胡适所根据的重要资料之一，但不幸这个资料更加不可靠。我在四年前曾作过一篇《正考父鼎铭辨伪》，登在《东方杂志》上。文章发表后，我自己却尚未见到，原因是《东方杂志》在日本是禁止输入的，这倒不知道是为了什么缘故。但那篇旧作也还有不周到的地方，我现在要把那辨伪工作，重新在这儿整理一次。

《正考父鼎铭》不仅见于《左传》昭公七年，同时在《史记》的《孔子世家》里面也有。现在且把那两项文字来对比一下。

《左传》	《史记》
九月，公至自楚，孟僖子病不能相礼，乃讲学之。苟能礼者，从之。及其将死也，召其大夫曰："礼，人之干也。无礼，无以立。	孔子年十七，鲁大夫孟釐子病且死，戒其后嗣懿子曰：

吾闻将有达者曰孔丘，圣人之后也，而灭于宋。其祖弗父何以有宋而授厉公。及正考父，佐戴、武、宣，三命兹益共。故其《鼎铭》云：'一命而偻，再命而伛，三命而俯，循墙而走，亦莫余敢侮。饘于是，鬻于是，以餬余口。'其共也如是。

臧孙纥有言曰：'圣人有明德者，若不当世，其后必有达人。'今其将在孔丘乎？我若获没，必属说与何忌于夫子，使事之，而学礼焉，以定其位。"

故孟懿子与南宫敬叔师事仲尼。仲尼曰："能补过者，君子也。"诗曰："君子是则是效。"孟僖子可则效已矣。

"孔丘，圣人之后，灭于宋。其祖弗父何，始有宋而嗣让厉公。及正考父佐戴、武、宣公，三命兹益恭。故《鼎铭》云：'一命而偻，再命而伛，三命而俯，循墙而走，亦莫敢余侮。饘于是，粥于是，以餬余口。'其恭如是。

吾闻'圣人之后，虽不当世，必有达者'。今孔丘年少好礼，其达者欤？吾即没，若必师之。"

及釐子卒，懿子与鲁人南宫敬叔往学礼焉。

在一首一尾上有相当显著的差异，尤其在开头处。《史记索隐》的作者早就见到了这一点，他说："昭七年《左传》云：'孟僖子病不能相礼，乃讲学之，及其将死，召大夫'云云，按谓'病'者不能相礼为病，非疾困之谓也。至二十四年僖子卒，贾逵云：'仲尼时年三十五矣。'是此文误也。"小司马是以《史记》为"误"，但在我看来觉得有点冤枉。太史公尽管冒失，怎么会至于连一个"病"字都看不懂？而且他说"病且死"者，是说孟釐子病危有将死之虞而实未即死，特遗嘱是那时候留下来的。如照《左传》的说法，是到十七年后将死时的说话，到那时孟懿子已经成人，何以还要把他属之于大夫？孔子已经是相当的"达人"，何以还要预言其将达？这些已经就有点毛病的，而那一首一尾的添加尤其着了痕迹。本来在春秋当时"相礼"的事是有儒者专业的，"不能相礼"并不足为"病"。孟僖子既"病"自己的"不能相礼"

而教子弟师事孔子，许孔子为未来的达人，孔子也就称赞孟僖子是能够补过的"君子"。像这样岂不是在互相标榜吗？所以据我看来，《左传》的文字显然是刘歆玩的把戏，是他把《史记》的记载添改了一下，在编《左传》时使用了的。然而就是《史记》的记载也依然有问题。《史记》中两见正考父，另一处见于《宋世家》的后序，那里说："襄公之时修行仁义，欲为盟主，其大夫正考父美之。故追道契、汤、高宗，殷所以兴，作《商颂》。"但两处的年代却相隔了一百多年，这儿又是一个大缝隙。要弥补这个缝隙，须得从《诗》之今古文家说说起。

原来《诗》说有三派，有《鲁诗》《韩诗》《毛诗》。《鲁》《韩》先进，是今文家；《毛诗》后起，是古文家。司马迁是采用《鲁诗》说的；他那《商颂》的制作时代与作者说，自然是本诸《鲁诗》。《史记集解》言："《韩诗》，《商颂》章句亦美襄公。"又《后汉书·曹褒传》注引《韩诗·薛君章句》说："正考父孔子之先也，作《商颂》十二篇。"据此可见《韩诗》也认为《商颂》乃正考父所作，而正考父乃襄公时人。《鲁》《韩》两家完全是一致的。独于后起的《毛诗》却生出了异议。《毛诗序》说：

> 微子至于戴公，其间礼乐废坏，有正考甫者得《商颂》十二篇于周之大师，以《那》为首。

这却把正考父认为戴公时人，而认《商颂》为商之遗诗。这异说自然也有根据，前者便是《左传》的"及正考父，佐戴、武、宣"，后者则出自《国语》"昔正考父校商之名颂十二篇于周大师，以《那》为首"（《鲁语》闵马父言）。但这《左传》和《国语》，其实是一套，同是经过刘歆玩过把戏的东西，而刘歆是古文家的宗主。说到这儿，我们总可以恍然大悟了吧。便是《左传》昭七年文是刘歆的造作固不用说，便是《史记·孔子世家》中的关于正考父的那一段，明明也是经过刘歆窜改的。尤其是那鼎铭，我确实地找着了它的家婆屋。那文字的前半是剽窃《庄子》，后半是摹仿《檀弓》。

> 正考父一命而伛，再命而偻，三命而俯，循墙而走。孰敢不轨？如而夫者一命而吕钜，再命而于车上舞，三命而名诸父。孰协唐、许？

这是《庄子·列御寇篇》上的一节，本是有韵的文章，是否庄子亲笔虽不敢断言，总得是先秦文字。看这叙正考父"三命兹益恭"的情形，本来是第三者的客观描写。而"孰敢不轨"一句也是第三者的批评。全节的大意是说像正考父那样的谦恭，世间上谁还敢为不轨？但像那位尊驾（"如而夫"）的那样高傲，谁还想媲美唐尧、许由？这是尽情尽理的。但这前半被刘歆剽窃去作为正考父的《鼎铭》，便成了正考父的自画自赞，而把"孰敢不轨"改为"亦莫余敢侮"，竟直倨傲到万分了。还有呢，《庄子》的原文本是"一命而伛，再命而偻"。伛与偻，是"伛偻"这个联绵字的析用。伛偻或作痀偻，又或作曲偻，今人言驼背也。此外，如车弓曰枸篓（见《方言》），地之隆起处曰欧窭（见《史记·滑稽列传》），人苦作而弓背曰劬劳，又作拘录或觩录（见《荀子》），都是一语之转，但都先伛而后偻。一落到刘歆手里，却变成了先偻而后伛。这分明是他的记忆绞了线。《左传》是这样，《史记》也是这样，正足证明是出于一人之手。

《鼎铭》的前半已经弄得那么可笑，而后半也同样的可笑。饘粥是今人所谓稀饭，但古人铸鼎是以盛牲牢鱼鳖，并不是拿来煮稀饭的。古之人"钟鸣鼎食"比较起现在的奏军乐而吃西餐，觉得还要神气。自然，拿砂锅煮稀饭，今之乞丐为之，古亦宜然。正考父既以"三朝元老"铸鼎铭勋，而曰"饘于是，鬻于是，以餬余口"——我过的是和讨口子一样的生活，拿鼎来煮稀饭吃的呀！这岂不是一位假道学？口气倒很有点张老之风，要说不是出于摹仿，我有点碍难相信。

《檀弓》有云：

> 晋献文子成室，晋大夫发焉。张老曰："美哉轮焉，美哉奂焉！歌于斯，哭于斯，聚国族于斯。"……君子谓之善颂善祷。

刘歆不仅伪造了鼎铭，还伪造了史实。《庄子》所载的正考父三命本来并没有说是三朝之命，在一朝而受三命乃至三命以上，都是可能的。然而刘歆却把它解作三朝之命，而造出了"佐戴、武、宣"的史实出来，与今文家说大抬其杠子，弄得我们标榜考证的胡适博士也为所蒙蔽了，真真是误人不浅。

但正考父尽管是宋襄公时人，《鼎铭》也尽管是伪，而他那"三命兹益恭"的态度，既见于《庄子》，则胡适要用来证明"柔慈为殷人在亡国状态下养成的一种遗风"，仍然说得过去的，只消把年代改晚一点好了。然而可惜，这正考父是宋国的贵族，历代都只在宋国做大官，而宋国又是殷代遗民所聚集成的国，他在这儿就要充分地谦恭，并不足以解为奴性。假使他是出仕于鲁周或齐晋，那就方便得多了。何况他所作的《商颂》，那格调的雄壮，音韵的洪朗，实在也并不懦弱。更何况他的先人中有"十年而十一战"的孔父嘉，他的同国人里面有勇名啧啧的南宫万，足以令人想到这些遗民实在是有点"顽"的。柔慈云乎哉！奴性云乎哉！

六 《玄鸟》并非预言诗

《说儒》的另一个主要论据是把《商颂》的《玄鸟篇》解为预言诗。胡适告诉我们说：

> 我们试撇开一切旧说，来重读《商颂》的《玄鸟篇》："天命玄鸟，降而生商，宅殷土芒芒。古帝命武汤，正域彼四方。方命厥后，奄有九有。商之先后，受命不殆，在武丁孙子。武丁孙子——武王靡不胜。龙旂十乘，大糦是承。邦畿千里，维民所止。肇域彼四海，四海来假。来假祁祁，景员维河。殷受命咸宜，百禄是何。"此诗旧说以为祀高宗的诗。但旧说总无法解释诗中的"武丁孙子"，也不能解释那"武丁孙子"的"武王"。郑玄解作"高宗之孙子有武功有王德于天下者，无所不胜服"。朱熹说："武王，汤号，而其后世亦以自称也。言武丁孙子，今袭汤号者，其武无所不胜。"这是谁呢？殷自武丁以后，国力渐衰，史书所载，已无有一个无所不胜服的"武王"了。

这样断定之后，接着又说：

> 我看此诗乃是一种预言：先述那"正域彼四方"的武汤，次预言一个"肇域彼四海"的"武丁孙子——武王"。

于是又把"大糦"改为"大囏（艰）"，说"这个未来的'武王，能无所不胜，能用'十乘'的薄弱武力，而承担'大艰'，能从千里的邦畿而开国至于四海。这就是殷民族悬想的中兴英雄"。接着搭上了《左传》昭七年的孟僖子的话，更搭上了孟子的"五百年必有王者兴"的话，于是乎这"悬记"，就和犹太民族的"弥赛亚"预言之应中到耶稣身上的一样，便应中到孔子身上来了。牵强附会得太不成话了！

是的，"武丁孙子——武王靡不胜"，照旧说，的确是有点费解。因为"武王"本是汤号，如何反成了武丁的孙子呢？故尔清代的王引之在他的《经义述闻》里也就把这诗改了一下，把两个"武丁"改成"武王"，把"武王"改成"武丁"。那样的改法，说是说得过去的，可惜没有证据。其实那诗何须乎改字呢？自来的注家没有把它弄得清爽的，只是读法没有弄得清爽罢了。中国的旧时诗文不加标点，实在是一种害人的东西，然如标点加错了，就像这"武丁孙子——武王靡不胜"一样，依然是害人。不嫌重复，让我也把那中间的几句标点一下吧。

> 商之先后，受命不殆，在武丁孙子，武丁孙子。（之部）武王靡不胜，龙旂十乘，大糦是承。（蒸部）……

这样一来，想无须乎再要我加些注释了吧？武王就是上面的武汤，所以说是"肇域彼四海"，肇者始也。前既咏武汤，后又咏武王者，和《长发》是一样的格调，所谓低徊返复，一唱三叹。照我这样地标点，自然是"丁"也不用改，"王"也不用改，"糦"也不用改，胡适的预言说可以还给犹太的"法利赛人"去了。

七　殷末的东南经略

再说"殷自武丁以后，国力渐衰；史书所载，已无有一个无所不胜服的'武王'了"，这也有点不尽合乎史实。其实就拿殷代最后的一个亡国之君帝辛来说吧。这人被周及以后的人虽说得万恶无道，俨然人间世的混世魔王，其实那真是有点不太公道的。人是太爱受人催眠，太爱受人宣传了，我们是深受了周人的宣传的毒。但就在周人里面多少也还有些讲公道话的人。例如《荀子》的《非相篇》虽然同样在骂他，但如说"长巨姣美，天下之杰也；筋力超劲，百人之敌也"，这岂是寻常的材料？又再把《左传》中批评他的话来看吧：

> 纣克东夷而殒其身。（昭十一年叔向语）
>
> 纣之百克而卒无后。（宣十二年栾武子语）
>
> 恃才与众，亡之道也；商纣由之，故灭。（宣十五年伯宗语）

在这儿正表示着一幕英雄末路的悲剧，大有点像后来的楚霸王，欧洲的拿破仑第一。他自己失败了而自焚的一节，不也足见他的气概吗？但这些英雄崇拜的感慨话，我们倒可以不必提。我们可以用纯正的历史家的观点来说句"持平"的话：像殷纣王这个人对于我们民族发展上的功劳倒是不可淹没的。殷代的末年有一个很宏大的历史事件，便是经营东南，这几乎完全为周以来的史家所抹杀了。这件事，在我看来，比较起周人的翦灭殷室，于我们民族的贡献更要伟大。这件事，由近年的殷虚卜辞的探讨，才渐渐地重见了天日。

卜辞里面有很多征尸方和盂方的记录，所经历的地方有齐有雇（即《商颂》"韦、顾既伐"之顾，今山东范县东南五十里有顾城），是在山东方面；有灉（今安徽霍山县东北三十里鸎城）有攸（鸣条之条省文），是在淮河流域。我现在且举几条卜辞在下边以示例：

一　甲午王卜贞：×余酒朕祡。酉，余步从侯喜正（征）尸方。上下緊示，余受又又（有佑），不曹戈咼。告于大邑商，亡它在啟。王乩曰吉。在九月遘上甲。隹王十祀。（《卜辞通纂》第五九二片）

（这是我由两个断片所复合的，一半见《殷虚书契》前编四卷十八页一片，另一片见同书三卷二十七页六片。字虽不尽识，文虽不尽懂，但在某王的十年九月有征尸方的事，是很明了的。）

二　癸巳卜黄贞：王旬亡祡。在十月又二。正尸方，在灉。

癸卯卜黄贞：王旬亡祡。在正月，王来正尸方。于攸侯喜鄙。派。

（此明义士牧师 J. M. Menzies 藏片，据董作宾《甲骨文断代研究例》

所引，原拓未见。）

三　癸巳卜贞：王旬亡尤，在二月，在齐次。隹王来正尸方。（《前编》二卷十五页三片）

四　癸亥卜黄贞：王旬亡尤，在九月。正尸方。在雇。（《前编》二卷六页六片）

五　……在二月，隹王十祀；肜日，王来正盂方伯（炎）。（《兽头刻辞》、《卜辞通纂》五七七片）

六　丁卯王卜贞：今凸巫九各。余其从多田（甸）于（与）多伯，正盂方伯炎。虫衣。望日步，亡左，自上下桼示，余受又又（有佑），不曹哉高。告于兹大邑商，亡它在尤。王乩曰弘吉。在十月，遘大丁望。（前中央研究院藏片）

七　庚寅王卜在澅次贞：伐林方，亡灾。

壬辰王卜在澅贞：其至于䧹䧈祖乙次，往来亡灾。

甲午王卜在澅次贞：今日步入首，亡灾，十月二，隹十祀，肜〔日〕。（《库方甲骨》第一六七二片）

以上七例算是最重要的，由其年月日辰、人名地名等以为线索，可以知道是同时的记录。问题是那"王十祀"的"王"究竟是谁？关于卜辞的研究近来大有进境，差不多已经办到能断定每一片的约略的时代了。这位"王"，在我认为是帝乙，而在董作宾和吴其昌两人则定为帝辛，主要的根据便是旧文献中帝辛有克东夷的记载，与这相当。但是帝辛时代的殷都是朝歌，是帝乙末年所迁移的。在安阳的小屯，不得有帝辛的卜辞。现在卜辞数万片中无祭帝乙之例，又其他直系先妣均见，独武乙之配妣戊（见《戊辰彝》）及文丁之配（在帝辛则为妣）不见，均其坚决的消极证据。实则帝乙经营东南之事于旧史亦未见得全无踪影。《后汉书·东夷传》云：

夷有九种，曰畎夷、于夷、方夷、黄夷、白夷、赤夷、玄夷、风夷、阳夷……殷汤革命，伐而定之。至于仲丁，蓝夷作寇。自是或服或畔，三百余年。武乙衰敝，东夷浸盛，遂分迁淮岱，渐居中土。

这儿所说的"或服或畔",便表明殷代自仲丁而后随时都在和东夷发生关系,"畔"了如不去征讨,敌人哪里会"服"?可见征东夷一事在殷末是循环的战争,不能专属于帝辛一人。大抵帝乙十年曾用兵一次,有所征服。在其二十年还有一段长期南征的事迹,在这儿暂且不提。不过到了帝辛时东夷又叛变了,又作了一次或不仅一次的征讨罢了。《左传》昭四年,楚国的椒举说"商纣为黎之蒐,东夷叛之",在这"为黎之蒐"以前的东夷之服,岂不是帝乙远征之所致吗?帝乙所征的盂方自然是于夷,所征的林方大约就是蓝夷。古音林蓝都是读 Lam 的。所谓尸方,大约是包括东夷全体。古音尸与夷相通,周代金文称夷也用尸字。看这情形,尸当是本字,夷是后人改用的。称异民族为"尸"者,犹今人之称"鬼子"也。

帝辛的经营东南,他的规模似乎是很宏大的。你看古本《泰誓》说:"纣有亿兆夷人亦(大)有离德,余有司(旧作乱)臣十人同心同德。"(见《左传》昭二十四年),这亿兆的"夷人"必然是征服东夷之后所得到的俘虏。俘虏有亿兆之多,可见殷的兵士损耗的亦必不少。兵力损耗了,不得不用俘虏来补充,不幸周人在背后乘机起来,牧野一战便弄到"前徒倒戈"。那并不是殷人出了汉奸,而是俘虏兵掉头了。

然而帝辛尽管是失败了,他的功绩是可以抹煞的吗?帝乙、帝辛父子两代在尽力经营东南的时候,周人图谋不轨打起了别人的后路来,殷人是失败了,但他把在中原所培植起来的文化让周人在某种的控制之下继承下去,而自己却又把本文化带到了东南。殷人被周人压迫,退路是向着帝乙、帝辛两代所经略出来的东南走。在今江苏西北部的宋国,长江流域的徐楚,都是殷的遗民或其同盟民族所垦辟出的殖民地,而其滥觞即在殷末的东南经营。更透辟地说一句:中国南部之得以早被文化,我们是应该纪念殷纣王的。

知道得这一层,我们可以揣想:在殷人的心目中一定不会把殷纣王看得来和周人所看的那样。他们就要称他为"武王",要纪念他,其实都是说得过去的了。

《玄鸟》篇的预言说既已拉倒,《左传》昭七年的那个预言也只是那么一套。那不过是七十子后学要替孔子争门面所干的一个小小的宣传而已。至于孟子所说的"五百年必有王者兴",是他由历史上所见到的一个约略的周期,所谓"由尧舜至于汤五百有余岁……由汤至于文王五百有余岁……由文王至于孔子五百有余岁",也并不是前人有此预言而在孔子身上生出了应验。并且就算是个千真万确的预言吧,那样毫无科学根据的一种祈向,究竟有什么学问上的意义而值得提起呢?

八 论儒的发生与孔子的地位

中国文化导源于殷人,殷灭于周,其在中国北部的遗民在周人统制之下化为了奴隶。在春秋时代奴隶制逐渐动摇了起来,接着便有一个灿烂的文化期开花,而儒开其先。这是正确的史实。这种见解我在十年前早就提倡着,而且不断地在证明着。《说儒》的出发点本就在这儿,虽然胡适对于我未有片言只字的提及。但是从这儿机械式的抽绎出这样一个观念:儒是殷民族的奴性的宗教,得到孔子这位大圣人才把它"改变到刚毅进取的儒";更从而牵强附会地去找寻些莫须有的根据;这却不敢说是"青出于蓝而胜于蓝"的。这种的研究态度正是所谓"公式主义",所谓"观念论"的典型,主张实用主义的胡适,在这儿透露了他的本质。

儒诚然有广义与狭义的两种,秦、汉以后称术士为儒,但那是儒名的滥用,并不是古之术士素有儒称。今人中的稍稍陈腐者流更有用"西儒""东儒"一类的名词的了。秦以前术士称儒的证据是没有的,孔子所说的"君子儒"与"小人儒"并无根据足以证明其为术士与非术士。下层民庶间伊古以来当有巫医,然巫医自巫医,古并不称为儒。儒应当本来是"邹鲁之士缙绅先生"们的专号。那在孔子以前已经是有的,但是是春秋时代的历史的产物,是西周的奴隶制逐渐崩溃中所产生出来的成果。

在殷代末年中国的社会早就入了奴隶制的。看殷纣王有"亿兆夷人",且曾以之服兵役,便可以知道那时奴隶制的规模已是怎样的宏大。周人把殷灭了,更把黄河流域的殷遗民也奴隶化了,维持着奴隶所有者的权威三四百年。但因奴隶之时起叛变(西周三百余年间时与南国构兵,宣王时《兮甲盘铭》有"诸侯百姓毋敢或人蛮宄贮(赋)"语,可知北人多逃往南方),农工业之日见发达,商业资本之逐渐占优势,尤其各国族相互间的对于生产者的诱拐优待……这些便渐进地招致了奴隶制的破坏，贵族中的无能者便没落了下来。这部贵族没落史，在官制的进化上也是可以看得出的。

> 天子建天官，先六大：曰大宰、大宗、大史、大祝、大士、大卜，典司六典。天子之五官：曰司徒、司马、司空、司士、司寇，典司五众。天子之六府：曰司土、司木、司水、司草、司器、司货，典司六职。天子之六工：曰土工、金工、石工、木工、兽工、草工，典制六材。

这是《礼记》的《曲礼》里面所说的古代官制。这儿包含着祝宗卜史的六大，在古时是最上级的天官，然而在春秋时这些都式微了，倒是"典司五众"的一些政务官大出其风头。所谓"礼乐征伐自大夫出"，便是这个事实的隐括了。再进，更闹到"陪臣执国命"的地步，"天官"们的零落也就更不堪问了。司马迁的《报任少卿书》里面有句话说得最醒目：

> 文史星历近乎卜祝之间，固主上所戏弄，倡优所畜，流俗之所轻也。

这是走到末路的祝宗卜史之类的贵族们的大可怜相。这些便是"儒"的来源了。儒之本意诚然是柔，但不是由于他们本是奴隶而习于服从的精神的柔，而是由于本是贵族而不事生产的筋骨的柔。古之人称儒，大约犹今之人称文诌诌，酸溜溜，起初当是俗语而兼有轻蔑意的称呼，故尔在孔子以前的典籍中竟一无所见。《周礼》里面有儒字，但那并不是孔子以前的书，而且是经过刘歆窜改的。

儒所以先起于邹鲁而不先起于周或其他各国，记得冯友兰说过一番理由。大意是说周室东迁，文物已经丧失，而鲁在东方素来是文化的中心。我看这理由是正确的。《左传》定四年，成王分封鲁公伯禽时，曾"分之土田陪敦，祝宗卜史，备物典策，官司彝器"，比较起同时受封的康叔来特别隆重。这些最初所分封的"祝宗卜史"有一部分一定是殷代的旧官而归化了周人的，但是由这些官职之尊贵上看来，亘周代数百年间不能说完全为殷人所独占。

事实上鲁国在春秋初年要算是最殷盛的强国。例如桓公十三年鲁以纪郑二小国与齐、宋、卫、燕战而使"齐师宋师卫师燕师败绩"，足见那国力是怎样的雄厚。后来渐渐为它的芳邻商业的齐国所压倒，但它自己本身的产业也有进化的。宣公十五年的"初税亩"便告诉我们那儿已开始有庄园式的农业经济存在，土地的私有在逐渐集中了。就这样由于内部的发展与外来的压迫，便促进了社会阶层的分化，权力重心的推移，官制的改革，于是便产生了儒者这项职业。

儒，在初当然是一种高等游民，无拳无勇，不稼不穑，只晓得摆个臭架子而为社会上的寄生虫。孔子所说的"小人儒"当指这一类。这种破落户，因为素有门望，每每无赖，乡曲小民狃于积习，多不敢把他们奈何。他们甚而至于做强盗，做劫冢盗墓一类的勾当。《庄子·外物篇》里面有这样一段故事：

> 儒以诗礼发冢。
>
> 大儒胪传曰："东方作矣，事之何若？"
>
> 小儒曰："未解裙襦，口中有珠。"
>
> 诗固有之曰："青青之麦，生于陵陂。生不布施，死何含珠为？"
>
> 接其鬓，压其顪，儒以金椎控其颐，徐别其颊，无伤口中珠。

这是一篇绝妙的速写，"胪传"是低声传话的意思，写得很形象化。即使认为是"寓言"或小说，都是社会上有那样的事实才在作品里面反映了出来的。

但是在社会陵替之际，有由贵族阶级没落下来的儒，也有由庶民阶级腾达上去的暴发户。《诗经》里面，尤其《国风》里面，讽刺这种暴发户的诗相当地多，那也就是一些没落贵族的牢骚了。暴发户可以诮鄙没落贵族为文诌诌，就是所谓"儒"，而文诌诌的先生们也白眼暴发户，说声"彼其之子，不称其服"。更激烈得一点的便要怨天恨人而大呕其酸气了。尽管这样互相鄙视，但是两者也是相依为用的。暴发户需要儒者以装门面，儒者需要暴发户以图口腹。故儒者虽不事生产（实不能事生产），也可以维持其潦倒生涯。相习既久，儒的本身生活也就不成其为问题了。因为既腾达的暴发户可以豢养儒者以为食客或陪臣，而未腾达的暴发户也可以豢养儒者以为西宾以教导其子若弟，期望其腾达。到这样，儒便由不生产的变而为生产的。这大约也就是孔子所说的"君子儒"了。这是儒的职业化。

儒既化为了职业，也就和农工商之化为了职业的一样，同成为下层的人选择职业的一个目标。因此世间上也就生出了学习儒业的要求来。本是由上层贵族零落下来的儒，现在才成了由下层的庶民规摹上去的儒了。孔子是在这个阶段上产生出来的一位大师，他的一帮人竟集到了三千之多，他能够有那样的旅费去周游天下，能够到各国去和王侯分庭抗礼，我们是可以理解的。中国的文献，向例不大谈社会的情形，但我们也应该有点举一反三的见识。孔子的这个"儒帮"都有这样的隆盛，我们可以反推过去，知道当时的工商业的诸帮口，农业的庄园，也一定是相当隆盛的。

儒的职业化或行帮化，同时也就是知识的普及化。从前仅为少数贵族所占有的知识，现在却浸润到一般的民间来了。这与其说是某一位伟大的天才之所为，毋宁说是历史的趋势使之不得不然的结果。时势不用说也期待天才，天才而一遇到时势，那自然会两相焕发的。孔子是不世出的天才，我们可以承认，但他的功绩却仅在把从前由贵族所占有的知识普及到民间来了的这一点。古人说他删《诗》《书》，定《礼》《乐》，修《春秋》，这话究竟该打多少折扣，暂且不提，但是《诗》《书》《礼》《乐》《春秋》都是旧有的东西，并不是出于孔子的创造。就拿思想来说吧，儒家的关于天的思想，不外是《诗》《书》中的传统思想，而最有特色的修齐治平的那一套学说，其实也是周代的贵族思想的传统。从旧文献上去找证据要多费一遍考证工夫，难得纠缠，我现在且从周代的金文里面引些证据出来。厉王时代的《大克鼎》《虢旅钟》《番生簋》《叔向父簋》，便都是很好的证据。

> 《大克鼎》："穆穆朕文祖师华父，冲让厥心，虚静于猷，淑哲厥德。肆克（故能）恭保厥辟恭王，谏父王家，惠于万民，柔远能迩。肆克友于皇天，顼于上下，贲屯亡敃（浑沌无闷），锡釐亡疆。"
>
> 《虢旅钟》："丕显皇考惠叔，穆穆秉元明德，御于厥辟，贲屯亡愍（浑沌无闷）……皇考严在上，翼在下，数数溥溥（蓬蓬勃勃），降旅多福。"
>
> 《番生簋》："丕显皇祖考，穆穆克哲厥德，严在上，广启厥孙子于下，擢于大服。番生不敢弗帅型皇祖考丕丕元德，用绸缪大命，屏王位。虔夙夜数求不僭德，用谏四方，柔远能迩。"

《叔向父簋》："余小子嗣朕皇考，肇帅型先文祖，共明德，秉威仪，用绸缪奠保我邦我家。作朕皇祖幽大叔尊簋，其严在上，降余多福系厘，广启禹身，擢于永命。"

（为求易于了解起见，凡古僻文字均已改用今字，《史记》引《尚书》例如此。）

请把这些铭辞细读一两遍吧。修身、齐家、治国、平天下的那一套大道理，岂不是都包含在这里面吗？做这些彝器和铭文的都是周室的宗亲，但他们所怀抱着的修己的德目，仍然是谦冲、虚静、和穆、虔敬，足见得尚柔并不是殷人的传统，也并不是狃于奴隶的积习使然。故尔这些铭辞，同时也就是胡适的那种观念说的最倔强的反证。而且胡适所说的由孔子所"建立"的"那刚毅弘大的新儒行"，其实也已经被包含在这里面了。这些铭辞正表现着一种积极进取的仁道，其操持是"夙夜敷求"，其目的是"柔远能迩"，并不那么退撄；而使我们感觉着孔子所说的"郁郁乎文哉，吾从周"的话，读到这些铭辞是可以得到新的领会的。

〔补志〕　此文以一九三七年五月尾作于日本，曾发表于《中华公论》创刊号（一九三七年七月二十日出版），原题为《借问胡适》。《中华公论》为钱介磐同志主编，仅出一期，即以抗日战争扩大而停刊。

注释

①《吕氏春秋·审应览·重言》云："人主之言，不可不慎。高宗天子也，即位，谅闇三年不言。卿大夫恐惧患之，高宗乃言曰：'以余一人正四方，余唯恐言之不类也，兹故不言。'古之天子其重言如此，故言无遗者。"对此故事作为慎言解，可见儒家解释直到战国末年，也尚未成为定论。——作者注

墨子的思想

　　墨子始终是一位宗教家。他的思想充分地带有反动性——不科学，不民主，反进化，反人性，名虽兼爱而实偏爱，名虽非攻而实美攻，名虽非命而实皈命。像他那样满嘴的王公大人，一脑袋的鬼神上帝，极端专制，极端保守的宗教思想家，我真不知道何以竟能成为了"工农革命的代表"！我这样说，有的朋友替我"着急"（大约以为我是冥顽不灵，不懂道理），也有的朋友说我"袒护儒家"；我倒要叫朋友们不必那样"着急"，我们还是平心静气地来研究研究，让我说出我所见到的根据，看我究竟是不是偏袒。

　　要谈墨子的思想，我们首先须得规定资料。墨子自己并不曾著书，现存的《墨子》这书是汉人所纂集的，其中有些是墨家弟子的著录，有些还不是墨家的东西，所以我们还不好抱着一部《墨子》便笼统地来谈墨子。要谈墨子本人，最好是根据《墨子》书中的下列十篇：

　　　　（一）《尚贤》　　　（二）《尚同》　　　（三）《兼爱》

　　　　（四）《非攻》　　　（五）《节用》　　　（六）《节葬》

　　　　（七）《天志》　　　（八）《明鬼》　　　（九）《非乐》

　　　　（十）《非命》

　　这十篇是各有上中下三篇的，而每三篇的内容都大同小异，只是一番谈话的三种记录。墨家学说，根据《韩非子·显学篇》的说法，是分为了相里氏、柏夫氏、邓陵氏的三派的。《庄子·天下篇》所说的分派情形也大率相同。这十篇各具三篇，正是墨家三派各派的底本汇辑。因此在这十篇之中所含有的思想，正比较完整地保存着墨子思想的真相。在这十篇以外的东西呢，那就只好认为是后来的附益或者发展了。

> 凡入国必择务而从事焉。国家昏乱则语之尚贤尚同，国家贫则语之节
> 用节葬，国家喜音湛湎则语之非乐非命，国家淫僻无礼则语之尊天事鬼，
> 国家务夺侵凌则语之兼爱非攻。

《鲁问篇》中的墨子的这一段话，也正表明着这十篇是墨子的"十诫"——是他的十种主张，十种教条。因而我们要论墨子本人是不好任意跳出这个范围之外的。

在十篇之中来研究墨子，墨子究竟是怎样一个面貌？

第一，请让我来说他不科学：

墨子有"天志"以为他的法仪，请听他说："我有天志，譬若轮人之有规，匠人之有矩。"（《天志上》）这是他的一切学术思想的一根脊椎。他信仰上帝，更信仰鬼神，上帝是宇宙中的全能全智的最高主宰，鬼神要次一等，是上帝的辅佐。上帝鬼神都是有情欲意识的，能生人，能杀人，能赏人，能罚人。这上帝鬼神的存在是绝对的，不容许怀疑。但如你要问他何以证明上帝鬼神是存在的，他便告诉你：古书上是这样说，古史上有过这样的记载。这种见解，我们能够认为它是科学的吗？

推崇墨子的人也很知道墨子思想的这一个大弱点，便尽力地替他掩饰，以为他是在"神道设教"。然而"神道设教"乃是儒家的办法，在这儿是不好张冠李戴的，墨子也不愿领这一番盛情的呀！或者又把《经上》《经下》《说上》《说下》几篇中的一些初步的科学现象撷拾来，尽量地鼓吹夸示，以为是怎样怎样地精深博大。其实那些粗浅的常识，一部分在造字的当时已经是发现了的东西，一部分则已经融合于日常生活中而成为了家喻户晓的事，丝毫也值不得夸示。而且那几篇究竟是不是墨子的东西，还是一个疑问。即使是吧，但那又何补于墨子思想之为非科学的呢？近代宗教家每每以科学为其糖衣政策之工具，如明末以来的天主教徒，在传教之外不是同时在传播欧洲的天文数理医药等科学知识吗？然而科学知识自科学知识，宗教思想自宗教思想，我们是不好混同的呀。

第二，请让我来说他不民主：

他的十篇东西整个在替"王公大人"说话，开腔一声"王公大人"，闭腔一声"王公大人"。我曾替他统计了一下，他所喊的"王公大人"的次数一共有六十七次：

	《尚贤》	《尚同》	《兼爱》	《非攻》	《节用》	《节葬》	《天志》	《明鬼》	《非乐》	《非命》	
上	2					阙		阙	8	2	
中	12	2		2		阙	3	阙	阙		
下	19	1	1	4	阙	3	3	2	阙	3	
	33	3	1	6		3	6	2	8	5	67

在这里除掉原来"阙"了的不能计入之外，其中虽有一二篇不见"王公大人"的字样，然都有"士君子"或"天下之士君子"。这"士君子"又每每与"王公大人"连文而为"王公大人士君子"，就是当时的官僚或统治阶级的意思。据此，你可以知道墨子究竟是属于哪一个阶层的。

墨子，他是承认着旧有的一切阶层秩序，而在替统治者画治安策的呀。上下、贵贱、贫富、众寡、强弱、智愚等一切对立都是被承认着，而在这些对立下边施行他的说教。他把国家、人民、社稷、刑政，都认为是王者所私有，请看他说"今天下之王公大人士君子，情将欲富其国家，众其人民，治其刑政，定其社稷，当若尚同之不可不察"（《尚同中》），你就可以明了了。因而一切的刑政都是由上而下的，在墨子脑筋中根本没有由下而上的那种观念。请看他说"无从下之政上，必从上之政下"（《天志上》），又说"自贵且智者为政乎愚且贱者则治，自愚且贱者为政乎贵且智者则乱"（《尚贤中》）。智愚不尽由于天授，贵了自能智，贱了必然愚，故贵智与贱愚常相联带。因而以贵者智者统一天下的思虑，便是墨子的政治理想。所谓"一同天下之义"，"上之所是亦必是之，上之所非亦必非之"（《尚同中》），"上同而不下比"（《尚同上》），不许你有思想的自由，言论的自由，甚至行动的自由。要"美善在上而怨仇在下，安乐在君而忧戚在臣"，"君有难则死，出亡则从"，简直是一派极端专制的奴隶道德！

但在这儿，推崇墨子的人不用说又替墨子找出了一个安全瓣，便是说墨子是主张民约论的人。根据呢？有的，在《尚同上》与《尚同中》的两篇：

> 古者民始生未有刑政之时……天下之乱若禽兽然。夫明乎天下之所以乱者生于无政长，是故选天下之贤可者立以为天子。（《尚同上》）
>
> ……明乎民之无政长以一同天下之义而天下乱也，是故选择天下贤良圣知辩慧之人立以为天子，使从事乎一同天下之义。（《尚同中》）

到底是什么人"明"，什么人"选择"呢？可惜文章没有主格。在民约论者看来，自然"明"者是人民，"选择"者也是人民，故尔墨子也就成为了两千年前的中国卢梭。然而在《尚同下》里面，这同一的文句的主格却明明标出的是"天"。

> 古者天之始生民未有正长也……是故选择贤者立为天子。

明明是"天生烝民作之君作之师"的那一套老看法，哪里有什么民约的痕迹？此外也还有不少的证据呢。例如：

> 古者上帝鬼神之建设国都，立政长也……（《尚同中》）
>
> 三代圣王尧、舜、禹、汤、文、武……其为政乎天下也，兼而爱之，从而利之，又率天下之万民以尊天事鬼，爱利万民，是故天鬼赏之，立为天子，以为民父母。（《尚贤中》）
>
> 三代圣王禹、汤、文、武……其事上尊天，中事鬼神，下爱人，故天意曰：此之我所爱兼而爱之，我所利兼而利之……故使贵为天子富有天下，业万世。（《天志上》）
>
> 吾所以知天之爱民之厚者有矣，曰……为王公侯伯使之赏贤而罚暴。（《天志中》）

照道理上讲来，正应该是这样。因为墨子是一位极端的神权论者，他的"天志"是他的法仪规矩，哪有在建国都、立政长这样重大的节目上，没有上帝出来管事的？然而民约论者把自己的主观拿来给墨子换了梁柱之后，于是在《经》与《说》里面也就找寻着民约论的根据了。下边，我且引列梁启超的《墨经校释》里的一项：

（《经》）君：臣萌（同氓）通约也。

（《说》）君：以若（？）名者也。（若疑当作约，音近而讹。）

（释）《尚同中》云："明乎民之无政长……而天下乱也，是故选择天下贤良立以为天子……天子既已立矣……选择天下贤良置以为三公……诸侯……远至乎乡里之长……"言国家之起原，由于人民相约置君，君乃命臣。与西方近世民约说颇相类。

关于这种见解，我在二十年前（一九二三年六月十三日）已经作了一篇文章来驳斥过（题名《读梁任公"墨子新社会之组织法"》，初发表于《创造周报》，后收入《文艺论集》），然而大约因为我不是专家，一直没有引起读者的注意，而梁说则深入人心，至今还牢不可拔。其实"臣萌通约"者，通者统也，约者束也，就是臣民统束，也就是臣民总管，哪里是什么民约呢？"君以若名"太简略，不能保无夺佚，无法强解。即使要强作解人，与其说"若疑当作约"，毋宁说"若疑当作莙"。《说文》"莙读若威"，《墨子·明鬼下》"敬莙以取羊（祥）"。正直接假为威字。"君以威名者也"，那是很合乎墨子的思想的实际的。

墨子不仅没有卢梭的民约论，而且也没有儒家的禅让说，他的"王公大人"是"传子孙，业万世"的。那么他的"一同天下之义"的主张，尽管说的是"仁君"，但这"仁君"是如何产生的呢？尽管是暴王，如桀、纣、幽、厉，当其时，外其世，谁敢不月以为"仁君"，为其臣下者谁又敢不奉之如神明，视之如帝天呢？故尔墨子的所谓"尚贤""尚同"，结果只可能流而为极权政治。

第三，请让我来说他反进化：

人类社会的一切现象由质而文，是一般进化的公例。对于过分的繁文缛礼，如厚葬久丧，而要加以反对，这是应该的，但如一味地以不费为原则，以合实用为标准，而因陋就简，那只是阻挠进化的契机。墨子的专门强调节用，除节用之外没有任何积极的增加生产的办法，这不仅证明他的经济思想的贫困，像"农夫春耕夏耘，秋敛冬藏，息于瓴缶"的民间音乐，也在所反对之例，简直是不知精神文化为何物的一种狂信徒了。

一般人都高兴他的"诸加费不加民利者，圣王弗为"的话，以为他是站在老百姓的立场，要王公大人的生活以平民为标准。王公大人谁个会听信他的话呢？即使都肯听信他的话，试问，于老百姓的生活又有什么改进？真正的革命主张，我们须要知道，并不是要王公大人客气一点，也来过过平民的生活，而是要把平民的生活提高起来，使平民同等地得到王公大人们般的享受。教王公大人节用，这不是替老百姓说话，而是替王公大人说话。他是怕老百姓看了眼红，起来闹乱子啊。老百姓是节无可节的，用不着再听你的什么节用的教条。即使你就要反对音乐吧，然而在"春耕夏耘，秋敛冬藏"之余也还是要敲敲土钵，击击瓦缶以舒舒筋骨的。王公大人呢？又谁听信了你来？他倒乐得你使一些不安分的人更不得不安分了，多谢了你这位黑衣教士的苦口婆心呀！

第四，让我来说他反人性：

墨子的见解有许多地方不近人情。譬如他主张去情欲，谓"必去喜、去怒、去乐、去悲、去爱，而用仁义"（《贵义》）。不必说这样的事情不可能，试问爱欲去尽，"仁义"又从哪里来？主张"去爱"的人同时又是主张"兼爱"的人，这矛盾也不知道应该怎样解决。大约对于一切都爱了也便是等于没有爱了。

但是最不近人情的是他所定的男女婚嫁之年。他说"丈夫年二十毋敢不处家，女子年十五毋敢不事人"（《节用上》）。丈夫二十处家倒还可以说得过去，女子十五事人，那实在太说不过去了。十五是她的最大限度，当然不到十五便可以事人。人事未通，自身的发育都还没有完全的女子便要叫她去做母亲，墨子真可以算是没有人情的忍人！

墨子思想的根本乖谬是在把人民当成为王公大人的所有物，也就跟王公大人所有的五谷六畜一样，五谷蕃庶，六畜丰肥，那自然便替王公大人增加了财产。他把人民仅看成为两重的"生产工具"，一重是生产衣食，二重是生产儿女。拼命强力，不准偷惰，赶快耕，赶快织，衣食的生产便可以激增。拼命早婚，不准延宕，赶快生，赶快育，人口的生产便可以加倍。人口增加了，同时也就是"生产工具"增加了。他主张非攻，主要的理由之一即是损失人口。他主张短丧，主要的理由之一也就是"败男女之交"。这样只把人民看成工具的反人性的宗教思想家，竟被人认为是"工农革命的代表"，我真不知道这根蒂是从什么地方看出来的!

第五,怎么说他名虽兼爱而实偏爱?

《墨子》的"兼爱"主张颇是动人,也颇具特色。本来儒家道家都主张爱与慈,但没有墨子的"兼"。大约墨子在这儿是有点竞赛心理的:你爱吧,唉,我还要比你爱得更广些!这样把爱推广到无限大,其实也就是把爱冲淡到没有了。所以墨子一面主张"兼爱",一面又主张"去爱",大约在他的内心中或者下意识中,是把"兼爱"作为"去爱"的手段的吧?

这些我们都且不必管,且问"兼爱"究竟要怎样才可以办到?

墨子是把这问题看得非常简单的,一句话归宗,便是所谓上行下效。他把"苟君说之,则众能为之",在《兼爱篇》中翻来覆去地不知道说了多少遍。然而问题是这样简单的吗?

在我看来,墨子只在那里唱高调,骗人。他的最大的矛盾是承认着一切既成秩序的差别对立而要叫人去"兼"。"兼爱"了,则"强不执弱,众不劫寡,富不侮贫,贵不敖贱,诈不欺愚"(《兼爱中》)。真是天下太平呀。然而我们要问,天下的人,是强者、众者、富者、贵者、诈者多呢,还是弱者、寡者、贫者、贱者、愚者多?不用说是后者多于前者。我们又要问:人的生活,是强者、众者、富者、贵者、诈者安乐呢,还是弱者、寡者、贫者、贱者、愚者安乐?不用说是前者安乐于后者。既承认着这一切的差别而教人"兼爱",岂不是叫多数的不安乐者去爱那少数的安乐者!而少数的安乐者也不妨做一点爱的施予而受着大多数人的爱了。请问这所谓"兼爱"岂不就是偏爱!

第六,怎么说他名虽非攻而实美攻?

墨子是把攻当成盗窃看待的。他是承认着私有财产,承认着国家的对立而立出他的"非攻"的见解的。在国的范围内的"非攻"便是在家的范围内的"杀盗"。他把私产看成为神圣不可侵犯的制度,故尔到墨家后学竟主张出"杀盗非杀人"①的谬论。所以他的"非攻"论,我们先且不必问可能不可能,仅照他的论理的推衍,必然会流而为对于攻伐的赞美。果然,请看在《非攻下篇》便有这样的一段话:

今逮夫好攻伐之君又饰其说以非子墨子曰:"以攻伐之为不义,非利物欤？昔者禹征有苗，汤伐桀，武王伐纣，此皆立为圣王，是何故也？"

子墨子曰："子未察吾言之类，未明其故者也。彼非所谓攻，谓诛也。"

就这样，只要换一个名词或口号，那征伐便又成为"圣王"的事了。我们不必攻讦墨子的自相矛盾，因为他的理论应该是这样的。你既承认着私产，当然没有方法禁盗。你既承认着国界，当然也没有方法止攻。问题只是义战与非义战的不同，墨子所谓"诛"大约就是义战，所谓"攻"就是非义战吧。但主张攻伐的人谁个又肯承认他自己是非义战呢？吊民伐罪，大家都能够振振有辞，德寇之攻苏联，日寇之攻中国，不是都有一番大理论做口实的吗？墨子的"非攻"只是在替侵略者制造和平攻势的烟幕而已。

由"非攻"更演进而为"无斗"，那更等于是剥夺了被侵略者的武器。《耕柱篇》里面有下列一段话：

子夏之徒问于子墨子曰："君子有斗乎？"子墨子曰："君子无斗。"子夏之徒曰："狗豨犹有斗，恶有士而无斗矣！"子墨子曰："伤矣哉，言则称于汤文，行则譬于狗豨，伤矣哉！"

人总是人，受人非法的侮辱，争取应享的权利，当然要斗，汤武不是也还在"诛"吗？我真不知道何以会"伤"得起来。在这儿且再引一段故事：

鲁君谓子墨子曰："吾恐齐之攻我也，可救乎？"子墨子曰："可……愿主君之上者尊天事鬼，下者爱利百姓，厚为皮币，卑辞令，亟遍礼四邻诸侯，殴国而以事齐，患可救也。非此，顾无可为者。"（《鲁问》）

这简直可以说是无条件的投降主义！"非攻"而走到这样的极端，不正是鼓励强暴者的攻伐吗？

第七，怎么说他名虽非命而实叛命？

墨子的主张最能引起现代人同情的可以说就是他的"非命"。他的"非命"是对抗儒家学说而发的，但是儒家主张有命说的本意和墨子所非难的却正相反。儒家说"死生有命，富贵在天"，那是教人藐视权威而浮云富贵。生命的修短作为自有定数，并不有意求长，也不存心怕短，因此世俗的生杀之权也就不足以威胁一个人的意志。富贵视为傥来之物，并不有意求荣，也不存心避辱，因此世俗的予夺之权也就不足以左右一个人的出处。在这样的信念之下，一个人可以保持着他自我的尊严，可以自由自在地"杀身成仁"而"舍生取义"，可以自由自在地不淫于富贵，不移于贫贱，不屈于威武。试以孔子的态度为证吧。

> 天生德于予，桓魋其如予何？（《论语·述而》）
>
> 子畏于匡，曰："文王既没，文不在兹乎？天之将丧斯文也，后死者不得与于斯文也。天之未丧斯文也，匡人其如予何？"（同上《子罕》）
>
> 道之将行也与，命也。道之将废也与，命也。公伯寮其如命何？（同上《宪问》）
>
> 富与贵是人之所欲也，不以其道得之，不处也。（同上《里仁》）
>
> 富而可求也，虽执鞭之士吾亦为之。如不可求，从吾所好。（同上《述而》）
>
> 不义而富且贵，于我如浮云。（同上《述而》）

这些就是"死生有命，富贵在天"的解释。儒家的"天"是自然界中的理法，所谓"命"有时是指必然性，有时是指偶然性。死生富贵都听其自然，不必多作忧惧，这正是教人努力的教条，何尝是教人懈怠呢？

但有命说一失掉了本意便会流而为宿命论，使人懈怠而不自奋勉，也正是它的流弊。墨子抓着了这一点而加以反对，是他具有着会找寻敌人弱点的聪明。然而墨子的"非命"论其实也就是宗教式的皈依，这却为一般人所不曾注意。一般人的见解以为他的"非命"和尊天明鬼不相合拍，其实正因为他尊天明鬼，所以他才"非命"。他是不愿在上帝鬼神的权威之外还要认定有什么必然性或偶然性的支配。在他看来，上帝鬼神是有生杀予夺之权的，王公大人也是有生杀予夺之权的，王公大人便是人间世的上帝鬼神的代理。王公大人可以生你，可以死你，死生你不能说有命。王公大人可以富你，可以贵你，富贵你不能说在天。便是王公大人也不能相信命，因为上帝鬼神可以生你，可以死你，也可以富你，可以贵你。"非命"就是叫人要对于无形的权威彻底的皈依，对于有形的权威彻底的服从。在自己的职分上强力不怠，那你就可以获寿获福，得富得贵。这真可以说是"死生无命，富贵在王"。假使让王者来说的话，那就"富贵在我"了。这样会引出什么样的结果呢？和现代人所期待的会正相反，他可以使人贪生怕死而患得患失。后世帝王如秦皇、汉武之企图长生，应该也就是由这种"非命"论导演出来的。

以上是我所见到的墨子思想的反动性，二十年前我曾经作过的结论，至今还是感觉着正确。

> 墨子这位大师，我们如能以希伯来的眼光批评，尽可以说他是中国的马丁路德，乃至耶稣；然我们如以希腊的眼光来批评他时，他不过是一位顽梗的守旧派，反抗时代精神的复辟派罢了。

我并不怕别人替我"着急"，我也不想替别人"着急"，就再隔二十年，我的这种见解才能得到承认，我也并不感觉得太迟。因为我并不相信墨子的思想真正会在中国"复活"。

大凡一种有神的宗教，在其思想根据上一般都很浅薄，唯其浅薄，所以易于接受。而倡导这种宗教的人每每有一种特异的人格，一般人对于这人格的特异性发生景仰，因此也就放过了他的思想的浅薄性。墨子正是一位特异人格的所有者，他诚心救世是毫无疑问的。虽然他在救世的方法上有问题，但他那"摩顶放踵，枯槁不舍"的精神，弟子们的"赴火蹈刃，死不旋踵"的态度，是充分足以感动人的。就是这样被人感佩，所以他的思想真像一股风一样，一时之间布满了天下，而且虽然被冷落了两千年，就到现在也依然有人极端地服膺。墨子是一位绝好的教祖，和耶稣、穆罕默德比较起来，实在是毫无逊色的。你看：

> 有力者疾以助人，
> 有财者勉以分人，
> 有道者劝以教人。（《尚贤下》）

这是多么好的教条呀！然而问题却在他的"道"上。假使这"道"有问题，那么愈是"劝以教人"，便愈是导人入于迷惘。甚至愈是"勉以分人"的"财"，愈是"疾以助人"的"力"，都是用到错误的地方去了。近时的纳粹法西斯者流，不是同样有这种精神吗？他们完全把人机械化了，真是有那样的大本领，一口气便可以叫数十百万的狂信徒"赴火蹈刃，死不旋踵"。人是感情的动物，头脑愈简单，愈是容易受暗示，受宣传，因而墨家的殉道精神，在我看来，倒并不是怎样值得夸耀的什么光荣的传统。

墨家又为什么很快地，也像一股风一样就消灭了呢，这也是一个很有趣的问题。照史实看来，墨家在秦以前并不曾像儒家那样屡受挫折。就在秦时我们也只听见"坑儒"，而没有听见"坑墨"的话。然而墨家在汉初便已经消声匿迹了。这究竟是因为什么呢？在这儿也有各种不同的见解。庄子以为"反天下之心，天下不堪"（《天下》）。王充以为"虽得愚民之欲，不合智者之心"（《论衡·薄葬》）。近人胡适则以为主要"由于儒家的反对"与"遭政客的猜忌"（《中国哲学史》）。我觉得都没有说到实际，尤其是胡适的说法相差得天远。因为儒家固曾反对过墨家，墨家又何尝没有反对儒家？像墨子的《非儒篇》，捏造些莫须有的事实来对孔子作人身攻击，那比孟荀的反对墨家是有过之而无不及的，然而儒家不见被他骂倒。且等汉武帝时儒家开始走运的时候，墨家是已经老早消灭了的。因此这冤家不能算在儒家的账上。至于说到"遭政客的反对"更是莫须有的事。《韩非子·五蠹篇》虽曾反对墨家，但亦更猛烈地反对了儒家。《管子》非墨亦非儒，《晏子春秋》则尽了袒墨的能事。此外更不知道有哪一位"政客"猜忌过墨家。

在我看来，墨学的失传倒是由于自己瓦解。第一是由于墨家后学多数逃入了儒家、道家而失掉了墨子的精神；第二是由于墨家后学过分接近了王公大人而失掉了人民大众的基础。

何以见得墨家后学多数逃入了儒家、道家呢？这在《墨子》书中便可以取证。第一篇的《亲士》就是摘取儒家、道家的理念而成，第二篇《修身》，更完全是儒家的口吻。《经上》《经下》《说上》《说下》《大取》《小取》诸篇是受了名家的影响，但名家是发源于道家的。像这样拜借别人的衣钵，把墨子的本来是"不文""不辩"的主张粉饰了起来，那么何须乎还要你墨子呢？理论系统比较更完整的儒家、道家俱在，因而墨家便被同化了一大半。

何以见得墨家后学过分接近了王公大人呢？这儿且把两段故事先引在下边。

墨者钜子孟胜，善荆之阳城君。阳城君令守于国，毁璜以为符。约曰："符合，听之。"荆王薨，群臣攻吴起，兵于丧所，阳城君与焉。荆罪之，阳城君走，荆收其国。孟胜曰："受人之国，与之有符，今不见符，而力不能禁。不能死，不可。"其弟子徐弱谏孟胜曰："死而有益阳城君，死之可矣。无益也，而绝墨者于世，不可。"孟胜曰："不然，吾于阳城君也，非师则友也，非友则臣也。不死，自今以来，求严师必不于墨者矣，求贤友必不于墨者矣，求良臣必不于墨者矣。死之，所以行墨者之义，而继其业者也。我将属钜子于宋之田襄子。田襄子，贤者也，何患墨者之绝世也？"徐弱曰："若夫子言，弱请先死以除路。"还殁头于孟胜前。因使二人传钜子于田襄子。孟胜死，弟子死之者百八十三人。二人已致令于田襄子，欲反死孟胜于荆。田襄子止之曰："孟子已传钜子于我矣。"不听。遂反死之。（《吕氏春秋·上德》）

墨者有钜子腹䵍，居秦。其子杀人。秦惠王曰："先生之年长矣，非有他子也，寡人已令吏弗诛矣。先生之以此听寡人也。"腹䵍对曰："墨者之法曰，杀人者死，伤人者刑，此所以禁杀伤人也。夫禁杀伤人者，天下之大义也，王虽为之赐而令吏弗诛，腹䵍不可不行墨者之法。"不许惠王而遂杀之。（《吕氏春秋·去私》）

就孟胜的故事来看，事情真是壮烈，确确实实是实践了墨子的主张"君有难则死"，而表现了"赴火蹈刃，死不旋踵"的精神。但这样的殉死不正是奴隶道德吗？而且所死的阳城君是为攻杀一国的大臣而犯了国法的人，墨者之群为什么只以私谊死而忘记了"上同"的大义呢？更值得讨论的是吴起的被攻杀。吴起在当时是革命的政治家，他辅相楚悼王"损不急之官，废公族疏远者，以抚养战斗之士"，因而遭了"贵戚"的众怒，而被"宗室大臣"射死了。可见射死吴起的"宗室大臣"或"贵戚"都是一些反革命派，阳城君也正是这反革命派的一人。孟胜是阳城君的先生，而吴起是出于儒家，《吕氏·当染篇》称其"学于曾子"，《史记·儒林传》称其"学于子夏"。那么孟胜所教于阳城君的不也就可以想见了吗？而且在这一段故事里面不也就可以反映出墨子思想的本质了吗？

再就腹䵍的故事来看，也真可以说是大义灭亲。但在国法之外还有墨者的私法，这和墨子"尚同"之义似乎也相违背。而且我在这个故事里面又发现了一个巨大的暗影。秦惠王称腹䵍为"先生"，可知这位钜子也是被师事的一个人，颇受尊礼。但秦惠王也是以同一的反动势力而车裂了商鞅的角色，而这位"墨者钜子"又是他的"先生"，真是未免太凑巧了！

墨家有"钜子"，大概等于后世宗教的教祖，《庄子·天下篇》里说"以巨子为圣人皆愿为之尸"，可知巨子或钜子的地位是很崇高的。本来墨子的学说素以"王公大人"为其对象，故在墨子生前，他的势力已就不小。他可以派他的弟子出到各国去做官，而且有时还可以派人去请求罢免他的职位。齐、楚、宋、越、卫、鲁，都有他安置的人，他的教团的维持费也就是靠着这些弟子们的捐献。他的派头似乎比孔子还要来得大。更看他死后的这两位钜子，一位做楚国阳城君的老师，一位做秦惠王的先生，他们的上层工作，可见得是做得并不弱。就这样，历代的教祖们都和"王公大人"接近，他们和人民的关系，不是就愈见隔离了吗！

在这儿还有更进一步的见解，便是墨家有拥护嬴秦的嫌疑。近人方授楚著《墨学源流》一书，论到墨学之亡，有着这样的一项。他的说解我觉得颇为透辟，今摘录之如次：

> 秦灭六国，本与墨家非攻之义不相容也，然秦于尚贤尚同之义则有相近者。且秦自孝公以后甚排斥邹鲁之儒术，《商君书》以《礼》、《乐》、《诗》、《书》诸事为六虱，荀卿之答应侯范雎既誉秦风俗之善，而终曰："其殆无儒耶？"（《强国篇》）李斯虽为荀卿弟子，秉政则焚《诗》、《书》，可见其与儒家之不相容矣。当昭王时秦尚无儒，而在惠王时则墨者钜子腹䵍已居秦而与惠王接近，又有唐姑果在王左右，是秦已有墨也。其后关系如何，无从考证，然实有媚秦之痕迹。如墨家之徒缠子与儒家之徒董无心相见讲道，缠子称墨家佑鬼神，引秦穆公有明德，上帝赐之九十年（《论衡·福虚篇》）。本书《明鬼篇》秦讹为郑，九十作十九，则以本书为是也……窃疑秦国已盛之后，仕秦而堕落之墨者，造之以媚秦王也。"（《墨学源流》上卷二〇七页）

方氏又云"陈涉、吴广之起也，儒者实曾参加"，于此引《史记·儒林传》为证：

> 陈涉之王也，而鲁诸儒持孔氏之礼器，往归陈王。于是孔甲为陈涉博士，卒与涉俱死。陈涉起匹夫，驱瓦合适戍，旬月以王楚，不满半岁竟灭亡，其事至微浅。然而缙绅先生之徒负孔子礼器，往委质为臣者何也？以秦焚其业，积怨而发愤于陈王也。

继云"墨家则虽参加，似不甚显者"，于注中标出《盐铁论·褒贤》第十九大夫及文学的对语以为附证。

其大夫曰：

> 戍卒陈胜……奋于大泽，不过旬月，而齐、鲁儒墨缙绅之徒，肆其长衣……负孔氏之礼器《诗》《书》，委质为臣。孔甲为涉博士，卒俱死陈，为天下大笑。

其文学曰：

> 陈王赫然奋爪牙为天下首事，道虽凶而儒墨或干之者，以其无王久矣，道拥遏不得行，自孔子以至于兹；而秦复重禁之，故发愤于陈王也。

案此文措辞立意完全抄袭《史记》，而在"儒"之外加上了"墨"，但其本身已足以证明是抄袭者的妄作聪明，画蛇添足。试问：墨者何以也会"负孔氏之礼器《诗》《书》"呢？故尔墨家对于陈、吴革命的参加，实在是莫须有的事。

方氏的说法颇新颖而有见地，但可惜他是服膺墨学的人，虽然"读书得间"，却不肯重伤墨家，故尔未能深刻的楔入。据我看来，这儿是大有阐发的余地的。

根据钜子腹子的故事可知秦惠王时墨家已有集中于秦的实际，此外还有田鸠和谢子等人可为佐证。

> 墨者有田鸠欲见秦惠王，留秦三年而弗得见。客有言之于楚王者，往

见楚王。楚王悦之，与将军之节以如秦。至，因见惠王。告人曰："之秦之道乃之楚乎？"（《吕氏·首时》，又《淮南·道应训》）

此田鸠两见于《韩非子》，一见《外储说左上篇》，应楚王问墨子"言多而不辩"之故；又一见《问田篇》，系答徐渠之问，无关宏旨。《汉书·艺文志》墨家有"《田俅子》三篇"，班固注云"先韩子"，盖即以为田俅为田鸠。近人钱穆谓田俅亦即田系，一名一字（见所著《墨子》"百科小丛书"本）。考《吕氏·当染篇》谓"禽滑釐学于墨子，许犯学于禽滑釐，田系学于许犯……显荣于天下"，可知许犯、田系均墨门显学。余意许犯殆即孟胜，《尔雅·释诂》"犯，胜也"，名犯字孟胜，义甚相应。田系即田鸠，亦即田襄子，系与鸠一声之转，襄子当为字。襄假为缫，佩带也，义与系相应。由系转鸠，由鸠再转俅。称"宋之田襄子"者，乃孟胜传钜子位时襄子居于宋，不必即是宋人。如是，则墨家钜子可得一传授系统，墨子为第一代，禽子为第二代，孟胜即许犯为第三代，田襄子即田系、田鸠为第四代，腹䵍为第五代。田鸠入秦当早于腹子，盖终老于秦，而传钜子于腹。故田鸠入秦，实即墨学的中心移到了秦国。

其次是谢子入秦的故事：

东方之墨者谢子将西见秦惠王。惠王问秦之墨者唐姑果。唐姑果恐王之亲谢子贤于己也，对曰："谢子，东方之辩士也。其为人甚险，将奋于说以取少主也。"王因藏怒以待之。谢子至，说王。王弗听。谢子不悦，遂辞而行……惠王失所以为听矣……此史定所以得饰鬼以人，罪杀不辜，群臣扰乱，国几大危也……今惠王之老也，形与智皆衰耶？

此事见《吕氏·去宥篇》，亦见《淮南子·修务训》，唐姑果作唐姑梁；又见《说苑》，谢子作祁射子，唐姑果则作唐姑。考惠王在位凡二十八年，三年时始冠，则惠王年龄尚不及五十岁。《吕氏》以为"衰老"，盖其人实未老先衰。所称"少主"意指惠王之后继，旧注意以为指惠王，大谬。

唐姑果当即腹子之弟子，即弄鬼的史定大约也是同门，故连类而及。这些都是"仕秦而堕落之墨者"。此时腹子或已死，唐姑果既见"亲"于王，而东方之墨者复不远千里入秦以事游说，此可见墨学之盛。墨者入秦，目的自然是奉行其学说，不用说也是认秦为可以行其学说的。在这些地方和儒家正相反。儒不高兴秦，秦也不高兴儒家。儒墨学说之相异，即此也是可以想见的。墨者与秦王既相得，我们要说秦法之中有墨法参入，总不会认为是无稽之谈吧。

墨子本人是一位特殊的人格者，那是毫无问题，他存心救世，而且非常急迫，我也并不想否认，但他的方法却是错了。庄子的批评，我觉得最为公允。他说墨子"真天下之好（去声）也，将求之不得也"，而所得到的呢，是"治之下，乱之上"。这大约是墨子始料所不及的。尽管他的人格是怎样特异，心理的动机是怎样纯洁，但他的思想有充分的反动性，却是无法否认的。在原始神教的迷信已经动摇了的时候，而他要尊崇鬼神上帝。在民贵君轻的思想已经酝酿着的时候，而他要顶礼王公大人。在百家争鸣，思潮焕发的时候，而他要"一同天下之义"。不承认进化，不合乎人情，偏执到了极端，保守到了极端，这样的思想还不可以认为反动，我真不知道要怎样才可以认为反动？

最主要的是我们不要自己去讲墨子。有一位朋友，他坚决地认定墨子是奴隶解放者。他所根据的是什么呢？却根据了《兼爱下篇》"非人者必有以易之"的一句话。他说"非人者"就是奴隶，奴隶的地位一定要替他改革。这是要成为笑柄的。因为墨子的原意并不是那样。他是说反对别人的学说一定要拿出自己的学说出来，就是有破必有立，所以在下文接着便说"兼以易别"，就是要拿兼爱说以替换差别说的。凭自己的主观去讲墨子，所以墨子可以随意地成为卢梭或者列宁了。

又有的朋友说：墨学并没有亡，后世的任侠者流便是墨家的苗裔。这也是乱认表亲的办法。请读司马迁的《游侠列传》吧。"闾巷之侠，修行砥名，声施于天下，莫不称贤，是为难耳。然儒墨皆排摈不载！"侠何尝就是墨呢？侠者以武犯禁，轻视权威，同情弱者，下比而不上同，在精神上与墨家正相反对。侠者不怕死，只有这一点和原始墨家相类，但我们不要以为凡是不怕死的都是墨家呀。须要知道儒家也有漆雕氏的一派"不色挠，不目逃，行曲则违于臧获，行直则怒于诸侯"（《韩非子·显学》）。曾子也"尝闻大勇于夫子矣：自反而不缩（直），虽褐宽博吾不惴焉，自反而缩，虽千万人吾往矣"

（《孟子·公孙丑上》）。假使儒家也要认任侠为其嫡裔，难道又说不过去吗？然而儒墨自儒墨，任侠自任侠，古人并不曾混同，我们也不好任意混同的。大抵在儒墨之中均曾有任侠者流参加，倒是实在的情形。看《吕氏春秋》的《尊师篇》吧：

> 子张，鲁之鄙家也；颜涿聚，梁父之大盗也；学于孔子。段干木，晋国之大驵也，学于子夏。高何、县子石，齐国之暴者也，指于乡曲，学于子墨子。索庐参，东方之钜狡也，学于禽滑釐。此六人者，刑戮死辱之人也，今非徒免于刑戮死辱也，由此为天下名士显人，以终其寿，王公大人从而礼之。此得之于学也。

这些未成为儒墨之前的六位先生，应该才是所谓任侠。此外还有屈将子的一段故事，见《太平御览》四百三十七所引的《胡非子》佚文（依据孙诒让《墨子间诂》附录《墨子后语下》校补），也足以证明墨与侠的关系。不怕麻烦，把它整抄在下边：

> 胡非子修墨以教。有屈将子好勇，闻墨者非斗，带剑危冠，往见胡非子，劫而问之曰："将闻先生非斗，而将好勇，有说则可，无说则死。"胡非子曰："吾闻勇有五等。夫负长剑，赴榛薄，析兕豹，搏熊黑，此猎徒之勇也。负长剑，赴深泉，斩蛟龙，搏鼍鼋，此渔人之勇也。登高陟危，鹤立四望，颜色不变，此陶匠之勇也。剽必刺，视必杀，此五刑之勇也。昔齐桓公以鲁为南境，鲁公忧之，三日不食。曹翙闻之，触齐军，见桓公曰：'臣闻君辱臣死。君退师则可，不退，则臣请击颈以血溅君矣。'桓公惧，不知所措。管仲乃劝与之盟而退。夫曹翙，匹夫徒步之士，布衣柔履之人也，唯无怒，一怒而劫万乘之师，存千乘之国。此谓君子之勇，勇之贵者也。晏婴匹夫，一怒而沮崔子之乱，亦君子之勇也。五勇不同，公子将何处？"屈将悦，称善，乃解长剑，释危冠，而请为弟子焉。

这儿所说的"五刑之勇"应该就是"以武犯禁"者的任侠之勇，这是为墨者所不取的。而屈将子"解长剑，释危冠，而请为弟子"，也可以见到，墨家的装束，平常是不带长剑，不着高冠。那么《韩非子·五蠹篇》所说的

"乱法者罪，而诸先生以文学取，犯禁者诛，而群侠以私剑养"，可知诸先生不一定尽指儒家，而群侠中绝不会包含墨者。认侠为墨，也不过是在替墨子争门面，然而大背事实。

一九四三年八月六日

注释

①《墨子·小取》。

公孙尼子与其音乐理论

《汉书·艺文志》里面有"《公孙尼子》二十八篇"，列在儒家，注云："七十子之弟子。"又有"《公孙尼》一篇"，列在杂家。论道理应该是一个人。

《隋书·经籍志》里面有"《公孙尼子》一卷"，也列在儒家，注云："尼似孔子弟子。"这"一卷"恐怕就是《汉书》列入杂家的那"一篇"。注语与班固不同，当是长孙无忌别有所据。

现在这两种书都遗失了，但要感谢《隋书·音乐志》，它引列了梁武帝的《思弘古乐诏》和沈约的《奏答》。在这《奏答》里面，我们知道"《乐记》取《公孙尼子》"，《公孙尼子》的一部分算在《礼记》中被保存着了。

《乐记》也整个被保存于《史记·乐书》里面，张守节《正义》亦云："《乐记》者公孙尼子次撰也。"张说大体根据皇侃，皇侃与沈约为同时人，两个人的说法正可以为互证。

现在的《乐记》是《礼记》的第十九篇，据张守节《史记正义》引郑注云："此于《别录》属《乐记》，盖十一篇合为一篇。十一篇者，有《乐本》，有《乐论》，有《乐施》，有《乐言》，有《乐礼》，有《乐情》，有《乐化》，有《乐象》，有《宾牟贾》，有《师乙》，有《魏文侯》。"这篇次是据刘向《别录》，但今本《乐记》的次第和这不同，《史记·乐书》的次第也有颠倒，张守节云："以褚先生升降，故今乱也。"

《艺文志》云："武帝时河间献王好儒，与毛生等共采《周官》及诸子言乐事者以作《乐记》……其内史丞王定传之，以授常山王禹。禹，成帝时为谒者，数言其义，献二十四卷《乐记》。刘向校书，得《乐记》二十三篇，与禹不同。其道浸以益微。"刘向的《乐记》与王禹怎样"不同",可惜没有详说,大约以一篇为一卷,只是少一卷的原故吧。《艺文志·乐类》,两种都有著录,一作"《乐记》二十三篇",一作"《王禹记》二十四篇"。

刘向的二十三篇的前十一篇即今存《乐记》的十一篇,其余十二篇仅存目录。孔颖达《礼记·乐记疏》云:"案《别录》十一篇余次,《奏乐》第十二(疑本作'《泰乐》',即《吕氏春秋》的'《太乐》'),《乐器》第十三,《乐作》第十四,《意始》第十五(疑本作'《音始》',即《吕氏春秋》之'《音初》'),《乐穆》第十六,《说律》第十七,《季札》第十八(案见《左传》襄二十九年),《乐道》第十九,《乐义》第二十,《昭本》第二十一,《招颂》第二十二,《窦公》第二十三(案即《周官·大司乐章》)是也。"

今存《乐记》取自《公孙尼子》,沈约与皇侃既同为此说,大约《公孙尼》原书在梁时尚为完具。然据现存的资料,十一篇的次第已经有三种,不知道哪一种是公孙尼子所原来有的,或者都不是。而内容也有些疑问。例如《乐论篇》言"礼乐之情同,故明王以相沿也",而《乐礼篇》则言"五帝殊时不相沿乐,三王异世不相袭礼";又如《乐论篇》言"乐至则无怨,礼至则不争",《乐化篇》言"乐极和,礼极顺",而《乐礼篇》则言"乐极则忧,礼粗则偏"。这些显然不像是一个人的论调。《乐礼篇》很可疑,因为里面有一节,差不多和《易·系辞传》完全相同,我现在把它们并列在下边:

《乐记》	《易·系辞上传》
天尊地卑,君臣定矣。	天尊地卑,乾坤定矣。
卑高已陈,贵贱位矣。	卑高以陈,贵贱位矣。
动静有常,小大殊矣。	动静有常,刚柔断矣。
方以类聚,物以群分,则性命不同矣。	方以类聚,物以群分,吉凶生矣。
在天成象,在地成形。	在天成象,在地成形。
如此则礼者天地之别也。	变化见矣。
地气上齐,天气下降,	是故
阴阳相摩,天地相荡,	刚柔相摩,八卦相荡,

鼓之以雷霆，	鼓之以雷霆，
奋之以风雨，	润之以风雨，
动之以四时，	日月运行，
媛之以日月，	一寒一暑；
而百化兴焉。	乾道成男，
如此则乐者天地之和也。	坤道成女；
……	
乐著大始，而礼居成物。	乾知大始，坤作成物。

这无论怎样，有一边总免不了是剿袭。因此关于《乐礼》的一节应该不是公孙尼子的东西，至少也应该怀疑。

此外《乐言》《乐情》《乐化》《乐象》四篇，都有与《荀子·乐论篇》同样的文句或章节。论时代，荀子当后于公孙尼子，但荀子不至于整抄前人的文字以为己有。

因此我认为今存《乐记》，也不一定全是公孙尼子的东西，由于汉儒的杂抄杂纂，已经把原文混乱了。但主要的文字仍采自《公孙尼子》，故沈约与皇侃云然耳。因此我们要论公孙尼子，就应该把这些可疑的来剔开，才比较可以得到他的真相。至于《吕氏春秋》《毛诗传》《汉书·乐志》等的抄取，那都是不成问题的。我现在把三种篇次和与别书的关系表列如次：

	《别录》	《礼记》	《乐书》	备考
《乐本》	1	1	1	《吕氏·适音》《毛传》部分采取
《乐论》	2	2	2	
《乐施》	3	4	4	
《乐言》	4	5	6	《汉书·乐志》采此，有数语与《荀子》同
《乐礼》	5	3	3	与《易传》平行
《乐情》	6	7	5	首节与《荀子》同，颇重要
《乐化》	7	10	8	后两节与《荀子》全同，略有字句更易
《乐象》	8	6	7	首节与《荀子》大同小异

续表

	《别录》	《礼记》	《乐书》	备考
《宾牟贾》	9	9	10	
《师乙》	10	11	11	
《魏文侯》	11	8	9	

关于公孙尼子本人，我们所能知道的实在太少。班固说是七十子之弟子，即是孔子的再传弟子，大概是根据《宾牟贾》《师乙》《魏文侯》三篇所得到的推论。《宾牟贾篇》载宾牟贾与孔子论乐，《师乙篇》是子贡问乐于师乙，《魏文侯篇》为文侯问乐于子夏，但这些仅足以表示作者的年代不能超过孔子及其门人而已。长孙无忌别立异说，以为"似孔子弟子"，或者长孙无忌时，"《公孙尼子》一卷"尚存。其中有与孔子问答语也说不定。我疑心七十子里面的"公孙龙字子石，少孔子五十三岁"（《史记·仲尼弟子列传》）的怕就是公孙尼。龙是字误，因有后来的公孙龙，故联想而致误。尼者泥之省，名泥字石，义正相应。子石，《集解》引"郑玄曰楚人"。《家语》作"公孙龙，卫人"，那是王肃的自我作古。

再从《乐记》中去找内证时，《乐本篇》论五音，称"宫为君，商为臣，角为民，徵为事，羽为物"，虽然在比附上不免出于牵强，但还没有沾染到五行的色彩。又如说到八音，如"金石丝竹，乐之器也"，也没有沾染到八卦的气味（八卦及《易》之制作只是战国初年之物）。

关于性的见解，也和孔子相近。《乐本篇》言："人生而静，天之性也，感于物而动，性之颂也。（静性动颂为韵，颂者容也，今《礼》作欲，此据《乐书》改。）物至知知，然后好恶形焉。好恶无节于内，知诱于外，不能反躬，天理灭矣。"这和孔子的"性相近，习相远"正一脉相通。有的学者特别看重这几句，以为是近世理学的渊源（黄东发、陈澧等），然而宋儒的理学是把理与欲分而为二，而公孙尼子的原意却不是这样，他是以为好恶得其节就是理，不得其节就是灭理。所以他说："夫物之感人无穷，而人之好恶无节，则是物至而人化物也。人化物也者，灭天理而穷人欲者也。"（《史记·乐书》）顺说是真，反说便不真。宋儒却是反说："去人欲，存天理。"这是误解了公孙尼子。

由这些内证上看来，公孙尼子可能是孔子直传弟子，当比子思稍早。虽不必怎样后于子贡、子夏，但其先于孟子、荀子，是毫无问题的。《艺文志》列他的书目在魏文侯与李克之后，孟子、孙卿子（荀子）之前，看来也很有用意。

荀子在乐理上很明显地是受有公孙尼的影响，但《荀子》书中却没有他的名字。《强国篇》中有一位公孙子讥议楚国子发灭蔡而辞赏的事，与《乐记》中"刑禁暴，爵举贤，则政均矣"的主张相近，大约就是这位公孙尼子吧。

中国旧时的所谓"乐"（岳），它的内容包含得很广。音乐、诗歌、舞蹈，本是三位一体可不用说，绘画、雕镂、建筑等造型美术也被包含着，甚至于连仪仗、田猎、肴馔等都可以涵盖。所谓"乐"（岳）者，乐（洛）也，凡是使人快乐，使人的感官可以得到享受的东西，都可以广泛地称之为"乐"（岳）。但它以音乐为其代表，是毫无问题的。大约就因为音乐的享受最足以代表艺术，而它的术数是最为严整的原故吧。

人有感官自不能不图享受，故"乐"之现象实是与人类而俱来。然自人类进化到有贵族和奴隶的阶段，则一切享受均不能平均。高度化的享受为上层所垄断，低级者留之于下层，甚至连低级者有时亦无法享有。故尔到社会达到另一个阶段的时候，对于这享受的分配便不免有新见解出现。

殷、周是奴隶制时代，上层的贵族早就有钟磬琴瑟笙竽等相当高度的音乐及其他感官的享受，但作为奴隶的人民却和他们有天渊之隔。因此在春秋、战国当时，奴隶制逐渐解体的时候，思想家对于这享受的不平衡便有了改革的反应了。

墨家是主张"非乐"的，但他并不是认为为乐（岳）不乐（洛），而是认为费财力、人力、物力，老百姓既不能享受，贵族们也不要享受。

> 子墨子之所以非乐者，非以大钟鸣鼓，琴瑟竽笙之声以为不乐也，非以刻镂文章之色以为不美也，非以刍豢煎炙之味以为不甘也，非以高台厚榭邃宇之居以为不安也；虽身知其安也，口知其甘也，目知其美也，耳知其乐也，然上考之不中圣王之事，下度之不中万民之利。是故子墨子曰：为乐非也。（《非乐上》）

道家也是主张非乐的，但他们更进了一步，并不是因为为乐不合实利，而是因为乐根本有害。老百姓们不能享受正好，贵族们尤其不应该享受。

> 五色令人目盲，五音令人耳聋，五味令人口爽，驰骋畋猎令人心发狂，难得之货令人行防。是以圣人为腹不为目，故去彼取此。（《老子》第十二章）

> 失性有五：一曰，五色乱目，使目不明；二曰，五声乱耳，使耳不聪；三曰，五臭熏鼻，困懞中颡；四曰，五味浊口，使口厉爽；五曰，趣舍滑心，使性飞扬。此五者，皆生之害也。（《庄子·天地》）

这两派的主张，从社会的意义上来说，都可算是对于贵族享受的反对。但从学理上来说，两家都是主张去情欲的，故尔对于情欲的享受也就同样地反对了。所不同的只是墨家主张强力疾作，道家主张恬淡无为，墨家是蒙着头脑苦干，道家是闭着眼睛空想。

儒家却是不同，他是主张享受的。他不主张去欲，而主张节欲，故尔享受也应该节制。他主张"与民同乐"，贵族既能享受，老百姓也能享受。一种学说的主张，和人的性格教养应该是有关系的。孔子是喜欢音乐的人，他也懂得音乐，自己能够弹琴鼓瑟，击磬唱歌。"子在齐闻《韶》，（学之）三月，不知肉味"（《论语·述而》），《史记·孔子世家》有"学之"二字，你看他学习音乐是怎样地专心。"子谓《韶》尽美矣，又尽善也；谓《武》尽美矣，未尽善也"（《八佾》），从美与善两方面来批评作品，你看他是怎样的内行。"自卫返鲁然后乐正，《雅》《颂》各得其所"（《子罕》），他实际上是一位乐理家兼演奏家。真的，孔子是一位多才多艺的人，他自己说过："吾不试，故艺。"（《子罕》）试者浅尝也，他不肯浅尝，故能够对于艺术有所深造。

> 《关雎》乐而不淫，哀而不伤。（《八佾》）

> 师挚之始，《关雎》之乱，洋洋乎盈耳哉！（《泰伯》）

> 乐其可知也，始作翕如也，从（纵）之，纯如也，皦如也，绎如也，以成。（《八佾》）

以上是《论语》中所见孔子对于音乐的批评。

子与人歌而善，必使反之而后和之。（《述而》）

子于是日哭，则不歌。（《述而》）

"点，尔何如？"鼓瑟希，铿尔，舍瑟而作……曰："莫（暮）春者春服既成，冠者五六人，童子六七人，浴乎沂，风乎舞雩，咏而归。"夫子喟然叹曰："吾与点也。"（《先进》）

子击磬于卫，有荷蒉而过孔子之门者，曰："有心哉！击磬乎！"（《宪问》）

子曰："由之瑟奚为于丘之门？"门人不敬子路。子曰："由也升堂矣，未入于室也。"（《先进》）

孺悲欲见孔子，孔子辞以疾。将命者出户，取瑟而歌，使之闻之。（《阳货》）

以上是音乐与孔子的日常生活。

但孔子并不是一位"为艺术而艺术"的艺术家，他谈到乐每每要和礼联系起来，而礼乐也不仅是徒重形式。"礼云礼云，玉帛云乎哉？乐云乐云，钟鼓云乎哉？"（《阳货》）他所注重的是礼乐的精神。他要用礼乐来内以建立个人的崇高的人格，外以图谋社会的普及的幸福。

人而不仁如礼何？人而不仁如乐何？（《八佾》）

兴于《诗》，立于礼，成于乐。（《泰伯》）

先进于礼乐，野人也；后进于礼乐，君子也。如用之则吾从先进。（《先进》）

若臧武仲之知，公绰之不欲，卞庄子之勇，冉求之艺，文之以礼乐，亦可以为成人矣。（《宪问》）

以上言礼乐与人格修养。

名不正则言不顺，言不顺则事不成，事不成则礼乐不兴，礼乐不兴则刑罚不中，刑罚不中则民无所措手足。（《子路》）

颜渊问为邦。子曰：行夏之时，乘殷之辂，服周之冕，乐则《韶》、《舞》。放郑声，远佞人；郑声淫，佞人殆。（《卫灵公》）

> 天下有道，则礼乐征伐自天子出，天下无道，则礼乐征伐自诸侯出。
> （《季氏》）

以上言礼乐与政治建设。

从《论语》里面所摘录出的这些零章断语，尽足以看出孔子对于音乐或艺术的态度，也就是代表着儒家的态度。但他的理论却没有十分展开。把这理论展开了的，在事实上就是公孙尼子的《乐记》。

公孙尼子的所谓"乐"，也依然是相当广泛的。《乐记》中所论到的，除纯粹的音乐之外，也有歌有舞，有干戚羽旄，有缀兆俯仰。但大体上是以音乐为主，比前一两辈人的笼统，是更分化了。

他认为乐是抒情的精神活动，是内在的东西。这个道理他不惜反反复复地说，就像以一个母题为中心的回旋曲那样。

> 凡音之起，由人心生也。人心之动，物使之然也。感于物而动，故形于声，声相应故生变，变成方谓之音。比音而乐之，及干戚羽旄，谓之乐。
>
> 乐者，音之所由生也，其本在人心之感于物也。
>
> 凡音者生人心者也。情动于中故形于声，声成文谓之音。
>
> 凡音者生于人心者也，乐者通伦理者也。
>
> 乐者心之动也，声者乐之象也，文采节奏，声之饰也。

你的感情受了外界的刺激而感动了，你用声音把它形象化出来，那你有怎样的感情便必然有怎样的声音。

> 其哀心感者，其声噍以杀；其乐心感者，其声啴以缓；其喜心感者，其声发以散；其怒心感者，其声粗以厉；其敬心感者，其声直以廉；其爱心感者，其声和以柔。

或者你应该选择适当的乐器或音色来对于你的感情作适当的表达：

> 钟声铿，铿以立号，号以立横，横以立武……石声磬，磬以立辨，辨以致死……丝声哀，哀以立廉，廉以立志……竹声滥（敛），滥以立会，

会以聚众……鼓鼙之声讙，讙以立动，动以进众。

乐有"文采节奏，相应成方"，它的主要的性质是和谐，而它的功能是同化。所以你的声音是怎样的性质，在别人的感情上便可起出怎样的波动，感情被声音的传达而生感染；同时知音的人听见你有怎样的声音也就知道你有怎样的感想。

夫民有血气心知之性，而无哀乐喜怒之常，应感起物而动，然后心术形焉。是故志微噍杀之音作而民思忧；啴谐慢易、繁文简节之音作而民康乐；粗厉猛起、奋末广贲之音作而民刚毅；廉直劲正、庄诚之音作而民肃敬；宽裕肉好、顺成和动之音作而民慈爱；流僻邪散、狄成涤滥之音作而民淫乱。

君子听钟声则思武臣……听磬声则思死封疆之臣……听琴瑟之声则思志义之臣……听竽笙箫管之声则思畜聚之臣……听鼓鼙之声则思将帅之臣。

音乐是你内在生活开出来的"花"，你是什么树便开出什么花来，这是丝毫也不能虚假的。

德者性之端也，乐者德之华也，金石丝竹，乐之器也。诗言其志也，歌咏其声也，舞动其容也。三者本于心，然后乐器从之。是故情深而文明，气盛而化神，和顺积中而英华发外。唯乐不可以为伪。

音乐是内在生活的花，其实也是外界生活的反映，因为感情是由于外物而动的。同时也是外界生活的批判，因为感情的发生并不是纯全的被动，而是有主观的能动作用存在。

情动于中故形于声，声成文谓之音。是故治世之音安，以乐其政和；乱世之音怨，以怒其政乖；亡国之音哀，以思其民困。声音之道与政通矣。

这几句十分重要的话值得在这儿加以讨论，据陆德明的《释文》，"治世之音"以下的三句是有三种读法的。第一种是普通的读法，读为"治世之音安以乐，其政和；乱世之音怨以怒，其政乖；亡国之音哀以思，其民困"。第二种是"雷读"，是在安字、怨字、哀字下断读，在乐字、怒字、思字下再断读。第三种便是我现在所采取的"崔读"。这三句话被《毛诗·关雎序》所采取，《释文》也举了两种读法，"雷读"是没有的。由上下文考察起来，当以"崔读"为妥当。"治世之音安"是反映，"以乐其政和"是批判。因为世治故音安，其更进一层的原故是作家喜欢当时的政治和平。其他两句准此解释。这就是所谓"情动于中故形于声"，也就是所谓声音通于政。如照着普通的读法，或雷读，那作者只是受动的死物，如镜如水而已，于理不合。又这几句话亦为《吕氏春秋·适音篇》所采取，而略有更易："治世之音安，以乐其政平也；乱世之音怨，以怒其政乖也；亡国之音悲，以哀其政险也。凡音声通乎政，而移风平俗者也。"看这第三句的改动，可以证明吕氏门下的学者也同于崔读；因为悲犹哀，读"悲以哀"，则其意犯复。

因此音乐又成为政治的龟鉴。为政的人当倾听民间的音乐，不仅可以知道民间的疾苦，也可以知道政治的良与不良。从这儿便可以生出政治的改革，所以说："审乐以知政而治道备矣。"（《礼记·乐记》）

由于知道音乐与政治的关系，故音乐可以成为重要的政治工具。一方面用它去感动人，另一方面须得制作良好的音乐。要怎么才可以制作良好的音乐呢？要对于作音乐者的感情"慎所以感之"，而对于好恶的发动要"人为之节"，在这儿礼与乐来了一个辩证的统一。

> 乐者所以象德也，礼者所以缀淫也。是故先王有大事必有礼以哀之，有大福必有礼以乐之。哀乐之分皆以礼终。
>
> 先王本之情性，稽之度数，制之礼乐：合生气之和，道五常之行，使之阳而不散，阴而不密，刚气不怒，柔气不慑；四畅交于中而发作于外，皆安其位而不相夺也。然后立之学等，广其节奏，省其文采，以绳德厚；律小大之称，比终始之序，以象事行，使亲疏贵贱长幼男女之理皆形见于乐。

乐须得礼以为之节制，礼也须得乐以为之调和。礼是秩序，乐是和谐。礼是差别，乐是平等。礼是阿坡罗（Apollo 太阳神）精神，乐是狄奥尼索司（Dionysos 酒神）精神。两者看来是相反的东西，但两相调剂则可恰到好处。

> 乐者为同，礼者为异。同则相亲，异则相敬。乐胜则流，礼胜则离。合情饰貌者，礼乐之事也。
>
> 乐由中出，礼自外作。乐由中出故静（情），礼自外作故文。大乐必易，大礼必简。乐至则无怨，礼至则不争。揖让而治天下者，礼乐之谓也。
>
> 论伦无患，乐之情也；欣喜欢爱，乐之官也。中正无邪，礼之质也；庄敬恭顺，礼之制也。若夫礼乐之施于金石，越于声音，用于宗庙社稷，事乎山川鬼神，则此所与民同也。

"论伦无患"者玲珑而不溃漫也，论伦当是双声联语，与下中正为对文，故知当读为玲珑。玲珑而不溃漫（所谓和而不流）是乐的精神，它的功用便是使人欣喜欢爱，即是乐者为同而相亲。"中正无邪"是礼的本质，它的发挥是"庄敬恭顺"，即是礼者为异而相敬。玲珑无溃，易何如之。"中正无邪"，简何如之。"欣喜欢爱"，易何如之。"庄敬恭顺"，简何如之。"施于金石，越于声音"，"所与民同"，也就是孟子所说的"与民同乐"。这是儒家主张礼乐的精神，他把古时"不下庶人"的礼及乐，"下"了下来使大家享受，大家遵守。"不下"者"下"之的这个过程，我们不要把它看掉。所谓"自天子以至于庶人一是皆以修身为本"的把修齐治平的责任也拉到庶民身上来，把天子和庶民的身分扯平，也是一样的道理。治平不仅是在上者的事，也是在下者的事，因为没有健全的人民，天下国家是怎么也不能治平的。

礼乐是政教的大端，礼乐得其正，可使政教得其平。反之，政教得其平，也就愈使礼乐得其正。有不率教者当施之以刑，用以维持政教的权威，而减除礼乐的障碍。

> 礼以道（导）其志，乐以和其性（原作声，据《说苑》改），政以一其行，刑以防其奸；礼乐刑政，其极一也，所以同民心而出治道也。
>
> 礼节民心，乐和民性（同上），政以行之，刑以防之；礼乐刑政四达

而不悖，则王道备矣。

"王道备"便可以达到刑措不用的理想的地步。"暴民不作，诸侯宾服，兵革不试，五刑不用，百姓无患，天子不怒，如此则乐达矣。合父子之亲，明长幼之序，以敬四海之内，天子如此则礼行矣。"（《礼记·乐记》）达到这样的和平世界也就是礼与乐的成功。

礼乐的成功不仅可以使天下太平，而且可以使宇宙明朗化。所谓"大人举礼乐，则天地将为昭焉。天地䜣合，阴阳相得，煦妪覆育万物，然后草木茂，区萌达，羽翼奋，角觡生，蛰虫昭苏，羽者妪伏，毛者孕育，胎生者不殰，卵生者不殈，则乐之道归焉耳"（《礼记·乐记》）。这也就是《中庸》的"能尽物之性则可以赞天地之化育"的意思。说得有点神秘，但也并不是绝对不可能。人的创造力量发挥到极高度的时候，对于宇宙万汇是必然要起一定程度的作用的。

更进一步是把宇宙全体看为一个音乐或一座礼堂，或一座奏着音乐的庄严礼堂。"乐者天地之和也，礼者天地之序也，和故百物皆化，序故群物皆别。"到这儿为止我们看到音乐的崇高性逐渐上升，作者的精神也逐渐亢扬，把音乐的赞美推崇到至高无上的地位，很有点类似希腊皮它果拉司①派的宇宙观。但从这儿打一个倒提下来，便成为了神秘的观念论：

> **乐由天作，礼以地制……明于天地，然后能兴礼乐。**
>
> **大乐与天地同和，大礼与天地同节，和故百物不失，节故祀天祭地。**
>
> **明则有礼乐，幽则有鬼神，如此则四海之内合敬同爱矣。**

这个观念论到了吕不韦时代便固定下来了。且听那时代的人说："音乐之所由来者远矣，生于度量，本于太一。太一出两仪，两仪出阴阳。阴阳变化，一上一下，合而成章……万物所出，造于太一，化于阴阳。萌芽始震，凝寒以形；形体有处，莫不有声；声出于和，和出于适；先王定乐，由此而生。"（《吕氏春秋·大乐》）就这样音乐便倒立了起来。神的产生也刚好是这样。

于是制礼作乐的人也就成为圣，成为神。"知礼乐之情者能作，识礼乐之文者能述。作者之谓圣，述者之谓明。""致乐以治心则易直子谅之心油然生矣。易直子谅之心生则乐，乐则安，安则久，久则天，天则神。天则不言而信，神则不怒而威。""情深而文明，气盛而化神。"（《乐记》）

公孙尼子之后，凡谈音乐的似乎都没有人能跳出他的范围。

《尚书·尧典》（伪古文分入《舜典》）有这样的几句话："诗言志，歌永言，声依永，律和声，八音克谐，无相夺伦，神人以和。"这和《乐记》的理论颇有平行。《尧典》我认为是子思依托的，子思是与公孙尼子同时代的人，很可以有同样程度的思想。

再后一辈的人如孟子，虽然很少谈乐，但他谈到的地方都不免有公孙尼子的气息。如他说："今之乐犹古之乐也……与百姓同乐则王矣。"（《梁惠王下》）又如以音乐的语汇来赞美孔子为集大成："集大成也者金声而玉振之也。金声也者始条理也，玉振之也者终条理也。始条理者智之事也，终条理者圣之事也。"（《万章下》）又如以礼之实为仁义之节文，乐之实为乐行仁义，"乐则生矣，生则恶可已也？恶可已则不知足之蹈之，手之舞之。"（《离娄上》）

荀子的《乐论篇》差不多整个是《公孙尼子》的翻版。所谓"乐统同，礼辨异"，所谓"乐者天下之大齐（《乐记》作'天地之命'），中和之纪"，所谓"以道制欲则乐而不乱，以欲忘道则惑而不乐"，我们也看不出有什么特创的见解。

一九四三年九月五日

追　记

本文草成后，由友人处借得钱穆所著《先秦诸子系年》一书。见其所述公孙尼子，与余所见者可云正反。今摘录之如次，而略加以辩驳：

《隋志·公孙尼子》一卷云："似孔子弟子。"又《隋书·音乐志》引沈约《奏答》，谓《乐记》取《公孙尼子》。《礼记正义》引刘瓛云：

"《缁衣》公孙尼子作。"余考《缁衣篇》文多类《荀子》。《乐记》剿袭《荀子》、《吕览》、《易系》诸书，其议论皆出荀后。则公孙尼子殆荀氏门人，李斯、韩非之流亚耶？沈钦韩曰，"《荀子·强国篇》称公孙子语"，则其为荀氏门人信矣……《汉志》谓是"七十子弟子"者已失之，《隋志》乃谓其"似孔子弟子"，则所失益远矣。（原书第四五九页）

今案据同一沈约《奏答》"《中庸》、《表记》、《坊记》、《缁衣》皆取《子思子》"，与《正义》所引刘说不同。就《缁衣》文体以觇之，与《中庸》《表记》《坊记》为近，而与《乐记》实相远，可证《缁衣》与《乐记》断非一人之作，则刘氏云云实出于误记无疑。故欲论公孙尼子，刘说殊不足据。（据余所见，《表记》《坊记》《缁衣》均系依托。）

其次，《乐记》文固有与《荀子》《吕览》《易系》诸书同者，然亦无缘遽可断定《乐记》出于"剿袭"。《吕览》本成于杂纂，《易系》亦系秦、汉之际的儒者所为。荀子虽是富有特创性的大儒，但其《乐论篇》在全书中旧独无注，且其"吾观于乡而知王道之易易也"一节，同在《礼记·乡饮酒义》，而彼冠有"孔子曰"，此却无，则《乐论篇》盖亦出于荀门之杂纂。情形如此，故与其谓《乐记》出于"剿袭"，毋宁认《乐论》《吕览》《易系》诸书之出于剿袭之为宜。然为慎重起见，余于与《荀子》及《易系》相同之语，于文中则概予保留，盖《公孙尼子》原书已失，《乐记》本经汉儒纂录，究无法证明是否公孙尼子原文也。

"议论皆出荀后"一语尤有大病。即如论性一节便与荀子性恶说全异。荀子既主性恶，故对于文物术数之用均认为外铄，而独于乐则认为"中和之纪，人情之所必不免"，又谓"穷本极变，乐之情也，著诚去伪，礼之经也"（《荀子·乐论》），与其学说实相刺谬。然此等语在《乐记》中却甚为从顺，并不能感觉到有若何的矛盾。

《强国篇》的"公孙子"是否就是公孙尼子，还不敢断定。但即使认其为是，观其征引其说而尊称之曰"子"，与其断定为"荀氏门人"，何如断定为荀氏先辈之更为合理呢！《公孙尼子》原书已佚，今日所能接近者，仅《乐记》中所保留的断简残篇，然在班固乃至长孙无忌的当时，原书尚在，前人下论必另有依据。仅据断残的资料与推臆而欲推翻旧说，勇则勇矣，所"失"实难保不比长孙无忌更"远"了。

一九四三年九月八日追记

注释

①今译毕达哥拉斯。——编者注

述吴起

一

吴起在中国历史上是永不会磨灭的人物，秦以前作为兵学家是与孙武并称，作为政治家是与商鞅并称的。然而在班固的《古今人表》上，商鞅被列为中上等，孙武被列为中中等，吴起被列为中下等，这不知道是以什么为标准。其实在这三个人物里面，吴起的品格应该要算最高，列为上下等的所谓"智人"，应该是不会过分的。

二

关于吴起的身世，司马迁曾为之列传，虽然不甚详细，但也可以说是娱情聊胜无的。据列传，我们知道：吴起是卫人，尝学于曾子；曾仕鲁，仕魏，后入于楚而死于楚悼王二十一年。吴起的死年是确定的，因此他的年龄我们也约略可以推定。

楚悼王二十一年即周安王二十一年（约当公元前三八一年），上距孔子之卒（前四七九）九十八年。孔子卒时年七十三岁，传言起尝学于曾子，《吕氏春秋·当染篇》亦云然，曾子少孔子四十六岁，则孔子死时，曾子年二十七。又《儒林列传》言其"受业于子夏"，子夏少孔子四十四岁，孔子卒时，子夏年二十九。

子夏年甚寿，"居西河教授，为魏文侯师"。《史记·年表》于魏文侯十八年书"受经子夏"，于时子夏盖八十岁。（依《年表》当已一百岁，此别有所据，说明详下。）吴起在魏适当魏文、武二侯两代，故起得师事子夏是无甚问题的。问题是他师事曾子的年代。要解决这个问题，当先解决吴起何时去鲁。在这儿《韩非·说林上》有一段故事可以作为线索。

> 鲁季孙新弑其君，吴起仕焉。或谓起曰："夫死者始死而血，已血而衄，已衄而灰，已灰而土。及其土也，无可为者矣。今季孙乃始血，其毋乃未可知也。"吴起因去，之晋。

此言季孙弑君，未言所弑者何君。哀公曾攻季氏，反为三桓所攻而出奔，被国人迎归而卒于有山氏。死非被弑。且哀公之死下距楚悼王之死八十九年，吴起如得及哀公，则其死时当在一百岁以上，殊觉不合。

鲁哀公之后为悼公，三十七年卒，下距楚悼王之卒五十二年。悼公之后为元公，二十一年卒，下距楚悼王之卒三十一年。元公之后为穆公，三十三年卒，卒年已在悼王之后。故被弑之鲁君如非元公，必为悼公。二公虽无被弑的明文，然据《韩非子·难三》，批评鲁穆公时事，有"鲁之公室，三世劫于季氏"之语，足证穆公之前哀悼元三世均曾为季氏所劫，则悼公与元公均曾被弑，都是可能的。

吴起在鲁既然从政，且曾为鲁将，则其去鲁之年至少当得有二十五岁。今假定被弑者为悼公，则吴起死时将近八十或过之；如为元公，则仅五十余岁，至多亦无过六十，揆诸情理及其他关于吴起逸事（如公叔尚主之谋），自以后说为合理。

是则吴起去鲁在鲁元公二十一年，当魏文侯三十九年，周威烈王十八年。（此据《竹书》文侯在位五十年而定。）"曾子年七十而卒"（《阙里文献考》），当卒于鲁悼、元二公之际，吴起在鲁之年曾子应已早卒，吴子不得及其门。唯王应麟《考证》引刘向《别录》叙《左氏春秋》之源流，言"左丘明授曾申，申授吴起"，则吴起所师者，乃曾申而非曾参。《左氏》传授之说虽不足信，曾吴师承关系则较可信，至少可作为东汉人对于"曾子"之一种解释。盖曾参固称曾子，其子曾申亦可称曾子也。

据《史记·年表》，楚悼王二十一年当魏武侯六年，然而在《魏世家》中却有"武侯九年使吴起伐齐至灵丘"之记载。这儿也不免是一个问题。但这个问题很容易解决。那是司马迁自己弄错了。

司马迁在三晋范围内的纪年所弄出的错误最大，也最多，幸好有司马贞的《索隐》替我们保存了些散佚了的资料，我们得据以校正。今就与本文有关者汇列如次：

	《史记》	《索隐》
《魏世家》	（1）三十八年文侯卒。 （2）魏武侯元年赵敬侯初立。 （3）二年城安邑王垣。 （4）十六年武侯卒。	（1）《纪年》云五十年卒。 （2）《纪年》云魏武侯元年当赵烈侯之十四年。 （3）《纪年》，十一年城洛阳及安邑王垣。 （4）《纪年》云武侯二十六年卒。
《韩世家》	（1）九年景侯卒，子列侯取立。 （2）十三年列侯卒，子文侯立。是岁魏文侯卒。 （3）十年文侯卒，子哀侯立。哀侯元年与赵、魏分晋国。二年灭郑，因徙都郑。	（1）《世本》作武侯也。 （2）《纪年》无文侯，《世本》无列侯。 （3）《纪年》，魏武侯二十一年韩灭郑，哀侯入于郑。二十二年晋桓公邑哀侯于郑。
《赵世家》	（1）九年烈侯卒，弟武公立。 （2）武公十三年卒。赵复立烈侯太子章，是为敬侯。是岁魏文侯卒。	（1）谯周云，《世本》及说赵语者并无其事。 （2）沫若案当作"二十二年烈侯卒。"

据此可知《史记》与《竹书纪年》《世本》及其他古籍颇多龃龉，主要的是把魏武侯少算了十年。魏武侯元年既当赵烈侯十四年，则应该上推十年。于是武侯元年便当楚悼王六年。又把魏文侯少算了十二年，递次上移，则魏文侯元年应当周定王二十五年，鲁悼公二十二年。在这时子夏的年龄六十二岁，再隔十八年，子夏八十岁，文侯要从他受经，在情理上也比较说得过去。故吴起得事子夏，也是没有问题的。

三

吴起是一位兵学家，这是古今来的定评。他不仅会带兵，会打仗，而且还是一位军事理论家。他的著作在战国末年和汉初是很普及的。

《韩非·五蠹篇》："境内皆言兵，藏孙、吴之书者家有之。"

《史记·吴起传》："世俗所称师旅，皆道《孙子十三篇》，《吴起兵法》，世多有。"

《汉书·艺文志·兵书略》有"《吴起》四十八篇"，属于"兵权谋"类，"权谋者，以正守国，以奇用兵，先计而后战，兼形势，包阴阳，用技巧者也"。但可惜这书是亡了。现存的《吴子》，仅有《图国》《料敌》《治兵》《论将》《应变》《励士》，共六篇，总计不上五千字，半系吴起与魏文、武二侯之间答，非问答之辞者率冠以"吴子曰"。辞义浅屑，每于无关重要处袭用《孙子兵法》语句；更如下列数语，则显系袭用《曲礼》或《淮南子·兵略训》。

> 无当天灶，无当龙头。天灶者，大谷之口；龙头者，大山之端。必左青龙，右白虎，前朱雀，后玄武，招摇在上，从事于下。（《治兵》第三）
>
> 行，前朱鸟而后玄武，左青龙而右白虎，招摇在上，急缮其怒。（《曲礼上》）
>
> 所谓天数者，左青龙，右白虎，前朱雀，后玄武。（《淮南·兵略训》）

四兽本指天象，即东方之角亢为青龙，西方之参井为白虎，南方之星张为朱雀，北方之斗牛为玄武，而《吴子》所说则似乎已转而为地望。像这样的含混不明，则语出剿袭，毫无可疑。且此四兽之原型始见《吕氏春秋·十二纪》，所谓：

> 春……其虫鳞。
>
> 夏……其虫羽。
>
> 秋……其虫毛。

冬……其虫介。

《墨子·贵义篇》言五方之兽则均为龙而配以青黄赤白黑之方色。此乃墨家后学所述，当是战国末年之事。若更演化而为四兽，配以方色，则当更在其后。用知四兽为物，非吴起所宜用。故今存《吴子》实可断言为伪。以笔调觇之，大率西汉中叶时人之所依托。王应麟云："《隋志·吴起兵法》一卷。今本三卷六篇，《图国》至《励士》，所阙亡多矣。"王所见者已与今本同，则是原书之亡当在宋以前了。

又《艺文志》杂家中有《吴子》一篇，不知是否吴起，然其书亦佚。或者今存《吴子》即是此书，被后人由一篇分而为六篇的吧？

四

大约就因为吴起是一位有名的兵法家，所以关于他便不免有好些类似神话的传说。例如杀妻求将便是一个很有名的故事。这故事出于本传，然传文所据却只是一篇蓄意中伤的谣言。

> 吴起事鲁君，齐人攻鲁，鲁欲将吴起。吴起取齐女为妻，而鲁疑之。吴起于是欲就名，遂杀其妻，以明不与齐也。鲁卒以为将。将而攻齐，大破之。鲁人或恶吴起曰："起之为人，猜忍人也。其少时家累千金，游仕不遂，遂破其家，乡党笑之。吴起杀其谤己者三十余人，而东出卫郭门。与其母诀，啮臂而盟曰：起不为卿相，不复入卫。遂事曾子。居顷之，其母死，起终不归。曾子薄之，而与起绝。乃之鲁，学兵法以事鲁君，鲁君疑之，起杀妻以求将。夫鲁小国而有战胜之名，则诸侯图鲁矣。且鲁、卫兄弟之国也，而君用起，则是弃卫。"鲁君疑之，谢吴起。吴起于是闻魏文侯贤，欲事之。文侯问李克曰："吴起何如人哉？"李克曰："起贪而好色。然用兵，司马穰苴不能过也。"于是魏文侯以为将，击秦，拔五城。

除本传之外，别的书上还没有看见过这同样的记载，司马迁自必有所本，但所本的恐怕也只是那位"鲁人"的"或恶"吧。但那位"鲁人"的"或恶",从头至尾纯是中伤。我想,假如不是魏国的嫉妒吴起者如王错之流,便一定是后来楚国的那些把吴起射杀了的反动贵族所假造出来的。在卫曾杀人或许是事实,但不必一定是因为受了人"笑",受了人"谤"。杀人亡命,故母死也不敢回卫奔丧,这怕也是事实,但不必一定是因为不孝。然而"猜忍"到要把自己的妻子杀了去求做官,是怎么也难使人相信的事。而且关于吴起的妻却有另外一种传说,见《韩非子·外储说右上》:

> 吴起,卫左氏中人也。使其妻织组,而幅狭于度,吴子使更之。其妻曰诺。及成,复度之,果不中度。吴子大怒。其妻对曰:"吾始经之,而不可更也。"吴起出之。其妻请其兄而索入。其兄曰:"吴子为法者也。其为法也,且欲以与万乘致功,必先践之妻妾,然后行之。子毋几索入矣。"其妻之弟又重于卫君,乃因以卫君之重请吴子。吴子不听。遂去卫而入荆也。
>
> 一曰:吴起示其妻以组,曰:"子为我织组。令之如是。"组已就而效之,其组异善。起曰:"使之为组,令之如是,而今也异善,何也?"其妻曰:"用财若一也,加务善之。"吴起曰:"非语也!"使之衣而归。

一件事有两种说话,这也表明传说的性质是如此。造这个传说的比较没有什么恶意,目的是想表示吴起重法或重信,因为立法无私,故尔即犯小罪,虽妻必出。这也就跟后人所造的戚继光斩子之类的传说一样,多少是把吴起神化了。

这第二个传说中的"妻"当然不是在鲁被杀了的"妻",在鲁者杀,在卫者出,吴起真可算得是一位克妻的健将啦。照道理讲应该不会再有人许老婆给他了,然而在本传里面却又有一个故事,魏武侯要使他尚公主。

> 公叔为相,尚魏公主而害吴起。公叔之仆曰:"起易去也。"公叔曰:"奈何?"其仆曰:"吴起为人节廉而自喜名也,君因先与武侯言曰:夫吴起贤人也,而侯之国小,又与强秦壤界,臣窃恐起之无留心也。武侯即曰奈何? 君因谓武侯曰,试延以公主,起有留心,则必受之,无留心,则必

辞矣。以此卜之。君因召吴起而与归，即令公主怒而轻君，吴起见公主之贱君也，则必辞。"于是吴起见公主之贱魏相，果辞魏武侯。武侯疑之而弗信也，吴起惧得罪，遂去，即之楚。

这也一定是莫须有的传说：因为吴起的年纪应该和魏武侯不相上下，怎么能够尚他的公主？而且他在去楚时是已经老了。不过在这个故事里面可以看出吴起当时没有妻，也足以反证在卫出妻的故事只是小说。还有值得注意的，吴起在公叔之仆的眼里是一位"节廉而自喜名"的"贤人"，和同一传中的鲁人以为"猜忍人"，李克以为"贪而好色"的，全相矛盾。司马迁在这些地方并不想稍微统一它一下子，足见古人作文章实在也是随便得很。更还有值得注意的，这谗害吴起的公叔即魏公叔痤（《索隐》以为韩之公侯，此据《史记考证》），却又是一位念念不忘吴起的好人，《战国策·魏策》中有一段故事是这样告诉我们的：

> 魏公叔痤为魏将，而与韩、赵战浍北，禽乐祚。魏王悦，郊迎，以赏田百万禄之。公叔痤反走，再拜辞曰："夫使士卒不崩，直而不倚，拣挠而不辟者，此吴起余教也，臣不能为也。前脉地形之险阻，决利害之备，使三军之士不迷惑者，巴宁、爨襄之力也。县赏罚于前，使民昭然信之于后者，王之明法也。见敌之可击，鼓之而不敢怠倦者，臣也。王特为臣之右手不倦，赏臣可也？若以臣之有功，臣何功之有乎？"王曰善。于是索吴起之后，赐之田二十万；巴宁、爨襄田各十万。王曰："公叔岂非长者哉？既为寡人胜强敌矣，又不遗贤者之后，不拚能士之迹，公叔何可无益乎？"故又与田四十万，加之百万之上，使为百四十万。故老子曰："圣人无积，既以为人，己愈有；既以与人，己愈多。"公叔当之矣。

像这样，这位公叔又是一位"长者"，而且是"圣人"。这位公叔，就是后来要死的时候，劝惠王用他的部下公孙鞅（商鞅），不用便请杀他的人，大约本来是一位伪善者也说不定，不过害吴起的人在别的书上说是王错，并不是他。他既是晓得尊重"吴起余教"，而使"吴起之后"得田的人，看来总不会是怎样的坏蛋，尚公主的阴谋总当得是莫须有的事。

究竟什么是"吴起余教"？在这儿却值得追求。《汉书·刑法志》有一个线索："雄杰之士，因势辅时，作为权诈，以相倾覆。吴有孙武，齐有孙膑，魏有吴起，秦有商鞅，皆禽敌立胜，垂著篇籍。当此之时，合从连衡，转相攻伐，代为雌雄。齐闵以技击强，魏惠以武卒奋，秦昭以锐士胜。世方争于功利，而驰说者以孙、吴为宗。"由这个叙述看来，可以知道魏之"武卒"便是"吴起余教"。魏之武卒是怎样的编制呢？《志》文引孙卿语曰："魏氏武卒，衣三属之甲，操十二石之弩，负矢五十个，置戈其上，冠胄带剑，赢三日之粮，日中而趋百里。中试则复其户，利其田宅。"这是采自《荀子》的《议兵篇》，文字略有损削。荀子对于武卒的批评是："是数年而衰，而未可夺也，改造则不易周也，是故地虽大，其税必寡，其危国之兵也。"这批评是相当正确的，但是要补救也很容易，只要制出一定的服役年限，在役时"复其户，利其田宅"，退役时则否，这样便不致"数年而衰"。这点程度的补救，吴起一定是想得到的。但"魏氏武卒"结果是衰了，那是因为吴起走了，没有人继承"改造"的原故。据这看来，可见吴起是我国施行征兵制的元祖。

五

关于吴起也还有一些好的传说，但多少都有些神话化的意味，颇难使人尽信。

> 吴起出遇故人而止之食，故人曰诺。期返而食。吴子曰："待公而食。"故人至暮不来，吴起至暮不食而待之。明日早，令人求故人。故人来，方与之食。（《韩非子·外储说左上》）

这是说吴起重信用，差不多有点像尾生抱桥柱的味道。顿把晚饭不吃倒也容易熬过的，或许吴起等得太晚了，"故人"又没有来，而自己也疲倦了，便自睡了，所以晚饭没有吃。到第二天把"故人"找来了又才同吃早饭，大概是实际的情形。然而在崇拜者的眼里（看他称"吴子"就可知道），这又成为"吴子"的重友谊与重信用。这在吴起应该可以说是"不虞之誉"。

吴起为魏将而攻中山。军人有病疽者，吴起跪而自吮其脓。伤者之母立而泣。人问曰："将军于若子如是，尚何为而泣？"对曰："吴起吮其父之创而父死，今是子又将死也。今吾是以泣。"（《韩非子·外储说左上》）

这故事亦见本传，引以为"起之为将，与士卒最下者同衣食，卧不设席，行不骑乘，亲裹赢粮，与士卒分劳苦"之事证。能与士卒同甘苦，共衣食，这是可以相信的，但为收士卒欢心而至于吮疽，却有点令人难以相信。因为病疽者假使他的疽是生在自己能吮的地方，他决不会让自己的主将来跪吮；假使是生在自己不能吮的地方，他的同僚也决不会让主将去跪吮而作旁观，尤其是患者的母亲也不会只是旁立而泣。一位母亲的爱儿子，比任何良将爱士卒的心总要急切些，岂有将吮而母亲不能吮的事？大约吴起当时曾经作过要跪吮的表示，结果被人替代了，但那表示被粉饰了起来，便成了佳话。认真说，照我们学过医的眼光看来，吮疽或吮创实在是最原始而又最危险的办法，不必是对于吮者危险，而是对于被吮者危险。人的嘴是很不干净的，创被吮了反而增加化脓的危机，疽假如是脓头多的所谓痈，那是愈吮愈坏。

吴起治西河，欲谕其信于民，夜日置表于南门之外，令于邑中曰："明日有人能偾南门之外表者，仕长大夫。"明日日晏矣，莫有偾表者。民相谓曰："此必不信。"有一人曰："试往偾表，不得赏而已，何伤？"往偾表，来谒吴起。吴起自见而出仕之长大夫。夜日又复立表，又令于邑中如前。邑人守门争（偾）表，表加植，不得所赏。自是之后，民信吴起之赏罚。（《吕氏·慎小》）

这也是小说的派头，俨然在做戏。其实信赏必罚是很容易见信于人的，何必要来这些花套呢？但这花套，在别的书上，面貌又不同。

吴起为魏武侯西河之守。秦有小亭临境，吴起欲攻之。不去，则甚害田者，去之，则不足以征甲兵。于是乃倚一车辕于北门之外，而令之曰："有能徙此南门之外者，赐之上田上宅。"人莫之徙也。及有徙之者，遂赐之如令。俄又置一石赤菽于东门之外，而令之曰："有能徙此于西门之外者，赐之如初。"人争徙之。乃下令曰："明日且攻亭，有能先登者，

仕之国大夫，赐之上田上宅。"人争趋之，于是攻亭，一朝而拔之。(《韩非·内储说上》)

同一故事而有这两种面貌，这与其说是传闻异辞，宁可说是古人在作小说。你看这同样的小说，在后来不是连主人公都调成商鞅了吗？

秦孝公以卫鞅为左庶长，卒定变法之令……令既具，未布，恐民之不信己，乃立三丈之木于国都市南门。募民有能徙置北门者予十金。民怪之，莫敢徙。复曰："能徙者予五十金。"有一人徙之，辄予五十金，以明不欺。卒下令，令行于民。(《史记·商鞅传》)

这与其说是商鞅蹈袭了吴起的故智，宁可以说他们两位都只是小说的主人。

六

吴起为魏守西河是很有名的事，这是可信以为事实的。他守西河的期间似乎很长。据本传："文侯以吴起善用兵，廉平，尽能得士心，乃以为西河守，以拒秦、韩。"足见他在文侯时代已镇守西河。他的被任用是出于翟璜的推荐，翟曾以此夸功，曰"西河之守臣所举也"(见《魏世家》)，也是文侯时代的事。但本传又说："魏文侯既卒，起事其子武侯……封吴起为西河守，其有声名。"这又像是从武侯时起才守西河的。《史记》行文本多疏忽，像这样前后矛盾的地方实在不少。大约武侯是加封了他的。总之我们认为起治西河颇久，不会有什么问题。

西河在黄河之西，与秦接壤，在当时的魏可以说是走廊地带。地小敌强，实在是不容易守的。吴起守着它，很得民心，使秦人不敢觊觎，这已经是难能可贵的事。当时嫉妒吴起的人一定很多。所谓"国小，又与强秦壤界……恐起之无留心"，可以作两种解释：一种是怕他独立；一种是怕他降秦，或降附别国。这的确是处在容易受谗的境地。但谗害吴起而收到成功的是王错，却不是公叔痤。这人在《吕氏春秋》中凡两见。其一为：

　　吴起治西河之外，王错谮之于魏武侯。武侯使人召之。吴起至于岸门，止车而望西河，泣数行而下。其仆谓吴起曰："窃观公之意，视释天下如释躧。今去西河而泣，何也？"吴起抿泣而应之曰："子不识。君知我，而使我毕能西河，可以王。今君听谗人之议而不知我，西河之为秦取不久矣，魏从此削矣！"吴起果去魏入楚。有间，西河毕入秦，秦日益大。此吴起之所先见而泣也。（《仲冬纪·长见》）

王错是怎么谮法被省略了，看到"吴起果去魏"一句，可知也不外乎是说他"无留心"。其次是：

　　吴起谓商文曰："事君果有命矣夫。"商文曰："何谓也？"吴起曰："治四境之内，成训教，变习俗，使君臣有义，父子有序，子与我孰贤？"商文曰："吾不若子。"曰："今日置质为臣其主安（爰）重，今日释玺辞官其主安（爰）轻，子与我孰贤？"商文曰："吾不若子。"曰："士马成列，马与人敌，人在马前，援枹一鼓，使三军之士乐死若生，子与我孰贤？"商文曰："吾不若子。"吴起曰："三者子言不吾若也，位则在吾上，命也夫事君！"商文曰："善。子问我，我亦问子。世变主少，群臣相疑，黔首不定，属之子乎？属之我乎？"吴起默然不对。少选，曰："与子。"商文曰："是吾所以加于子之上已。"吴起见其所以长而不见其所以短，知其所以贤而不知其所以不肖，故胜于西河而困于王错。（《审分览·执一》）

这段故事在本传上也有，唯商文作田文，内容略有异同，不嫌累赘，亦照录之：

　　魏置相，相田文。吴起不悦。谓田文曰："请与子论功可乎？"田文曰："可。"起曰："将三军，使士卒乐死，敌国不敢谋，子孰与起？"文曰："不如子。"起曰："治百官，亲万民，实府库，子孰与起？"文曰："不如子。"起曰："守西河而秦兵不敢东向，韩、赵宾从，子孰与起？"文曰："不如子。"起曰："此三者子皆出吾下，而位加吾上，何也？"文曰："主少国疑，大臣未附，百姓不信，方是之时，属之于子乎？属之于我乎？”起默然，良久，曰：“属之子矣。”文曰：“此乃吾所以居子之上也。”吴起乃自知弗如田文。田文既死，公叔为相。

这故事其实又是一篇小说，而且套的是翟璜和李克论相的公式。田文是孟尝君，后于魏武侯，不用说是司马迁记错了。造这个故事的大约是同情吴起的人，以为他有功应该相魏，或因他有才，希望他相魏，故造出了这种命运说，替吴起表了一番功，而且还写他虚怀若谷，有自知之明。我想，以吴起那样眷眷于西河，且"释天下如释躧"的人，他是不会这样浅薄地怨望于没有做到相位。不过他没有相魏，实在也是一件可惜的事，或者王错的谮他，也就利用了这种人们的心理，认为吴起是在怨望。

王错为什么要谮他？我看这是因为他在武侯面前受过一次吴起的指摘。《战国策·魏策》又有下列一事：

> 魏武侯与诸大夫浮于西河，称曰："河山之险不亦信固哉？"王错侍王曰："此晋国之所以强也。若善修之，则霸王之业具矣。"吴起对曰："吾君之言，危国之道也，而子又附之，是重危也。"武侯忿然曰："子之言有说乎？"吴起对曰："河山之险，信不足保也。是伯王之业，不从此也。昔者三苗之居，左有彭蠡之波，右有洞庭之水，文山在其南，而衡山在其北；恃此险也，为政不善，而禹放逐之。夫夏桀之国，左天门之阴，而右天溪之阳，庐睪在其北，伊洛出其南，有此险也，然为政不善，而汤伐之。殷纣之国，左孟门而右漳釜，前带河，后被山，有此险也，然为政不善，而武王伐之。且〔三〕君亲从臣而胜降城，城非不高也，人民非不众也，然而可得并者，政恶故也。从是观之，地形险阻奚足以伯王矣！"武侯曰："善。吾乃今日闻圣人之言也。西河之政，专委之子矣。"

这个故事也见于本传，内容大略相同，只明揭出了"在德不在险"一句，但疏忽地却把王错一名略去了。王错，《魏策》本作王锺，旧注"一作错"，证以《吕氏》，以作错者为是。此人是一个坏蛋，《魏世家》里面也有他出现，"魏罃（惠王）得王错，挟上党，固半国也"，而古本《竹书纪年》言"惠王二年魏大夫王错出奔韩"（据《史记集解》引徐广）。王错在武侯时谮走了吴起，待武侯死，子罃与公仲缓争立，王错帮忙魏罃闹内乱，韩、赵来伐，罃师大败，被虏。赵主张杀罃，立公仲缓，割地而退。韩则主张两立之，中分其国。两国不和，韩师夜去，魏因得解。二年魏败韩、赵。魏既败韩、赵，而王错乃奔韩，大约此人乃是韩国的间谍。

又《淮南·氾论训》："魏两用楼翟、吴起而亡西河。"案此乃袭用《韩非子·难一篇》"魏两用楼、翟而亡西河，楚两用昭、景而亡鄢郢"而致误。《韩子》之"楼、翟"，乃指楼鼻与翟强二人，事详《战国策·魏策三》。其时在秦乃武王时樗里子当政，于魏则为襄王，后于吴起之死七十余年。淮南门下盖误以"楼、翟"为一人，因有"亡西河"之语而加上吴起，实属画蛇添足。

吴起去魏入楚，不知究在何年。其在楚为令尹仅及"期年"，其前则曾为苑守一年，《说苑·指武篇》载其事。

> 吴起为苑守，行县，适息。问屈宜臼（《淮南》作屈宜若，案即屈宜咎，白咎音近，若乃字之误也）曰："王不知起不肖，以为苑守，先生将何以教之？"屈公不对。居一年，王以为令尹，行县，适息。问屈宜臼曰："起问先生，先生不教，今王不知起不肖，以为令尹，先生试观起为之也。"屈公曰："子将奈何？"吴起曰："均尊楚国之爵而平其禄，损其有余而继其不足，厉甲兵以时争于天下。"

《淮南·道应训》亦载此事，然略去了为苑守的一节。为苑守一年，为令尹一年，则吴起在楚至少当得有三年，而吴起之入楚则当在楚悼王十八年，魏武侯之十三年。治楚的三大政策，《淮南》作"将衰楚国之爵而平其制禄，损其有余而绥其不足，砥砺甲兵时争利于天下"，文字虽小异而实质全同。尊爵以质言，衰爵以量言，衰者减也，尊其质则减其量矣。故《淮南·泰族训》又言："吴起为楚张减爵之令而功臣畔。"或说尊为撙省，亦可通。

关于他如何推行这些政策，可惜我们无从知道他的详细，但从一些遗闻逸事中也可以略略探索得一些眉目，兹就各书所见者，就我所能采集的范围内，一一胪列于后。

一、《史记》本传："楚悼王素闻起贤，至则相楚（此有误，当据《说苑》）。明法审令，损不急之官，废公族疏远者，以抚养战斗之士，要在强兵，破驰说之言从横者。于是南平百越，北并陈、蔡，却三晋，西伐秦。诸侯患楚之强，故楚之贵戚尽欲害吴起。及悼王死，宗室大臣作乱而攻吴起。吴起走之王尸而伏之，击起之徒因射刺吴起，并中悼王。悼王既葬，太子立，乃使令尹尽诛射吴起而并中王尸者。坐射起而夷宗死者七十余家。"

二、《吕氏·贵卒篇》："吴起谓荆王曰：'荆所有余者地也，所不足者民也。今君王以所不足益所有余，臣不得而为也。'于是令贵人往实广虚之地，皆甚苦之。荆王死，贵人皆来。尸在堂上，贵人相与射吴起。吴起号呼曰：'吾示子吾用兵也！'拔矢而走，伏尸，插矢，而疾言曰：'群臣乱王，吴起死矣。'且荆国之法，丽兵于王尸者尽加重罪，逮三族。吴起之智，可谓捷矣。"

三、《韩非·和氏篇》："吴起教楚悼王以楚国之俗曰：'大臣太重，封君太众。若此，则上逼主而下虐民。此贫国弱兵之道也。不如使封君之子孙三世而收爵禄（《喻老篇》"楚邦之法，禄臣再世而收地"，如父世不算，只计子孙，则为再世），绝灭（裁减）百吏之禄秩，损不急之枝官，以奉练选之士。'悼王行之期年而薨矣，吴起枝解于楚。"

四、《战国策·秦策》载范雎与蔡泽论吴起："吴起事悼王，使私不害公，谗不蔽忠，言不取苟合，行不取苟容，行义不顾毁誉，必有伯主强国，不辞祸凶。"（范雎语）"吴起为楚悼罢无能，废无用，损不急之官，塞私门之请，一楚国之俗，南收扬、越，北并陈、蔡，破横散从，使驰说之士无所开其口。功已成矣，卒支解。"（蔡泽语）（此项亦见《史记·蔡泽列传》，辞意大略相同。）

五、《吕氏·义赏篇》："郢人之以两版垣也，吴起变之而见恶。"注："楚人以两版筑垣，吴起……教之用四，楚俗习久，见怨也。"

吴起在楚的一段生活，怕是他平生最得意的时候。得到楚国那样可以有为的大国，又得到悼王那样信任专一的君主，看他的确是雷厉风行地放手在做，那际遇和作风很和商鞅日后在秦孝公下边所干的相同，但有不同的是吴起更要爱民一点。看他教人以四版筑墙，可见在怎样小的节目上他都在注意改善民生。为苑守，为令尹，两次都向保守派的屈宜臼请教，也无疑地是表现着大政治家的风度。

我说屈宜臼是保守派，这可不是信口开河。你看他对吴起大拿身份，一次不开腔，二次不开腔，等到一开金口说出的第一句话却是："吾闻昔善治国家者不变故，不易常。今子将均楚国之爵而平其禄，损其有余而继不足，是变其故而易其常也。"完全是一位老顽固，他并不说别人的政策如何要不得，或行了会有怎样的患害，而只是说反乎古，异乎常，如此而已。第二句话呢，又是反对用兵。"且吾闻：兵者凶器也，争者逆德也。今子阴谋逆德，好用凶器，殆人所弃，逆之至也。淫洗之事也，行者不利。"看这光景，这位屈公不是墨家便是一位道家，他要反对儒家的吴起，自也是理所当然的。最可恶的是他抹杀别人的劳绩，把别人比较有光辉的历史说得一钱不值。他说："且子用鲁兵，不宜得志于齐而得志焉。子用魏兵，不宜得志于秦而得志焉。"这不正是吴起的过人之处吗？然而一转却是："吾闻之曰，'非祸人不能成祸'，吾固怪吾王之数逆天道，至今无祸，嘻，且待夫子也。"像这样毁灭别人的荣誉，当面骂人为"祸人"，足见屈公是怎样一位顽固党；而吴起仍不动声色，与之委蛇到底，又足见吴起是怎样一位有修养的贤士了。而且从屈公的话中还可以见到楚悼王是怎样一位振作有为的明主：屈公说他"数逆天道"，足证他平常就极重改革，他能重用吴起而信任吴起，是有由来的。但可惜悼王是早死了一点。假使让吴起在楚国多做得几年，使他的政治得以固定下去，就和商鞅日后在秦的一样，行了法二十二年，虽然死了，法也没有变动，那么战国时代的中国，恐不必等到秦国来统一了。在这儿也实在可以说是有幸有不幸。因此，吴起在秦以前颇受人同情，如《韩非·问田篇》云："楚不用吴起而削乱，秦行商君而富强。"又《难言篇》云："吴起技泣于岸门，痛西河之为秦，卒枝解于楚。"悼惜之情可见。

悼王既死，吴起遭难，虽然接着被夷灭的反动宗族"有七十余家"，但那仅为的射了王尸，而不是因为他们政治的反动，杀了吴起。所以吴起之法结果是被楚国废了，我们所知道的，就只能靠上举各书中所摘述的一点点史影而已。但在这儿，吴起实充分地表示出了一位革命政治家的姿态。他的政治主张，很明显的是：

一、抑制贵族的权势，充裕民生；

二、节省骈枝的浪费，加强国防；

三、采取移民的政策，疏散贵族；

四、屏除纵横的说客，统一舆论；

五、严厉法令的执行，集权中央。

这些倾向差不多也就是后来商鞅所行于秦的办法，商鞅也是卫人，说不定他们还有点师弟关系吧？但至少商鞅是受了吴起的精神上的影响，我看，是毫无问题的。

关于吴起之死，如上所述，或称射杀，或称枝解，然亦有称为车裂者。如《淮南·缪称训》、《氾论训》及《韩诗外传》卷一均言："吴起刻削①而车裂。"《墨子·亲士篇》亦云："吴起之裂，其事也。"这在表面上虽觉得有些歧异，但也可以说得通。便是那些反动贵族先把吴起射杀了之后，遗忿未尽，更从而枝解之，而枝解时则是用的车裂法。那些反动家伙的兽性，可以说是发挥得淋漓尽致了。

八

吴起的失败，在旧时是认为遭了贵戚的积怨，就是反动的守旧势力阻挠了革命势力，这是没有问题的。但在这之外，还蕴藏着一段当时的思想界的斗争，却被人忽略了。

吴起尽管是兵家、政治家，但他本质是儒。不仅因为他曾经师事过子夏与曾申，所以他是儒，就是他在兵法上的主张、政治上的施设，也无往而不是儒。据我看来，要他才算得是一位真正的儒家的代表，他是把孔子的"足食足兵"，"世而后仁"，"教民即戎"，反对世卿的主张，切实地做到了的。像他对于魏武侯所说的"在德不在险"的做言，不全是儒家口吻吗？此外，还有一段话见《荀子·尧问篇》：

> 魏武侯谋事而当，群臣莫能逮，退朝而有喜色。吴起进曰："亦尝有以楚庄王之语，闻于左右者乎？"武侯曰："楚庄王之语何如？"吴起对曰："楚王谋事而当，群臣莫逮，退朝而有忧色。申公巫臣进问曰：王朝而有忧色何也？庄王曰：不穀谋事而当，群臣莫能逮，是以忧也。其在中蘬（仲虺）之言也，曰：诸侯自为得师者王，得友者霸，得疑者存，自

为谋而莫己若者亡。今以不穀之不肖，而群臣莫吾逮，吾国几于亡乎？是以忧也。楚庄以忧而君以喜。"武侯逡巡再拜曰："天使夫子振寡人之过也。

这同一故事亦见《新序·杂事一》及《吕氏春秋·恃君览·骄恣篇》，但《吕览》作为李悝。荀子在前，应该更要可靠些的。看这论调，不也纯全是儒家的风度吗？像这种君须"恭己正南面"的儒家主张，和道家的"无为"、法家的尚术固是两样，而和墨家的"尚同"也根本不同。在吴起得志的时候，一些思想立场不同的当时的学者是取着怎样的态度呢？前面所引屈宜臼的一段故事，已可以窥见一斑。此外还有一件更重要的故事：

> 墨者钜子孟胜，善荆之阳城君。阳城君令守于国，毁璜以为符。约曰："符合，听之。"荆王薨，群臣攻吴起，兵于丧所，阳城君与焉。荆罪之，阳城君走，荆收其国。（《吕氏春秋·上德》）

这一段故事，本来还有下文，孟胜遣人把"钜子"的衣钵传给宋国的田襄子之后，他和他的弟子百八十五人都为阳城君殉了难。钜子在墨家是教主的地位，大约这时候墨翟、禽滑釐均已过世，孟胜大概就是第三世教主吧。孟胜在做阳城君的老师，他的弟子们在做臣下，而阳城君却是反对吴起的一位头目。他把后方托给孟胜，而自己去参加或领导叛变，我们能够说孟胜是没有通谋的吗？这儿真是中国学术史上的一个大关键，余别有《墨子的思想》一文论及之，在此不再赘述。我们从这样的观点上看来，吴起不竟直可以说是一位殉道者吗！

九

最后关于吴起传《春秋》一事在这儿也很值得讨论。这项说法较晚，仅见刘向《别录》："左丘明授曾申，申授吴起，起授其子期，期授楚人铎椒。铎椒作《抄撮》八卷授虞卿，虞卿作《抄撮》九卷授荀卿。卿授张苍。"（见王应麟《考证》引）本来《春秋左氏传》是刘歆割裂古史搀杂己见而伪托的，这个传授系统自然是大有问题。不过制作这个传统的人突然牵涉到吴起上来，却是值得注意的事。而且左丘明的问题也值得联带着解决。

因左氏的伪托，连左丘明的存在也都成了问题。有好些学者连这个人名都认为是假造的。《论语》上的"巧言令色足恭，左丘明耻之，丘亦耻之；匿怨而友其人，左丘明耻之，丘亦耻之"；据说这也是刘歆的窜入。这怀疑，在我看来，未免有点过火。

照《论语》的文气上看来，左丘明这个人不应该是后辈，而应该在孔子之前。假如那两句是刘歆窜入的，那应该说"丘耻之，左丘明亦耻之"才顺当而合理。然而原文并不是这样，这已可证明窜入说实在有些勉强。而司马迁的《史记自序》言"左丘失明，厥有《国语》"。同语又见其《报任少卿书》，书中更说道："左丘明无目，孙子断足，终不可用，退而论书策以舒其愤，思垂空文以自见。"这些假如也都说是窜入，那么假托者何苦一定要把左氏弄成瞎子呢？根据这，可知左丘明者即左丘盲，这个人不会是假的。

这位左丘盲究竟是什么人呢？据我看来应该就是楚国的左史倚相。《左氏》昭公十二年："王（楚灵王）出复语，左史倚相趋过。王曰是良史也，子（右尹子革）善视之，是能读《三坟》《五典》《八索》《九丘》。"杜注："倚相楚史名。"《国语·楚语》也有倚相与申公辩论的一节，而自称其名为倚相。但这以倚相为名号我觉得很有意思。相者扶工也，古者盲瞽必有相。那么这左史倚相岂不就是左丘盲吗？看来此公是以官为氏而省称曰左，如申屠本为司徒，而省称申（亦有因地而得之申，与此有别），关龙本为豢龙，而省为关，漆雕当亦职名，而省为漆为周之类。丘为其名。因失明而称之曰盲，曲饰之则曰明。己则自号为倚相，或竟以之更易其旧名，如兀者叔山无趾（《庄子·德充符》）之类。这样解释是没有什么牵强的。更以年代来说，鲁昭公十二年，时孔子二十二岁，则左史在年龄上正为孔子的先辈，故孔子称述之。

再者，左史之所以成盲，当系因触犯忌讳而被矐，这由司马迁文可以证知。"文王拘而演《周易》；孔子厄而作《春秋》；屈原放逐，乃赋《离骚》；左丘失明，厥有《国语》；孙子膑足，《兵法》修列：不韦迁蜀，世传《吕览》；韩非囚秦，《说难》、《孤愤》。"[②]文王、孔子、屈原、孙膑、不韦、韩非，均由触犯忌讳而遭人祸，故左丘之失明亦必不是天灾。世有以"子夏丧子失明"说之者，于事殊为不类。

知左史即左丘明，本为楚史，则《史记·十二诸侯年表序》所谓"鲁君子左丘明惧弟子人人异端，各安其意，失其真，故因孔子史记，具论其语，成《左氏春秋》"，确是后人所窜入的了。

左史既"能读《三坟》《五典》《八索》《九丘》"，读者说也，自当能纂述《国语》。但所谓"《国语》"不必为左史一人所作，其所作者或仅限于《楚语》，所谓"《梼杌》"之一部分。其书必早已传入于北方，故孔子称之。吴起去魏奔楚而任要职，必已早通其国史；既为儒者而普仕于鲁，当亦曾读鲁之"《春秋》"；为卫人而久仕于魏，则晋之"《乘》"亦当为所娴习；然则所谓"《左氏春秋》"或"《左氏国语》"者，可能是吴起就各国史乘加以纂集而成。（参取姚姬传、章太炎说。）③吴起乃卫左氏人，以其乡邑为名，故其书冠以"左氏"。后人因有"左氏"，故以左丘明当之，而传授系统中又不能忘情于吴起，怕就是因为这样的原故吧。

《说苑·建本篇》有"魏武侯问元年于吴子"事：

> 魏武侯问元年于吴子。吴子对曰："言国君必慎始也。""慎始奈何？"曰："正之。""正之奈何？"曰："明智。智不明何以见正？多闻而择焉，所以明智也。是故古者君始听治，大夫而一言，士而一见，庶人有谒必达，公族请问必语，四方至者勿距，可谓不壅蔽矣。分禄必及，用刑必中，君心必仁。思民之利，除民之害，可谓不失民众矣。君身必正，近臣必选，大夫不兼官，执民柄者不在一族，可谓不（擅）权势矣。此皆《春秋》之意，而元年之本也。"

吴起同时是一位史家，由这也可以证明。学者对于这项资料，每每怀疑，但这儿所说的话，并没有什么因袭的痕迹，而和吴起后来在楚国所施行的政见也很一致，我敢于相信刘向是一定有所本的。吴起既是儒家，要谈谈《春秋》，也并不是怎样不合理。

更进，我还疑心吴起在魏文侯时曾经做过魏国的史官，魏文侯时有一位史起，大约就是吴起。且看《吕氏春秋·乐成篇》上的这段故事吧：

魏襄王与群臣饮酒，酣，王为群臣祝，令群臣皆得志。史起兴而对曰："群臣或贤或不肖，贤者得志则可，不肖者得志则不可。"王曰："皆如西门豹之为人臣也。"史起对曰："魏氏之行田也以百亩，邺独二百亩，是田恶也。漳水在其旁而西门豹弗知用，是其愚也。知而弗言，是不忠也。愚与不忠，不可效也。"魏王无以应之。明日召史起而问焉。曰："漳水犹可以灌邺田乎？"史起对曰："可。"王曰："子何不为寡人为之？"史起曰："臣恐王之不能为也。"王曰："子诚能为寡人为之，寡人尽听子矣。"史起敬诺。言之于王曰："臣为之，民必大怨。臣，大者死，其次乃藉臣。臣虽死藉，愿王之使他人遂之也。"王曰诺。使之为邺令。史起因往为之，邺民大怨，欲藉史起。史起不敢出而避之。王乃使他人遂为之。水已行，民大得其利。相与歌之曰："邺有圣令，时为史公。决漳水，灌邺旁，终古斥卤，生之稻粱。"

这虽作魏襄王，但《左传》襄公二十五年《正义》却明明引"《吕氏春秋》称魏文侯时吴起为邺令，引漳水以灌民田，民歌之曰"云云，则孔颖达所见本正作文侯。《汉书·沟洫志》亦载此事，然分析为两个时期，以西门豹属魏文侯时，以史起属襄王时。西门豹固文侯时名臣，而如《史记·河渠书》《水经·浊漳水注》均以引漳灌邺为豹事，《后汉·安帝纪》元初二年亦有"修西门豹所分漳水为支渠"之语，则引水灌田确亦文侯时事，史起不得属于襄王。史起引渠，何乃归功于西门豹？案此"使他人遂为之"之他人盖即西门豹。故开之者史起，而成之者为西门。是则《沟洫志》实误，而后人复据《沟洫志》以改《吕览》，因有此纠葛。后人亦有为折衷之说者，如左太冲《魏都赋》云"西门溉其前，史起灌其后"，这可是不必要的聪明。

看这故事中的史起，其作风和态度实和吴起极相似，而同属文侯时，同名起，则孔颖达要认为即是吴起，确是甚有见地。阮元《校勘记》非之，谓"高诱注《吕氏春秋·乐成篇》云西门豹文侯用为邺令，史起亚之，吴乃字之误"，是未达孔氏意，乃以不误为误了。

一九四三年九月十一日

注释

①《淮南子·缪称训》作"刻削";《韩诗外传》卷一作"削刑",或本作"峭邢"。

②司马迁《报任少卿书》,见《汉书·司马迁传》。

③姚说见《左传补注序》,章说见《春秋左传读》。

老聃、关尹、环渊

一

《道德经》成书甚晚的一个问题，近年来由梁任公提出，经过多数学者的讨论，虽然还没有得到最终的结论，但成书的年代约略在战国中叶是为多数的人所一致看的①。本来这个问题在汉朝初叶便是有的，并非首发于梁任公；我们试把《史记》的《老庄申韩列传》拿来研究，便可以知道这个问题的古远的历史。

老子者，楚苦县厉乡曲仁里人也，姓李氏名耳字伯阳，谥曰聃，周守藏室之史也。孔子适周将问礼于老子……老子修道德，其学以自隐无名为务。居周久之，见周之衰，乃遂去。至关，关令尹喜曰："子将隐矣，强为我著书。"于是老子乃著书《上下篇》，言道德之意五千余言而去，莫知其所终。或曰："老莱子亦楚人也，著书十五篇，言道家之用，与孔子同时云。"盖老子百有六十余岁，或言二百余岁，以其修道而养寿也。自孔子死之后百二十九年而史记②周太史儋见秦献公……或曰"儋即老子"，或曰"非也"，世莫知其然否。老子隐君子也。老子之子名宗，宗为魏将，封于段干。宗子注，注子宫，宫玄孙假，假仕于汉孝文帝，而假之子解为胶西王卬太傅，因家于齐焉。

这儿所节录的一些文字，关于老子的乡里和姓字是经过后人所改窜的，已经有人论定[②]，在这儿不必多生枝节。在这儿所成为问题的，便是老子这个人的存在和他的年代。关于老子的存在，司马迁竟提出了三种解说来，一个是老聃，一个是老莱子，一个是太史儋。而关于老子的年代，则前两说以为是和孔子同时，后一说直在孔子死后百二十九年。看他引了好几个"或曰"，便可以知道这些问题在汉时是怎样的异说纷纭、莫衷一是的。司马迁很想把三种主张都调和起来，故尔加上了一句"盖老子百有六十余岁"的盖然的推测，又谓"或言二百余岁"，可见在司马迁之外还有主张调和说的人。在三种异说之外更加上这种调和说，关于老子的存在和年代可算有四五种异说。然而调和说也并不曾把问题解决，看司马迁在自己的推测上加上一个"盖"字便够明白了。但是问题还要进一境，汉初距春秋、战国时并不甚远，何以关于老子这个人竟生出了这样多的疑问？这岂不是在汉时的学者看见《老子》书中所用的笔调以及所含的内容的确是满呈着战国时代的风味，故才生出怀疑而提出新的解说的吗？

细考老子即是老聃，略先于孔子，曾经教导过孔子，在秦、汉以前的人本来是没有问题的。《庄子》《韩非子》《吕氏春秋》是绝好的证据。

《庄子·天下篇》里说：

> 以本为精，以物为粗，以有积为不足，澹然独与神明居，古之道术有在于是者，关尹、老聃闻其风而悦之。建之以常无有，主之以太一，以濡弱谦下为表，以空虚不毁万物为实。关尹曰："在己无居，形物自著，其动若水，其静若镜，其应若响。芴乎若亡，寂乎若清，同焉者和，得焉者失（生），未尝先人而常随人。"老聃曰："知其雄，守其雌，为天下谿。知其白，守其辱，为天下谷。"人皆取先，己独取后，曰："受天下之垢。"人皆取实，己独取虚，无藏也故有余，岿然而有余。其行身也徐而不费，无为也而笑巧。人皆求福，己独曲全，曰："苟免于咎。"以深为根，以约为纪，曰："坚则毁矣，锐则挫矣。"常宽容于物，不削于人，可谓至极。关尹、老聃乎，古之博大真人哉！

这儿所引的老聃的话，"知其雄，守其雌"云云，在今存《老子》第二十八章，其他所撰述的大意也散见于《老子》书中，这儿表明着老聃便是老子。而老子和孔子有过师徒的关系，则散见于《德充符》《天道》《天运》诸篇。除掉《德充符》之外虽然不尽是庄子的手笔，但都是秦、汉以前人的。

《吕氏春秋》一书言老聃者凡五见：

一、荆人有遗弓者而不肯索，曰："荆人遗之，荆人得之，又何索焉？"孔子闻之曰："去其荆而可矣。"老聃闻之曰："去其人而可矣。"故老聃则至公矣。（《贵公》）

二、孔子学于老聃、孟苏、夔靖叔。（《当染》）

三、老聃则得之矣，若植木而立。（《去尤》）

四、老聃贵柔，孔子贵仁，墨翟贵廉，关尹贵清，子列子贵虚，陈骈贵齐，阳生贵己，孙膑贵势，王廖贵先，兒良贵后。（《不二》）

五、圣人听于无声，视于无形，詹何、田子方、老耽（即老聃）是也。（《重言》）

由后三则看来，所说的"若植木而立"，"贵柔"，"听于无声，视于无形"，都是《道德经》中所表现的老子，而由前二则看来，则老子分明与孔子同时，且曾为孔子之师。

《韩非子》有《解老》《喻老》诸篇，所解所喻均和今本《老子》无甚出入。而《六反篇》里说老聃有言曰："知足不辱，知止不殆。"见今本《老子》第四十四章。《内储说下·六微》里说："权势不可以借人……其说在老聃之言'失鱼'也。"下面的说明引出"国之利器不可以示人"，俱见今本《老子》第三十六章。《喻老篇》里也有一条同解这一章的文字。可见在韩非子眼中老聃和老子并不是两人。

由上三种秦、汉以前的典籍，可知老子即是老聃，曾为孔子之师，在秦、汉以前人并不曾发生过问题。然而一落到汉人手里便生出了问题来。我们须得考察这所以发生了问题的原故。答案在这儿是很明显的，便是《老子》一书，其文笔和内容——如并言"仁义"，如言"万乘之主"等——的确不是春秋末年人所能有，因知其书必系晚出。汉人盖早见及此，故或则疑老子非老聃，而以老莱子或太史儋为解，或则言老子长寿，至战国中叶犹存，这便结果成为了司马迁的那篇支离灭裂的列传。司马迁那篇文章仅仅提出了一些对于问题的答案，而没有提出发生问题的原因，后来的人便一直迷糊了下去，直到梁任公又才把问题重新提了出来。故我说问题不是由梁任公所首发的。

埋没了两千年的问题又重见了日光之后，大家讨究的结果，《老子》成书甚晚的这个事实大抵是为一般人所认定了。但由这个事实所派演出来的问题仍然是汉初的问题之重演，便是老子这个人的存在和其年代。

有人说老子即是太史儋，如此则成书之年代与《史记》言老子后人的一节均相合无间。主张这一说的可以罗根泽为代表④。

有人说老子固是老聃，但老聃年代当在杨朱、宋钘之后，经其学徒们的宣传使之成为孔子师，而《老子》之成书或尚在秦、汉间。主张这一说的可以顾颉刚为代表⑤。

又有人说老子即是孔子之师老聃，《老子》书是老聃的语录，其成书年代当与《墨子》同时。至于老子后裔的一段插话是汉人假造的家谱。主张这一说的可以唐兰为代表⑥。

在这儿我不妨先说出我自己所得到的结论。我的见解是以唐说为近是。老子确是孔子之师老聃，《老子》书也确是老聃的语录，就和《论语》是孔子的语录，《墨子》是墨翟的语录一样。特集成《老子》这部语录的是楚人环渊。环渊集成这部语录时，没有孔门弟子那样质实，他用自己的文笔来润色了先师的遗说，故尔饱和着他自己的时代色彩。这种态度在墨家弟子中也未能免。真正的墨翟遗说只有今存《墨子》中分成了上中下三篇的《尚贤》《尚同》《兼爱》《非攻》《节用》《节葬》《天志》《明鬼》《非乐》《非命》那些篇，那是墨家三派所分别著诸竹帛的⑦。但我们请把那上中下各篇来比较一下，便可以知道那详略是怎样地不同。《论语》虽然不是孔子的手笔，《墨子》虽然不是墨翟的手笔，但其中的主要思想我们不能不说是孔子和墨子的东西。同这一样，《老子》虽然不是老聃的手笔，但其中的主要思想，仍然是老聃的创见，秦、汉以前的人都是我们的证人，汉人所提出来的老莱子和太史儋实在是不能冒牌的。

二

孔子曾以老子为师，除上述《庄子》及《吕氏春秋》之外，在儒家典籍中已是自行承认的。《礼记》的《曾子问》里面有四处引到老聃的话，都是孔子自己说"吾闻诸老聃"。《论语》的《述而篇》言："述而不作，信而好古，窃比于我老彭。"老彭当是老子与彭祖，而马叙伦更以为一人，谓即老聃⑧。足见孔子及其弟子们并不以孔子师事老聃为耻辱，我们用不着采取后儒的狭隘的门户之见，要把老子的存在来抹杀。其实老子做孔子的先生是毫无愧色的，而老子有过孔子那样的一个弟子在秦、汉以前也并不见得是怎样的光荣，道家一派用不着冒充，儒家一派也用不着隐讳。韩愈《原道》上所说的"老者曰'孔子吾师之弟子也'……为孔子者习闻其说，乐其诞而自小也，亦曰'吾师亦尝〔师之〕云尔'，不惟举之于其口，而又笔之于其书"，这样无征而必的翻案文字，真可以说是绝顶的偏见。

老子的时代本来还没有著书的风气的，就是他的后辈孔子、墨子所有的书，也不是他们自己所作。但是老子是有弟子的人，孔子正是他的不甚得意的弟子之一。老子既有弟子，其弟子之杰出者如杨朱，在战国初年与儒墨之徒曾三分天下。谁能断定他没有像孔、墨那样的微言大义流传？他的微言大义不能像《论语》和《墨子》一样，由他的再传弟子或三传弟子笔录传世？《老子》书是老子的语录这种说法实在是尽情尽理的。但我要更进一步说《老子》是作成于环渊，也正有我的根据。

《史记》的《孟荀列传》上说：

> 自驺衍与齐之稷下先生，如淳于髡、慎到、环渊、接子、田骈、驺奭之徒，各著书，言治乱之事，以干世主……慎到赵人，田骈、接子齐人，环渊楚人，皆学黄老道德之术，因发明序其旨意。故慎到著《十二论》，环渊著《上下篇》。而田骈、接子皆有所论焉。

这里把关于环渊的话摘录出来，便是：

> 环渊楚人，学黄老道德之术，因发明序其旨意，著《上下篇》。

这所著的"《上下篇》"不就是"《道德经》"的上下篇吗？太史公所录的这些史事应当是有蓝本的，蓝本应当是齐国的史乘。太史公把它照录了，在他自己显然不曾明白这"《上下篇》"就是"《道德经》"，故尔他在《老子传》里又另外写出了一笔关于"《上下篇》"的传说。不嫌重复，再把那一段话摘录在下面：

> 老子修道德，其学以自隐无名为务。居周久之，见周之衰，乃遂去。至关，关令尹喜曰："子将隐矣，强为我著书。"于是老子乃著书《上下篇》，言道德之意五千余言而去，莫知其所终。

这段文字不用说完全是后起的传说，而这传说之起且当在汉初。这儿所说的"关令尹"就是《庄子·天下篇》和《吕氏·不二》的关尹。关尹即是环渊，关环尹渊均一声之转。《天下篇》中与关尹并列的是墨翟、禽滑釐、宋钘、尹文、彭蒙、田骈、慎到、老聃、庄周、惠施、公孙龙，《不二篇》中与关尹并列的是老聃、孔子、墨翟、子列子、陈骈、阳生、孙膑、王廖、兒良，都是直称人的姓名，或存其姓，而加以尊称，断不至于对关尹独称其官职。只因环渊或写为关尹，汉人望文生训说为"关令尹"。又因"《上下篇》"本为环渊即关尹所著录，故又诡造出老子过关为关令尹著书的传说。造这传说的人大约是主张太史儋一说的人，因为太史儋由周入秦路必经关，故混淆史实与误解与推测而成此莫须有的一场公案。到了《汉书·艺文志》更说出了关尹名喜的话来，那又是误解了《史记》的"关令尹喜曰"一句话弄出来的玄虚。其实《史记》的"喜"字是动词，是说"关令尹"欢喜，并非关令尹名喜也。故环渊著"《上下篇》"是史实，而老子为关尹著"《上下篇》"之说是讹传，但讹传亦多少有其根据，所根据者即是环渊著"《上下篇》"的这个史实。现存老子《道德经》是环渊所著录，由史实与讹传两方都算得到了它的证明。

三

环渊这个人是有很多的异称的。

《汉书·艺文志》道家中有"《蜎子》十三篇",班固自注云:"名渊,老子弟子。"这蜎渊自然就是《史记》的环渊,蜎环亦一音之转。但《史记》说他"著《上下篇》",此说"《蜎子》十三篇"似乎又相矛盾。取巧的人或者又会说"《上下篇》"即"十三篇"之字误。但这矛盾是容易解决的,用不着去兜圈子,因为"《上下篇》"是他所录的师说,而十三篇则是他自己的作品,《史记》上也明说过他"著书言治乱之事以干世主",述与作是并行不悖的。可惜的是那十三篇书已经亡了。

《艺文志》又有"《关尹子》九篇",班固自注云:"名喜,为关吏,老子过关,喜去吏而从之。"我们现在知道关尹就是环渊,这九篇书则当是汉初人的依托。汉人所依托的已亡,今存的《关尹子》更是唐以后所伪托。

环渊在《淮南·原道训》上又称娟嬛。

> 临江而钓,旷日而不能盈罗,虽有钩箴芒距,微纶芳饵,加之以詹何、娟嬛之数,犹不能与网罟争得也。

在《文选》所录的枚乘《七发》上又称为便蜎。

> 庄周、魏牟、杨朱、墨翟、便蜎、詹何之伦。

李善注云:

> 《淮南子》曰:"虽有钩针芳饵,加以詹何、蜎螺之数,犹不能与网罟争得也。"高诱曰:"蜎螺,白公时人。"《宋玉集》:"宋玉与登徒子偕受钓于玄渊。"《七略》曰:"蜎子名渊,楚人也。"

在这注中又添出了蜎螺、玄渊两种异称。而同是《文选》所录的应璩《与从弟君苗、君胄书》亦云:

> 弋下高云之鸟，饵出深渊之鱼，蒲且赞善，便嬛称妙。

李注：

> 《淮南子》曰："虽有钩铖芳饵，加以詹何、便嬛之妙，犹不能与网罟争得也。"高诱曰："便嬛，白翁时人也。"《七发》曰："娟嬛、詹何之伦。"

李注两引《淮南子》而一作蜎嬛，一作便嬛，而后注又云《七发》作蜎嬛，可知李实随文取便，不主《淮南》，而今本《文选·七发》作"便蜎"，殆是后人所改。

以上环渊之名有关尹、玄渊、蜎嬛、蜎嬛、便娟、便嬛等各种异称，然而其变幻之烈尚不仅此。

《荀子·非十二子篇》有言：

> 纵情性，安恣睢，禽兽行，不足以合文通治；然而其持之有故，其言之成理，足以欺惑愚众，是它嚣、魏牟也。

它嚣自来无考。但在《韩诗外传》上有一段非斥十子的言论：

> 夫当世之愚，饰邪说，文奸言，以乱天下，欺惑众愚，使混然不知是非治乱之所存者，则范睢、魏牟、田文、庄周、慎到、田骈、墨翟、宋钘、邓析、惠施之徒也。[9]

通体抄袭《荀子》，只是除掉了子思和孟轲，把庄周来代替了史鳅，田文当即《非十二子篇》的陈仲，则范睢自是它嚣。但它嚣与魏牟并举而有"纵情性，安恣睢，禽兽行"的品评，可知必是道家者流，而范睢自来无道家之称，据我的推察，《荀子》本文必然作"范睘"或"范蜎"，即是便蜎，亦即是环渊，因字坏，后录书者便误成"它嚣"。韩婴所见尚非误本，因不知有范睘或范蜎其人，故又改校为名字熟悉的"范睢"，遂与《荀子》的原文了不相属，此所谓书经三转者也。

环渊的异名由音变及传讹多到了十种以上，这真是一件惊人的事。但我们在这里也应该以秦为分水岭而判别出它们的孰正孰讹。大抵玄渊、关尹、范蜎、范蜎（《荀子》它嚣所由误）是秦前的，而环渊、蜎渊以下则是秦后的，距古愈远者则变化愈烈，玄渊见《宋玉集》，同是属于楚国的人，大率以这个名字为正，其他均是讹变。

再来检查环渊的年代，也是异说纷纭的。《宋玉集》言"宋玉与登徒子偕受钓于玄渊"，则玄渊似乎与宋玉同时而先于宋玉，但文系托辞，不能据为典要。班固说娟子为老子弟子，又关尹亦与老子同时，高诱以为白公时人，但这些都是秦以后的人的说法，同一不足据。最可靠的怕还是《史记·孟荀列传》，环渊与田骈、慎到等同为齐国的稷下先生，大约与孟子是同一时代的人物，这由他所著录的《上下篇》的文体和内容即可以得到一个内证。而由先秦诸家序录如《庄子》《荀子》《吕氏》等亦可以得到一些旁证。《吕氏》序关尹于墨翟之次，列子、陈骈、阳生（此人说者多以为杨朱，余疑是庄生）之前。《荀子》序它嚣于魏牟之上，则它嚣自先于荀子与魏牟，而冠以"假今之世"云云，知相去亦不甚远。《庄子》所叙列者为墨翟、禽滑釐、宋钘、尹文、彭蒙、田骈、慎到、关尹、老聃、庄周、惠施、公孙龙，除老聃为例外而外，都是战国时人，而年代亦显有次第。唯《庄子》序关尹于老聃之上，于行文似欠严密，盖因老聃之书本由关尹所辑录，故作《天下篇》的人先出之以示异。至其称为"古之博大真人"者，"古之"乃形容"博大真人"之语，六字当联为一辞，不是说关尹、老聃是古代的人。

余之所欲论者，意已尽于此，今更撮述其要点如次：

一、《老子上下篇》乃环渊所录老聃遗训，唯文经润色，多失真之处，考古者须得加以甄别。

二、环渊即关尹、它嚣，因音变与字误而成为数人。

三、环渊生于楚而游于齐，大率与孟子同时，盖老聃之再传或三传弟子。

一九三四年十二月二十五日

追　记

此文一九三五年四月发表于沪上《新文学》杂志之后即失其踪迹，今承李可染兄自《古史辨》第六册中抄寄，得以编入本书，甚为感纫。

今案范环⑩之名又见《战国策·楚策》，楚怀王欲相甘茂于秦，以问范环，范环以为不可。《史记·甘茂传》亦载其事，则作范蜎。徐广云，"一作蠉。"此乃楚怀王二年事，于时范环必已年老，故得参预国家大事之咨询。假定于时七十，则上推三十年，正当齐威王二年，四十著书，于理无间。本文中未及引列此事，补志之于此。

一九四五年二月十九日

注释

①关于此问题的讨论可参看罗根泽编著《古史辨》第四册。——作者注

②这"史记"两个字，人多误解为书名，其实"记"字是动词，是说史籍或史官记载着这样的事。——作者注

③参看马叙伦著《老子覈诂》卷首所附《老子姓氏名字乡里仕宦生卒考》。——作者注

④参看罗根泽编著《古史辨》第四册《老子及老子书的问题》。——作者注

⑤同上顾颉刚著《从吕氏春秋推测老子之成书年代》。——作者注

⑥参看唐兰著《老子时代新考》。——作者注

⑦《墨子间诂》卷首俞樾序中有此说。——作者注

⑧前引《老子覈诂·老子老莱子周太史儋老彭是非一人考》。——作者注

⑨《韩诗外传》卷四。

⑩此段中四处皆作"范环"，"环"疑当作"睘"，即前文所提及的"范睘"。——编者注

宋钘、尹文遗著考

宋钘和尹文在先秦诸子中应该要算是重要的一派，《庄子·天下篇》把他们归为一系，而与儒、墨、田骈、慎到、关尹、老聃、庄周、惠施并列，是七大派别中之一。《天下篇》的作者对于他们的学说有比较详细的批评，我现在且先把它抄在下边。

不累于俗，不饰于物，不苟于人，不忮于众，愿天下之安宁，以活民命，人我之养毕足而止，以此白心。

古之道术有有于是者，宋钘、尹文闻其风而悦之，作为华山之冠以自表。

接万物以别宥为始。语心之容，命之曰："心之行。"以聏合欢，以调海内。请（情）欲寡（原误作置）之以为主①。见侮不辱，救民之斗；禁攻寝兵，救世之战。以此周行天下，上说下教；虽天下不取，强聒而不舍者也。故曰："上下见厌而强见也。"

虽然，其为人太多，其自为太少。曰："请（情）欲固寡（原亦误作置），五升之饭足矣。"先生恐不得饱，弟子虽饥，不忘天下，日夜不休。曰："我必得活哉！"图（倨）傲乎，救世之士哉！

曰："君子不为苛察②，不以身假物。"以为无益于天下者，明之不如已也。以禁攻寝兵为外，以情欲寡浅为内。其小大精粗，其行适至是而止。

宋钘、尹文都是齐国稷下学士，以年辈而言，宋钘在先。宋钘在《孟子》书中作宋轻，孟子称之为"先生"，而自称本名曰"轲"，足见宋长于孟，至少亦必上下年纪。尹文曾与齐湣王论士，见《吕氏春秋·正名篇》，提及"见侮不辱"义，其年辈稍后。大率宋、尹是师弟关系，宋在齐当在威王与宣王时代，尹则当在宣王与湣王时代。故在别的文献中提到这派学说的时候，便专提宋而不提尹了。

《荀子》书中论到宋子的地方最多。《非十二子篇》把他和墨翟并列为一项而加以非难。

> 不知壹天下、建国家之权称，上功用，大俭约，而僈差等。曾不足以容辨异，县君臣。然而其持之有故，其言之成理，足以欺惑愚众，是墨翟、宋钘也。

《正论篇》屡称之为"子宋子"，而主要攻击着他的"见侮不辱"与"人之情欲寡"的学说。又说他"俨然而好说，聚人徒，立师学，成文曲"，足见宋子有不少的门徒，而荀子本人在初年大约也师事过他，不然不会在宋子之上更冠以"子"字的。荀子思想受宋子影响的地方很多，例如《解蔽篇》的主旨其实就是"别宥"的发挥，论人的心智不宜有所蔽囿。《正名篇》所发挥的也不外是"不为苟察"，"无益于天下者，明之不如已也"的主张。就是孟子也很受了宋子的影响，"养心莫善于寡欲"可算是最显著的一项了。

荀子对于寡欲主张是反对的，于《正论篇》的反对之外，于《解蔽篇》又说"宋子蔽于欲而不知得"。《正名篇》还有一大段："凡语治而待去欲者，无以道（导）欲而困于有欲者也。凡语治而待寡欲者，无以节欲而困于多欲者也。"认为这些都是"小家珍说"，虽然没有指名为谁，我看主要也还是在反对宋子。

宋子又称为宋荣子。《韩非·显学篇》有以宋荣子与漆雕氏之儒对比的一段。

> 漆雕之议，不色挠，不目逃，行曲则违于臧获，行直则怒于诸侯；世主以为廉而礼之。宋荣子之议，设不斗争，取不随仇，不羞囹圄，见侮不

辱；世主以为宽而礼之。

　　夫是漆雕之廉，将非宋荣之恕也；是宋荣之宽，将非漆雕之暴也。今宽廉恕暴俱在二子，人主兼而礼之。

　　这位宋荣子，毫无疑问地也就是宋钘。王先慎谓："荣钘偏旁相通。《月令》腐草为萤，《吕览》《淮南》作蚈。荣之为钘，犹萤之为蚈也。"这是正确的。因此《庄子·逍遥游篇》的"夫智效一官，行比一乡，德合一君，而（能）征一国者……宋荣子犹然笑之；且举世而誉之而不加劝，举世而非之而不加阻，定乎内外之分，辨乎荣辱之境，斯已矣；彼其于世，未数数然也"，这个宋荣子不用说也就是宋钘了。

　　宋钘在《尸子·广泽篇》又误为料子，言："墨子贵兼，孔子贵公，皇子贵衷，田子贵均，列子贵虚，料子贵别囿。其学之相非也数世矣，而己皆拚于私也。"别囿即别宥。其遗说尚保存于《吕氏春秋·去尤》与《去宥》二篇。

　　　夫人有所宥者，固以昼为昏，以白为黑，以尧为桀。宥之为败亦大矣。亡国之主其皆甚有所宥耶？故凡人必别宥然后知。别宥则能全其天矣。（《去宥》）

　　　世之听者多有所尤，多有所尤则听必悖矣。所以尤者多故，其要必因人所喜与因人所恶。东面望者不见西墙，南乡（向）视者不睹北方，意有所在也。（《去尤》）

　　准此可知尤与宥均系囿之假借。《吕氏》书乃杂集他人成说而成，此二篇明系一篇之割裂，殆系采自宋子《小说》十八篇之一。别囿既即别宥，则料子自即为宋子，料乃钘之讹。准匡章称章子，陈仲称仲子，尹文称文子[③]之例，则宋钘自可称为钘子，钘与料字形是极相近的。

　　宋钘、尹文皆有著作。《汉书·艺文志》，小说家中有"宋子十八篇"，班固注云："孙卿道宋子，其言黄老意。"名家中有"《尹文子》一篇"，注云"说齐宣王"，颜师古引刘向云："与宋钘俱游稷下。"又《韩非·外储说左上》："言有纤察微难而非务也，故季、惠、宋、墨，皆画策也。"这可见宋子也有名家的倾向，不限于尹文了。

宋子之书，今已失传。传世有黄初仲长氏序"《尹文子》"，仅《大道》一篇，分为上下。学者颇有人信以为真，案其实完全是假造的。文字肤陋，了无精义，自不用说。例如《大道上》云"接万物使分，别海内使不杂，见侮不辱，见推不惊，禁暴息兵，救世之斗"等语，完全蹈袭《庄子·天下篇》，而开首两句便露出了马脚。庄子所谓"接万物以别宥为始"，接者知之准备也。④别宥者使心无所蔽囿也，作伪者不明其义，竟当为接触与分别解，简直是在大闹笑话了。

根据这些资料，我们可以知道宋派学说的大概。它主要在谈心与情，心欲其无拘束，情欲其寡浅，本"黄老意"，是道家的一派。主张见侮不辱，禁政寝兵，因而也颇接近墨子，故荀卿以"墨翟、宋钘"为类。也谈名理，但不主张苛察，而且反对苛察，虽然与惠施、公孙龙异撰，但因谈名理，故亦被归为名家。孟子、荀子都尊敬宋钘，而且都受了他的影响，可见和儒家的关系也并不很坏。

有了这个基本认识，我无心之间从现存的《管子》书中，发现了宋钘、尹文的遗著，便是《心术》《内业》《白心》《枢言》那么几篇了。

《管子》书是一种杂烩，早就成为学者间的公论了。那不仅不是管仲作的书，而且非作于一人，也非作于一时。它大率是战国及其后的一批零碎著作的总集，一部分是齐国的旧档案，一部分是汉时开献书之令时由齐地汇献而来的。刘向《校录》序云：

> 所校雠中《管子》书三百八十九篇，太中大夫卜圭书二十七篇，臣富参书四十一篇，射声校尉立书十一篇，太史书九十六篇，凡中外书五百六十四篇，以校除复重四百八十四篇，定著八十六篇⑤，杀青而书可缮写。

这把资料的来源说得很清楚，所谓"太史书"，应该就是齐国的旧档案了。可惜刘向校书过于笼统，他因为有一套献书是称为"管子书"，于是他便把所定著的八十六篇（今亡十篇），也就定名为"《管子》"了。真的，这里不知道乾没了多少学者的著作。

宋钘、尹文都是稷下先生，他们的著作在齐国史馆里自会有所保存，因而他们的书被杂窜在现存的《管子》书里也是丝毫不足怪的事。我想不仅宋钘、尹文遭了这样的命运，就是其他的稷下先生们也一定有人遭了同样的命运，这是值得我们慢慢地去进行细心地发掘的。

那么，何以知道《心术》《内业》《白心》《枢言》等篇是宋钘、尹文的遗书呢？请让我在下面加以解答吧。

二

庄子不明明告诉我们，宋钘、尹文"不累于俗，不饰于物，不苟于人，不忮于众，愿天下之安宁，以活民命，人我之养毕足而止，以此白心"吗？可知"白心"是这一学派的术语，而《白心篇》的内容也大抵都是不累不饰不苟不忮的这一些主张。庄子不又说过他们"语心之容，命之曰心之行"吗？"心之行"其实就是"心术"，行与术都是道路的意思。《汉书·礼乐志》："夫民有血气心知之性，而无哀乐喜怒之常，应感而动，然后心术形焉。"颜师古注："术，道径也；心术，心之所由也。"可见"心术"二字的解释也不外乎是"心之行"。而《心术下篇》言"心之形"如何如何，《内业》则言"心之刑"，或言"心之情"，刑与形字通，情与形义近，故"心之刑""心之形""心之情"，其实也就是"心之容"了。《心术》和《内业》的内容，也不外乎是别宥、寡欲、超乎荣辱、禁攻寝兵这些意思；而除这些之外还有更深一层的"黄老意"的根本义，也还有更含学术性的"不为苟察"的名理论。假使我们肯细心地把这几篇拿来和庄子的批评对照着读，我们可以知道它们之间简直有如影之随形，响之应声，差违的地方，差不多连丝毫也找不出的。

《心术》本分为上下二篇，上篇分经分传，前三分之一为经，后三分之二为传。经盖先生所作，传盖先生讲述时，弟子所录。文极奥衍，与《道德经》无殊。

《心术下篇》是《内业篇》的副本，这是我的一个副次的发现。我曾经把《内业》来做底本，把《心术下篇》和它相同的节段比附上去，便发现了除一首一尾无可比附之外，《心术下篇》只是《内业篇》的中段，而次序是紊乱了的。依着《内业》所得的新次序，比原有的次序读起来更成条贯。因此，可知《心术下篇》只是《内业》的另一种不全的底本，因为脱简的原故，不仅失掉了首尾，而且把次第都错乱了。为容易明了起见，我率性把两者的比附写在下边吧。(《心术下篇》每一小节所标的数字，表示原有的次序。)

《内业篇》	《心术下篇》
（前略）	
凡道无根无茎，无叶无荣。万物以生，万物以成。命之曰道。	（5）道，其本至也。至不（丕）至无，非人所而（能）乱。凡在有司执制者之利，非道也。
天主正，地主平，人主安静。春秋冬夏，天之时也；山陵川谷，地之材也；喜怒取予，人之谋也。是故圣人与时变而不化，从物而不移。能正能静，然后能定。定心在中，耳目聪明，四枝坚固，可以为精舍。	（6）圣人之道若存若亡，援而用之，没世不亡。与时变而不化，应物而不移，日用之而不化。
精也者，气之精者也。气，道（导）乃生，生乃思，思乃知，知乃止矣。凡心之形，过知失生。一物能化谓之神，一事能变谓之智。化不易气，变不易智，唯执一之君子能为此乎？执一不失，能君万物。君子使物，不为物使，得一之理。治心在于中，治言出于口，治事加于人，然则天下治矣。一言得而天下服，一言定而天下听，公之谓也。	（4）一气能变曰精，一事能变曰智。慕选者所以等事也（句有误，义不明），极变者所以应物也。慕选而不乱，极变而不类，执一之君子。执一而不失，能君万物。日月之与同光，天地之与同理，圣人裁物，不为物使。心安是国安也，心治是国治也。治也者心也，安也者心也。治心在于中，治言出于口，治事加于民，故功作而民从，则百姓治矣。所以操者非刑也，所以危者非怒也，民人操，百姓治。
形不正，德不来。中不静，心不治。正形摄德，天仁地义，则淫然而自至神明之极。照乎知万物，中义守不忒。不以物乱官，不以官乱心，是谓中得。	（1）形不正者德不来，中不精（静）者心不治。正形饰（饬）德，万物毕得。翼然自来，神莫如其极。照知天下，通于四极。故曰无以物乱官，毋以官乱心，此之谓内德。是故义气定然后反正，气者身之充也，正者行之义也（原误作"行者正之义也"）。充不美则心不得，行不正则民不服。是故圣人若天然，无私覆也，若地然，无私载也，私者乱天下者也。凡物载名而来，圣人因而财（裁）之而天下治。实不伤（爽），不乱于天下而天下治。

续表

《内业篇》	《心术下篇》
有神在身，一往一来，莫之能思。失之必乱，得之必治。敬除其舍，精将自来。精（静）想思之，宁念治之。严容畏敬，精将自定。得之而勿舍，耳目不淫，心无他图，正心在中，万物得度。道满天下，普在民所，民不能知也。一言之解，上察于天，下极于地，蟠满九州。	（12）是以圣人一言解之，上察于天，下察于地。
何谓解之？在于心安。我心治，官乃治；我心安，官乃安。治之者心也，安之者心也。心以藏心，心之中又有心焉。彼心之心，意以先音（原作"音以先言"，依韵改），音然后形，形然后名，名然后使，使然后治（二名字原均作言）。不治必乱，乱乃死。	（10）岂无利事哉？我无利心。岂无安处哉？我无安心。心之中又有心。意以先音（原误为言），音（原误为意）然后形，形然后思，思然后知。
精存自生，其外安荣。内藏以为泉原，浩然和平，以为气渊。渊之不涸，四体乃固。泉之不竭，九窍遂达（原作通，依韵改）。乃能穷天地，被四海。中无惑意，外无邪菑。心全于中，形全于外，不逢天菑，不遇人害。谓之圣人。	（11）凡心之形，过知（思）失生（性）。是故内聚以为原泉。原（此字以意补）之不竭，表里遂达（原亦作通）。泉之不涸，四支坚固。能令用之，被服四圉（原误作固）。
人能正静，皮肤裕宽。耳目聪明，筋信（伸）而骨强。乃能戴大圜而履大方，鉴于大清，视于大明。敬慎无忒，日新其德。遍知天下，穷于四极。敬发其充，是谓内德。然而不反，此生之忒。	（7）人能正静者，筋肕（韧）而骨强。能（而）戴者（诸）大圜，体乎大方，镜者（诸）大清，视乎大明。正静不失，日新其德。昭知天下，通于四极。（两"者"字读为"诸"，原错屏在"大圜"与"大清"下，今已正。《内业》文可证。）
凡道，必周必密，必宽必舒，必坚必固。守善勿舍，逐淫泽（释）薄。既知其极，反于道德。全心在中，不可蔽匿；知（原误作和）于形容，见于肤色。善气迎人，亲于弟兄；恶气迎人，害于戎兵。不言之声，疾于雷鼓。心气之形，明于日月，察于父母。赏不足以劝善，刑不足以惩恶（原作过）。意气得而天下服，心意定而天下听。	（8）金（全）心在中不可匿，外见于形容，可知于颜色。善气迎人，亲如弟兄；恶气迎人，害于戈兵。不言之言，闻于雷鼓。金（全）心之形，明于日月，察于父母。昔者明王之爱天下，故天下可附；暴王之恶天下，故天下可去（原作离，依韵改）。故货（赏）之不足以为爱，刑之不足以为恶；货（赏）者爱之末也，刑者恶之末也。

续表

《内业篇》	《心术下篇》
能抟乎? 能一乎? 能无卜筮而知吉凶乎? (当作凶吉) 能止乎? 能已乎? 能勿求之人而得之己乎? 思之思之, 又重思之, 思之而不通, 鬼神将通之。非鬼神之力也, 精气之极也。	(3) 能专乎? 能一乎? 能毋卜筮而知凶吉乎? 能止乎? 能已乎? 能毋问于人而自得之于己乎? 故曰思之思之, 〔思之〕不得, 鬼神教之。非鬼神之力也, 其精气之极也。
四体既正, 血气既静, 一意抟心, 耳目不淫, 虽远若近。思索生知, 慢易生忧, 暴傲生怨, 忧郁生疾, 疾困乃死。思之而不舍, 内困外薄; 不早为图, 生将巽舍。食莫若无饱, 思莫若勿致。节适之齐, 彼将自至。	(2) 专于意, 一于心, 耳目端, 知远之近 (原误为 "证")。
凡人之生也, 天出其精, 地出其形, 合此以为, 人和乃生, 不和不生。察和之道, 其精不见, 其征不觊 (原误为丑)。论治 (沧洽) 在心, 此以长寿。忿怒之失度, 乃为之图。节其五欲, 去其二凶。不喜不怒, 平正擅匈 (胸)。凡人之生也, 必以平正; 所以失之, 必以喜怒忧患。是故止怒莫若诗, 去忧莫若乐, 节乐莫若礼, 守礼莫若敬, 守敬莫若静。内静外敬, 能反 (返) 其性, 性将大定。	(9) 凡民之生也, 必以正平, 所以失之者, 必以喜乐哀怒。节怒莫若乐, 节乐莫若礼, 守礼莫若敬, 〔守敬莫若静。〕外敬而内静者, 必反其性。
(后略)	

　　二篇两两对照, 虽互有详略, 而大抵相同, 亦有可以比附之语, 而错杂于中, 无法割裂者, 如《心术》之 "形然后思, 思然后知; 凡心之形, 过知失生", 分明与《内业》之 "气, 道乃生, 生乃思, 思乃知, 知乃止矣。凡心之形, 过知失生" 相应, 然两者在本文中无法移易。又如前者之 "心安是国安也, 心治是国治也。治也者心也, 安也者心也", 与后者之 "我心治, 官乃治; 我心安, 官乃安; 治之者心也, 安之者心也" 亦分明相应, 而亦无法移易。这怎么说明呢? 这是因为两家弟子记录一先生之言, 有详有略, 而亦有记忆不确, 自行损益的地方。这和墨家三派所记录的《尚贤》《尚同》诸篇一样, 虽然每篇分为上中下, 而实则大同小异。有这一现象, 因而可以知道

《心术下》与《内业》实在就是一篇，而且必是古本，可以说是得到了双重的保证。

<h1 style="text-align:center">三</h1>

《心术上》的经文一开首说道：心在人的身体里面，就像处在人君的地位一样，五官九窍各有专司也就像百官分治的一样；心的安顿得法，九窍也才能够遵守着自己的理路。假使心一为嗜欲所充满了，那么眼睛也就看不见颜色，耳朵也就听不见声音了。因而便主张静，不主张动，主张虚欲，不主张求知。

> 虚其欲，神将入舍。扫除不洁，神乃留处。人皆欲智，而莫索其所以智乎。智乎智乎，投之海外〔而〕无自夺〔乎〕？求之者不得（如）处（虚？）之者。夫圣人无求也，故能虚。

这不就是所谓"接万物以别宥为始"，"情欲寡之以为主"的理论吗？下边的传文，对于所引的这几句话的详细说明，更把"情欲寡浅"的意思明白地表示着。

> 世人之所职者情也（情字原作精，据俞曲园校改），去欲则寡（原作宣，以隶书形近而讹；下寡字亦作宣，则以重文致误），寡则静矣。静则精，精则独矣。独则明，明则神矣。神者至贵〔者〕也，故馆不辟除，则贵人不舍焉。故曰不洁则神不处。
>
> 人皆欲知（智）而莫索之其所以知。知（原夺），彼也；所以知，此也。不修之此，焉能知彼？修之此，莫能（如）虚矣。虚者无藏也，故曰〔去知〕。去知（此二字当重）则奚求矣？无藏则奚投矣？（"投"字原作"设"，据韵及经文"投之海外"而改）无求无投则无虑；无虑则反覆（乎）虚矣。

在这儿情和欲是分析着的，大体上欲是被认为情之动，故去欲则情寡。神在原义上本是能伸万物的天神，但后来转变而成了人的内在精神，使神得到与心相等的意义，大约是从这儿才开始的。经文在下面又说道，"洁其宫，开其门，去私毋言，神明若存"，也不外是这个意思。传文把宫解释为心，门解释为耳目，"洁之者去好恶也"，好恶去则心洁，耳目使六通四辟了。

既去好恶便无所谓荣辱。对于这样的人，你杀也不能杀他，害也不能害他，因为他不怕遭杀，不怕受害。故尔经文说：

> 人之可杀，以其恶死也；其可不利，以其好利也。是以君子不怵乎好，不迫乎恶，恬愉无为，去知与故。其应也非所设也，其动也非所取也。

这不就是"见侮不辱"的基本理论吗？传文把这一节也讲得非常周到。

> 人迫于恶则失其所好，怵于好则忘其所恶，非道也。故曰不怵乎好，不迫乎恶。恶不失其理，欲不过其情，故曰君子。
>
> 恬愉无为，去智与故，言虚素也。
>
> 其应非所设也，其动非所取也，此言因也。因也者舍己而以物为法者也。感而后应，非所设也，缘理而动，非所取也。

从这儿导引出名理论来，主张"舍己而以物为法"，便是要采取纯粹的客观态度，不仅不能杂以好恶的情欲，而且不能杂以一切俗智世故的先入成见。

> 物固有形，形固有名，名当谓之圣人。故必知不言〔之意〕、无为之事，然后知道之纪。殊形异势，与万物异理（与上原衍不字），故可以为天下始。

这不就是"不为苟察"的基本理论吗？传文更有详细的发挥。

> 物固有形，形固有名。此言〔名〕不得过实，实不得延名。姑形以形，以形务（侔）名。督言正名，故曰圣人。
>
> 不言之言，应也。应也者，以其为之人者也。执其名，务其所以成（"务其"下原有"应"字，乃衍文），之（此）应之道也。
>
> 无为之道，因也。因也者，无益无损也。以其形因为之名，此因之术也。

名者，圣人之所以纪万物也。

人者，立于强，务于善，未（本）于能，动于故者也，圣人无之。无之则与物异矣（随物而异之意）。异则虚。虚者，万物之始也，故曰可以为天下始。

这种纯粹的客观态度，经中称之为"静因之道"，主张得十分彻底。

过在自用，罪在变化。是故有道之君〔子〕，其处〔己〕也若无知，其应物也若偶之。静因之道也。

传谓："自用则不虚，不虚则忤于物矣。变化则为（伪）生，为生则乱矣。故道贵因。因者因其能者（以）言所用也。"故这"自用"是自作聪明，"变化"就是歪曲现实的意思。理想是要办到"若影之象形，响之应声"。

君子之处〔己〕也若无知，言至虚也。其应物也若偶之，言时适也。若影之象形，响之应声也。故物至则应，过则舍矣。舍矣者言复所于虚也。

以上是《心术上篇》的要义。

《心术下》和《内业》所敷陈的也不外是这些意思。"虚"字虽然没有再提到，而所说的差不多全部都是虚的道理。我现在单从《内业篇》引些精粹的句子在下边，可以看出和《心术上》是怎样保持着密切的平行。

形不正，德不来。中不静，心不治。

定心在中，耳目聪明，四枝坚固，可以为精舍。精也者，气之精者也。

敬除其舍，精将自来。精（静）想思之，宁念治之，严容畏敬，精将至（自）定。

思索生知（巧诈），慢易生忧，暴傲生怨，忧郁生疾，疾困乃死。思之而不舍，内困外薄；不早为图，生将巽舍。

节其五欲，去其二凶，不喜不怒，平正擅匈。

这些意见和《心术上》没有什么不同。但在《内业》里面更保存了些别的资料，便是食无求饱和"救民之斗"的基本理论。

> 全心在中，不可蔽匿。知（原误为和）于形容，见于肤色。善气迎人，亲于弟兄；恶气迎人，害于戎兵。
>
> 中无惑意，外无邪菑。心全于中，形全于外，不逢天菑，不遇人害。
>
> 食莫若无饱，思莫若勿致。节适之齐，彼将自至。

这不就是"愿天下之安宁以活民命，人我之养毕足而止"的基本理论吗？食无求饱，当然"五升之饭足矣"了。对于食的方法特别注意，有一节专论到"食之道"的。

> 凡食之道，大充，〔内〕伤而形不臧；大摄，骨枯而血沍。充摄之间，此谓和成，精之所舍而知之所生。
>
> 饥饱之失度，乃为之图。饱则疾动，饥则广（旷）思，老则忘（原误为长，下同）虑。饱不疾动，气不通于四末；饥不广思，魄（原误为饱）而（乃）不发（原误为废）；老不忘虑，困乃速竭。

这谈"食之道"和《天下篇》的批评也正有如桴鼓之相应。但这儿所主张的是不可过饱，并不是有心欢迎饥，所谓"先生恐不得饱，弟子虽饥，不忘天下，日夕不休"，只是庄子的讥讽而已。

《内业篇》中还有值得注意的是提出了一个"气"的存在，更神而玄之，称之为"灵气"或"精"。篇首篇尾的文字差不多就是对于这个气或灵气的叙述和赞美。

> 大心而敢（放），宽气而广。其形安而不移，能守一而弃万苛（奇）。见利不诱，见害不惧（这是"见侮不辱"的深一层义），宽舒而仁，独乐其身，是谓灵气（原误作"云气"，据下文改），意行似天。
>
> 灵气在心，一来一逝。其细无内，其大无外；所以失之，以躁为害。
>
> 凡物之精，此则为生：下生五谷，上为列星；流于天地之间，谓之鬼神；藏于胸中，谓之圣人。
>
> 是故此气，杲乎如登于天，杳乎如入于渊，淖乎如在于海，卒乎如在于己。
>
> 是故此气也，不可止以力而可安以德，不可呼以声而可迎以意（原

误作音，依韵改）。敬守勿失，是谓成德。德成而智出，万物果
（毕）得。

这种对"灵气"的强调，我们很可以看出便是孟子所说的"浩然之气"
的张本。孟子形容他的"浩然之气"说："其为气也，至大至刚，以直养而无
害，则塞于天地之间。其为气也，配义与道，无是馁也，是集义所生者，非义
袭而取之也。行有不慊于心，则馁矣。"（《孟子·公孙丑上》）孟子强调刚，
强调义，而《内业》则强调宽，强调仁，多少有些不同；但无疑，孟子所说
的，的确是翻版，请看他说出一个"配义与道"的道字便很不自然而无着落。
《内业》和《心术》的基调是站在道家的立场的，反复咏叹着本体的"道"以
为其学说的脊干。这"道"化生万物，抽绎万理，无处不在，无时不在，无
物不有，无方能囿。随着作者的高兴，可以称之为无，称之为虚，称之为心，
称之为气，称之为精，称之为神。

> 道不远而难极也，与人并处而难得也。——道在天地之间也，其大无
> 外，其小无内，故曰不远而难极也。虚之与人无间，唯圣人得虚道，故曰
> 并处而难得。
>
> 虚而无形谓之道。——天之道，虚其无形。虚则不屈，无形则无所位
> 赶（牴牾）。无所牴牾，故遍流万物而不变。
>
> 大道可安而不可说。——道也者，动不见其形，施不见其德，万物皆
> 以得，然莫知其极。故曰可安而不可说也。（以上《心术上》，上经下传，
> 以——界之。）
>
> 夫道者所以充形也，而人不能固。其往不复，其来不舍。谋（漠）
> 乎莫闻其音，卒乎乃在于心，冥冥乎不见其形，淫淫乎与我俱生。不见其
> 形，不闻其声，而序其成，谓之道。
>
> 凡道无所，善心安爱（处）。心静气理，道乃可止。彼道不远，民得
> 以产。彼道不离，民因以和（原误为知，依韵改，离字古音在歌部）。是
> 故卒乎其如可与索，眇眇乎其如穷无所。
>
> 道也者，口之所不能言也，目之所不能视也，耳之所不能听也，所以
> 修心而正形也。人之所失以死，所得以生也。事之所失以败，所得以成也。

> 凡道，无根无茎，无叶无荣，万物以生，万物以成，命之曰道。（以上《内业》）

就这样，凡所咏叹的道，都是道家所主张的本体的道，虚之则为精神，实之则为灵气，本是一贯的东西。但在孟子咏叹"浩然之气"的时候，突然不伦不类地说出一个"道"字，岂不分明是一种赃品吗？

四

准据上面的推论，我敢于说：《心术》和《内业》两篇，毫无疑问是宋钘、尹文一派的遗著。既见"黄老意"，也有"名家言"，而于别宥寡情，见侮不辱，食无求饱，救斗寝兵，不求苟察，不假于物诸义无一不合。韩非子说宋荣子宽恕[⑥]，庄子又说宋荣子"举世而誉之而不加劝，举世而非之而不加沮，定乎内外之分，辨乎荣辱之境"[⑦]，也无一不与这两篇中的含义相符。

但还有更值得注意的，是他们采取道家的立场而却与儒墨旁通。救斗寝兵，食无求饱，合乎墨家的节用非攻，故荀子把宋钘与墨翟同举。而合乎儒家的地方，则是他们并不非毁仁义礼乐。

> 虚而无形谓之道，化育万物谓之德，君臣父子人间之事谓之义，登降揖让、贵贱有等、亲疏之体谓之礼。——礼者因人之情，缘义之理，而为之节文者也。故礼者谓有理也。〔有〕理也者，明分以喻义之意也。故礼出乎义，义出乎理，理因乎道（原误为宜）者也。（《心术上》）
>
> 凡人之生也，必以正平；所以失之者，必以喜乐哀怒。节怒莫若乐，节乐莫若礼，守礼莫若敬。外敬而内静者，必反其性。（《心术上》）
>
> 凡人之生也，必以平正；所以失之，必以喜怒忧患。是故止怒莫若诗，去忧莫若乐，节乐莫若礼，守礼莫若敬，守敬莫若静。内静外敬，能反其性，性将大定。（《内业》）

像这些话，假使收在儒家的典籍里面，谁也不会说它们有什么不调和的地方。假使我们拘守着形式逻辑，或许也会有人根据这些话来反证《心术》《内业》诸篇是伪书，有点牛头不对马嘴。但是，情形并不那么单纯。在这《心术》《内业》诸篇中有旁通乎儒家的理论，倒更足以证明这些必然是宋钘、尹文的著作。因为黄老学说之所以成派，是对于儒墨斗争的一种反应。在这儿，初期的道家可能有一种合理的动态，便是站在黄老的立场以调和儒墨。我们发觉了《心术》与《内业》是宋钘、尹文的遗著，算又把这个"失掉了的连环扣"找着了。虽然同属道家，而宋钘、尹文与环渊、庄周辈不同的地方，是前者是调和派，而后者是非调和派，后者是前者的发展。《天下篇》不正明白地说着吗："以骊合欢，以调海内"，这正是调和派的面貌。正因为这样，庄子不认他为本家。也正因为这样，孟、荀都对于宋子表示敬意，而且很明显地受了他的影响。

但《心术》与《内业》这两篇，究竟是宋钘的，还是尹文的呢？在两篇的本身我们还找不出线索来判定这个问题。这儿很可感谢的是还有《白心》一篇，线索可在这里面找着。

以《白心》名篇，不仅根据《天下篇》可以知道是这一学派的用语，而它的意义本身也就表明着这一学派的重要主张。它不外是"洁其宫"，"虚其欲"，"情欲寡浅"，或"别宥"的另一说法而已。所以它开头两句便透露着这一学派的中心思想，便是："建当（常）立有（首），以靖（静）为宗。"假使我们还须得更进一步，把篇中的要谛和庄子所撮述的大意比较一下的话，那也是很容易的事。

> 不累于俗——非吾仪，虽利不为；非吾当（常），虽利不行；非吾道，虽利不取。
>
> 不饰于物——能者无名，从事无事，审量出入而观物所载。
>
> 不苟于人——天不为一物枉其时，圣人亦不为一人枉其法。（"圣人"上原衍"明君"二字，依丁士涵校改。）
>
> 不忮于众——孰能弃名与功，而还与众人同？
>
> ……孰能去辩无巧，而还与众人同道？

救斗救战的精神，表现得很为鲜明：

> 兵之出，出于人。其人入（入人），入于身。
>
> 左者出者也，右者入者也。出者而（能）不伤人，入者自伤也。
>
> 兵不义，不可。强而骄者损其强，弱而骄者亟死亡。强而卑义（我），信（伸）其强；弱而卑义（我），免于冈（原作罪，依韵改）。是故骄之余卑，卑之余骄。

其正名之意，即"不为苟察"的宗旨，也说得很透彻：

> 原始计实，本其所生。知其象则索其形，缘其理则知其情，索其端则知其名……是以圣人之治也，静身以待之，物至而治之。正名自治，奇名自废（依王引之校本）。名正法备，则圣人无事。
>
> 口无虚习也，手无虚指也，物至而命之耳。发于名声，凝于体色，此其可谕者也。不发于名声，不凝于体色，此其不可谕者也。及至于至（妄？）者，教存可也，教亡可也。

"及至于至者"句不可通，第二个至字应该是妄字，形近而讹，显然是说虚妄的名物听它去，也就是所谓"以为无益于天下者，明之不如已也"的意思了。

虽然没有说到食无求饱的话，但抽象地说到了一些忌讳饱满的道理：

> 日极则仄，月满则亏。极之徒仄，满之徒亏。
>
> 持而满之，乃其殆也。名满于天下，不若其已也。

但有值得注意的，是《心术》与《内业》二篇里面所没有十分发展的思想，在这儿却发展了出来。

> 上之随天，其次随（和）人。人不倡不和，天不始不随。

这虽然也就是"静因之道"，但显然和关尹也就是环渊的"未尝先人，而常随人"（《庄子·天下篇》）的主张相应。

> 人言善亦勿听，人言恶亦勿听，持而待之，空然勿两之，淑然自清。

这虽然也就是"应物若偶",但显然是田骈、慎到派的"公而不党,易而无私,法(原误作决)然无主,趣物而不两"(《庄子·天下篇》)的态度。

> 天或维之,地或载之。天莫之维,则天以坠矣;地莫之载,则地以沉矣。夫天不坠,地不沉,夫或维而载之也夫?又况于人?人有治之,辟(譬)之若夫雷鼓之动也。夫不能自摇者夫或摇之,夫或者何?若然者也。

这很有点类似于所谓"接子之或使"(《庄子·则阳篇》)。接子或作捷子,也是稷下先生之一,"或使"是说有什么在主宰。《天下篇》说:"南方有倚人焉曰黄缭,向天地所以不坠不陷,风雨雷霆之故,惠施不辞而应,不虑而对,遍为万物说。"足见天地坠陷的问题,颇为当时的学者所普遍关心,《庄子·天运篇》也有这同样的倾向。但这都是比较后起的事。

尤其值得注意的是对于"中"的观念特别加以强调。

> 有中有中,孰能得夫冲之衷乎?
> 若左若右,正中而已矣,县乎日月无已也。
> 和以反中,形性相葆。一以无贰,是谓知道。

虽然《内业篇》也说过"正心在中,万物得度",又屡言"全心在中","心全于中",或"治心在于中",中字都是内字的意思,与所谓正中的意思不同。不过《内业篇》也说过"不喜不怒,平正擅匈"或"心以藏心,心之中又有心"那样的话,但没有像《白心篇》这样显明地强调"中"。这似乎又是受了"皇子贵衷","子莫执中"或子思的中庸之类的影响了。

也提出了一个"时"的观念来,在一开首的"建常立首,以静为宗"之次,便是"以时为宝,以政为仪"。政者正也,中也,这在上节已经说过,而"时"的详细解释则是:

> 不可常居也,不可废舍也,随变以断事也,知时以为度也。

意思是不可固定,也不可不固定,要在因事制宜,临机应变。这很明显地又是受了儒家的影响。孟子说:"孔子圣之时者也。"提倡《易》学一派的儒者也正特别强调这时与变。易是变易，又是不易，变易就是"不可常居"，不易就是"不可废舍"了。

这些都显然是进展。因此我们可以得到一个断案，便是：《白心篇》与《心术》《内业》为一系，而它的产生是要后些的。尹文是宋钘的晚辈，因而我们也就可以说：《心术》和《内业》是宋钘的著述或他的遗教，而《白心》则出于尹文了。这在《管子》书中也不无迹象可寻，便是《心术》与《白心》同在一卷，而《白心》是被编次在《心术》的直后。这不正表示着所据的原有资料本来是有一定的先后的吗？那么，《内业篇》为什么又编次得很后去了呢？这也不难说明，因为那是另一组资料，来源不同。

五

就这样，我感觉着我是把先秦诸子中的一个重要的学派发现了。有了这一发现，就好像重新找到了一节脱了节的连环扣一样，道家本身的发展，以及它和儒墨两派间的相互关系，才容易求得出他们的条贯。宋钘这一派，无疑是战国时代的道家学派的前驱，而它的主要动向是在调和儒墨的。

还有《枢言》一篇，其中有好些思想或辞句，和《白心篇》有平行的地方。例如："名正则治，名倚则乱。""以卑为卑，卑不可得；以尊为尊，尊不可得。""致德莫如先，应适（敌）莫如后。""日益之而患少者惟忠，日损之而患多者惟欲。"这些都是很精粹的语句。但全篇的文字和思想都嫌驳杂，如无简编的错落窜杂，大约又是尹文子后人的零碎抄本了。

更其次想附带着叙述的，便是在《孟子》书中所屡次见面的告子。这个人主张"生之谓性"，"人性无分于善不善"，"仁内义外"，时常和孟子论难而遭受到孟子的反对；但孟子也佩服他，说他比自己"先不动心"。这个人又见于《墨子·公孟篇》，墨子的二三子说他"胜为仁"，但又因为他反对墨子，便"请弃"他。据这些看来，尽管有人在说他是孟子的弟子（赵岐）或墨子的弟子（钱穆），但他分明是非儒非墨或亦儒亦墨。他的关于性的主张是道家的看法，而他不非毁仁义还保持着初期道家的面貌。最值得注意的是，孟子在谈浩然之气的时候，引用了他的两句话来加以批评："不得于言勿求于心，不得于心勿求于气。"(《孟子·公孙丑上》)这分明是"毋以物乱官,毋以官乱心"(《管子·心术下》)的另一种说法,所不同的只是告子把心作为了思之官,而把气(即是灵气)放在了心主宰的地位而已。据此,我们可以得出一个断案,便是告子也是宋钘的一派,看来大约也就是游学于稷下的一位学士了。他可能与宋钘是上下年纪,而在思想系统上则宋钘是他的先生。

还有一点要附带着叙述的,是稷下的一位辩者兒说的时代问题。《韩非·外储说左上》说:"兒说,宋人,善辩者也。持白马非马也,服齐稷下之辩者。乘白马而过关,则顾白马之赋。"我觉得这位兒说就是《战国策·齐策》的齐貌辩(《吕览·知士篇》作剂貌辨),《汉书·古今人表》作昆辩。盖兒误为兒(古貌字),兒又误为昆。兒辩,兒说,盖一字一名。貌辩在齐威、宣之世,是靖郭君的食客,曾经游于稷下是不会有问题的。貌辩"多疵",《吕览》作訾,是说他好为怪论。《天下篇》"以坚白同异之辩相訾",即此訾字义。又《吕览·君守篇》言:"鲁鄙人遗宋元王闭,元王号令于国……莫之能解。兒说之弟子请往解之。"宋君之称王者仅王偃一代而灭亡,《荀子·王霸篇》称之为宋献,谓"索为匹夫不可得"。献元偃均一音之转,元献均非谥,其谥乃康王也。王偃当齐宣、湣之世。兒说之弟子既与王偃同时,兒说必在威、宣之世,与貌辩年代亦相符合。故余信兒说必为貌辩无疑。

知道兒说即是貌辩,则可知在齐威、宣之世已有"白马非马"之说,这是宋钘、尹文要正名而"不为苟察"的动机。白与马离析而成为各自独立的观念。白是一观念,马是一观念,一加一为二,故白加马不是马。这种观念游戏的诡辩,在告子的思想中也有它的痕迹。告子是承认"白羽之白也犹白雪之白,白雪之白犹白玉之白"的,而"白马之白"也"无以异于白人之白",由各种白色的东西里面抽出"白"的这个观念来而使它成为独立的东西,可见告子也不免受了些兒说的影响,差不多快要跨进"苟察"的圈子里面去了。

一九四四年八月二十九日

注释

①请与情通。寡字，隶书、草书均与置极相近，故误为置。下"请欲固寡"同。"情欲寡之"，"情欲固寡"即下文"情歌寡浅"，此乃本派重要主张。——作者注

②苟察原作苛察，案乃形近而讹。荀子正名理论与本派相近，《不苟篇》言"君子说不贵苟察"，可为证。——作者注

③《韩非·内储说上》，载文子与齐王论赏罚之道为"国之利器不可以示人"，自即尹文子无疑。——作者注

④《墨经》及《庄子·庚桑楚篇》均言："知，接也。"——作者注

⑤五六四减四八四，应为八〇篇。此却多出六篇，不知何故。书中有《牧民解》《形势解》《立政九败解》《版法解》《明法解》五篇，本是《牧民》《形势》《立政》《版法》《明法》等篇的解释，在初或本合而不分，如《心术上篇》一样。又《心术下篇》与《内业篇》重复（说详本文），"校除"未尽。刘向《序录》，交代未清，故致数目不符耶？——作者注

⑥见《韩非子·显学》。

⑦《庄子·逍遥游》。

《韩非子·初见秦篇》发微

一

现在《韩非子》的第一篇《初见秦》，在《战国策·秦策》里面是收为张仪见秦惠文王时的说辞，足见这篇文章的作者在汉时已经就有两种说法。

宋人王应麟《汉书·艺文志考证》引沙随程氏说："非书有《存韩篇》，故李斯言非终为韩不为秦也。后人误以范雎书厕于其书之间，乃有举韩之论。《通鉴》谓非欲覆宗国，则非也。"举韩之论见《初见秦》，程氏认为范雎书，虽然所引列的根据并不怎么坚实，但总不失为一种新说。

从前的人读书大抵是笃信古书的，凡是黑字印在白纸上的东西似乎都可信，而且要愈古的也就愈见可信。准此，《初见秦篇》的作者在以前的看法大抵是分为两派，不是认为韩非所作，便是认为张仪所作，沙随程氏说是不大为人所注意的。

"五四"以来，读书的方法更加科学化了，对于一种书或一篇作品，假使有可疑的地方，我们晓得用种种方法去考察，在书外求证，在书内求证，总要把它弄得一个水落石出。有时考证所得的结果确是很精确的，读书的方法确是比前人进步了。

关于《初见秦》作者的这个问题，近年来比较有贡献的是容肇祖先生。他有一篇《韩非的著作考》（初载中山大学语言历史学研究所《周刊》一集四期，后收入《古史辨》第四册）认为《初见秦》是"纵横或游说家言混入于

《韩非子》书中者"。在这时他是倾向于张仪说的，以为"劝秦灭六国，当是张仪之言"，他也引到沙随程氏说而表示怀疑："以张仪说为范睢书，不知何据？"但他是坚决地反对韩非说的。

其后容氏又写了一篇《"韩非子·初见秦篇"考》（初载同上《周刊》五集五十九、六十期合刊，后亦收入《古史辨》第四册），对于这问题，作了更深一层的研讨。他详细地考察了"文章的内容"，约略把这文的时代考出了。因为文中多载秦昭王时事，足以证明绝对不是张仪所作。又据引文中下列一段史实而加以推论，也推翻了韩非作的说法。

> 赵氏，中央之国也，杂民之所居也。其民轻而难用也……悉其士民军于长平之下，以争韩上党。大王以诏（《国策》作"诈"）破之，拔武安。当是时也，赵氏上下不相亲也，贵贱不相信也，然则邯郸不守。拔邯郸笼山东河间，引军而去，西攻修武，逾华、绛、上党，代四（《国策》作"三"）十六县，上党七十（《国策》作"十七"）县，不用一领甲，不苦一士民，此皆秦有也。代、上党不战而毕为秦矣……然则是赵举。赵举则韩亡，韩亡则荆、魏不能独立，荆、魏不能独立，则是一举而坏韩，蠹魏，拔荆；东以弱齐、燕，决白马之口以沃魏氏，是一举而三晋亡，从者败也。大王垂拱以须之……霸王之名可成。而谋臣不为，引军而退，复与赵氏为和。夫以大王之明，秦兵之强，弃霸王之业，地曾不可得，乃取欺于亡国，是谋臣之拙也。

这毫无疑问是指秦昭王四十七年白起破赵于长平，四十八年昭王听范睢之谋，"割韩垣雍，赵六城以和"时候的事，故尔容氏说：

> 从上引的《初见秦篇》一段看，明是秦昭王时事。中间屡称大王，所谓"大王以诏（'诈'）破之"，"大王垂拱以须之"，可证确为秦昭王时人所说的……称秦昭王作大王的，就是与昭王同时的人，断不会为始皇十三年入秦的韩非所说。

这样又把韩非说从根本推翻了，确实是很犀利的一个揭发，比较起一向的人所说的韩非忠于韩，不应入秦即劝其"举韩"，或与《存韩篇》相矛盾的那样心理上的证据，自然是更加可靠的了。

《初见秦》的时代既已约略考定，其中的话"确为秦昭王时人所说的"，那么是不是就如沙随程氏所说便是"范雎书"呢？沙随程氏提出了范雎来作为本篇的作者，他的根据为王应麟所引列的，可惜过于简略，但我相信，他大约也是见到了上引长平之役的一段，知道了是昭王范雎时事，故尔他才推定为范雎的吧。不然他这样的结论是无法得出的。但可惜程氏的注意还欠周密，他已经触到了时代的边缘，而对于作者却是规定错了。容氏说："《初见秦篇》所谓'谋臣不为，引军而退，复与赵为和，是谋臣之拙也'的话，都是暗指范雎的，不应是范雎书"，这真真是一语破的，"沙随程氏的话"也的确是"不攻自破"了。

作者既非范雎，但总得与范雎约略同时，是不是有什么线索可以断定为谁的呢？容氏关于这一层是很谨慎的。他说：

> 《初见秦》一篇的作者，既不是张仪，又不是韩非，又不是范雎，而是在昭王时，范雎稍后的一人。究竟何人，尚没有确实的证据。或者急卒一点的会说是蔡泽。但是蔡泽是由范雎进用的，似乎初见秦时不当即数范雎之短。总之这篇说辞，或是一位不大著名的人所作。日久失名，或附之张仪说，或附之韩非书，与"舜、禹，天下之美皆归焉，桀、纣，天下之恶皆归焉"的事情相类。

这儿提出蔡泽说出来，虽然采取的是否认的态度，但却不失为一个新的启示。不过同在《古史辨》第四册里面，又收辑有一篇刘汝霖先生的《"韩非子初见秦篇"作者考》，和容氏第二篇文章的见解大抵相同，而写得更为扼要。容、刘二氏在文字中彼此都没有提到，不知道是什么原故。刘文没有标出写作年月（就《古史辨》而言），也不知道是谁先谁后，或者是各不相谋地所谓"英雄所见大抵相同"的吧。但是刘氏是较倾向于蔡泽说的，在这一点上与容氏稍微不同。刘氏说：

> 我看本篇历举秦人的失策，最后说到长平之战，一连五次称大王。可见上书时的秦王就是围大梁和长平之战时的秦王。我们知道这几次战争都

发生在秦昭王时，可以知道这篇著作的时代必在秦昭王时。里面又说到前二五七年围邯郸的事，知道这篇必作于前二五七年以后。自这年到秦昭王之死，不过七年的工夫。这七年之中，东方说客到秦国而见于史书的，我们仅见到蔡泽一人，所以假定这篇是蔡泽或蔡泽之徒所作，有最高的可能性。

这虽然也并不是肯定了就是蔡泽，但是是从正面提出了蔡泽说的，与容氏从反面来提出的态度不同。照情理上推测，或许是刘文在前而曾为容氏所见到的吧？假使是这样，那么打破了张仪说韩非说与范雎说，而提出了蔡泽说出来的功绩，便应该是写在刘氏项下的。

二

凭着容、刘二氏的开拓，我曾经对于这篇文章也过细地玩味过，觉得蔡泽说也依然不正确，而有另外一个更适当的人。

先请说出我所得到的线索吧。

《初见秦》这篇文章，骤看时好像泛泛地在反对一般的合纵，这是有点迂阔的。因为秦自惠王以来即采取连衡政策以破当时的合纵，而且在时间的经过中合纵的局势已经在渐就崩溃了。何劳你这位说客再来泛泛地反对合纵呢。照道理上讲来，他应该是专为某一次紧急的事态而进说。因此我们便应该注意他在开首一说到本题时便吐露出的这一句话：

> 臣闻天下阴燕阳魏，连荆固齐，收韩（《战国策》作"收余韩"）而成从，将西面以与秦强（《战国策》无"强"字）为难。

这是点破了当时的时势。这一句话应该是很重要的主眼。这儿对于关东六国，在字面上独没有举出赵国，统言"天下"，也太含糊，到底是谁在"连荆"，谁在"固齐"，谁在"收韩"，差不多成了一个无头公案。因此，以前的人把这一句话便很忽略地看过了。我说是很忽略，有什么证据呢？有的，你从对于"阴燕阳魏"的阴阳二字的解释上也就可以看出。对这两字的解释有两种:《国策》高诱注以为"阴小阳大",而《韩非子》旧注则谓"燕北故曰阴,魏南故曰阳"。像这样如以大小南北为说,那么,楚在六国中为最大,而且最南,何以不说"天下阴燕阳荆,连魏固齐"呢?这不是应该特别注意的地方而大家都没有十分注意的证据吗!我的看法是——在这儿所隐去的赵国其实就是"连荆固齐收韩"的主谋,它的地望正是"阴燕阳魏"的。再请看后文要收尾处的那几句话吧:

> 臣昧死愿望见大王,言所以破天下之从,举赵,亡韩,臣荆、魏,亲齐、燕,以成霸王之名,朝四邻诸侯之道。

这儿便把赵国点出了。而且反过来又说:

> 大王诚听其说,一举而天下之从不破,赵不举,韩不亡,荆、魏不臣,齐、燕不亲,霸王之名不成,四邻诸侯不朝,大王斩臣以徇国。

无论反说正说,都是把"举赵"列在第一位的。这正足以证明在说者进说时这一次的合纵是以赵为盟首。赵国正在打算联合关东诸侯以与秦国为难。但关东诸侯也并不是全面参加,而是局部合纵的形势。何以见得呢?你看说者在言"举赵"之外,对韩则言"亡",对荆、魏则言"臣",而对燕、齐则言"亲",便明白地透露出了这个消息。这便是说者在进说的当时,正有着这么一次的合纵运动,除以赵为主动之外,韩、魏、楚是响应赵国的。而燕、齐则采取的是中立态度,不用说是对于赵的好意中立。这是一个重要的线索。像这样以赵为主动,以韩、魏、楚为同谋,而燕、齐中立的攻秦举动,在长平之役乃至邯郸解围以后,秦昭王逝世之前,在史册上是不是有可考见的呢?有的。这样的一件事情就发生在秦昭王五十一年的五月!

我们再请翻阅《史记·赵世家》吧。那儿在邯郸解围后的次年,也就是秦昭王五十一年,明明记录着:"五月,赵将乐乘、庆舍攻秦信梁军,破之。"这在《六国表》,于魏书在安釐王二十一年,言:"韩、魏、楚救赵新中,秦兵罢。"于韩与楚,各书"救赵新中"。可见这一次的军事行动正是赵主谋,而韩、魏、楚为同盟,而且是承继着邯郸解围的胜利余势而来的。信梁,据张守节的《正义》,是秦将王龁的号。在这一次,王龁又是打了败仗的。

这件史实既有证据，那么《初见秦篇》的绝对年代便更可以推定了。据《秦本纪》，昭王五十年十二月"武安君白起有罪死；龁攻邯郸不拔，去，还奔汾军"，足知邯郸解围在秦昭王五十年十二月。而本篇的作者即是在这时之后，并在王龁再败于新中之前进说的，可见《初见秦》的绝对年代便是在秦昭王五十一年的头三四个月里面。

就这样把本篇的绝对年代限定了，我们便可以得到一个断定：蔡泽说也不能成立。

怎样说呢？请看《史记·蔡泽列传》吧。蔡泽本是燕人，曾经游历赵国，被逐。后入韩、魏，在路上遭到抢劫，砂锅土罐都被人抢去了。继后"闻应侯任郑安平、王稽皆负重罪于秦，应侯内惭，蔡泽乃西入秦"。考《范雎传》，郑安平降赵在秦昭王五十年，"后二岁，王稽为河东守，与诸侯通，坐法诛"，则在昭王五十二年。蔡泽既在"郑安平、王稽皆负重罪"之后入秦，可见他的入秦年代是在王稽伏诛之后，即不得早过昭王五十二年。这和《初见秦》的绝对年代不合，故尔作者为蔡泽或其徒之说不能成立。

三

蔡泽或其徒之说既不能成立，本篇的作者是不是还有可以推想的余地呢？

我认为有。

先且把我所想定的人说出来吧，那便是后来为秦庄襄王和秦王政的丞相的吕不韦。

吕不韦初入秦的年代本有两说，据《史记·吕不韦列传》，是在秦昭王四十八年前。秦王政即位时年十三，逆数上去，当生于昭王四十八年的正月。不韦入秦为子楚（即后来的庄襄王）运动王位继承权的事是叙述在秦王政诞生之前的。那么吕不韦的初入秦便是在昭王四十八年以前了。

据《战国策》，则在秦昭王死后，孝文王在位的时代。按照情势上讲来，《战国策》是错了的。秦昭王在位五十六年而死，孝文王即位仅一年而又去世，如除掉服丧期（据《秦本纪》仅一年），则在位仅仅"三日"。在这样短促的期间而且又有丧事，吕不韦才开始活动，是有点不近情理的。

吕不韦初入秦之年应该以《史记·本传》为正，但《本传》把这件事叙在秦王政出世之前，即吕不韦初入秦当在秦昭王四十八年之前，与《初见秦篇》作于昭王五十一年初头的考定不合。那么我怎么能说这《初见秦篇》的作者是吕不韦呢？要解答这个疑难是可以不费事的。《初见秦篇》的文字本身里面并没有"初见秦"的字样，题为"初见秦"只是纂辑《韩非子》的人任意安上的名目而已。当然文中也说"臣昧死愿望见大王"，这如标题为"初见秦王"是说得过去的，但并不能解释为作者的初次入秦。再者文中已自称"臣"，说出"为人臣不忠当死"的话，可见说者已经是秦的属吏，故所以又说"内者量吾谋臣，外者极吾兵力"，"内者吾甲兵顿，士民病，蓄积索，田畴荒，困仓虚，外者天下皆比意甚固"，完全是内秦而外中夏的口气，而且把秦已经称为"吾"了，这更足以证明作者决不会是初次入秦的说客了。

那么我们更应该探讨，吕不韦在秦昭王五十年与五十一年之间是不是有过入秦的事实呢？有的。《吕不韦列传》恰恰叙述着有这么一件事：

> 秦昭王五十年使王齮（龁）围邯郸，急，赵欲杀子楚。子楚与吕不韦谋，行金六百斤予守者吏，得脱亡赴秦军，遂以得归。赵欲杀子楚妻子。子楚夫人赵豪家女也，得匿，以故母子竟得活。

据此可以知道在邯郸围城的时候，子楚是丢下了自己的妻子，同着吕不韦逃走了。"脱亡赴秦军"究竟是在五十年的哪一月虽不得而知，但他们"遂以得归"应该是在邯郸撤围，秦兵退却的时候，即是当年的十二月。再加上途中的时日，那么子楚与吕不韦的回秦便约略在五十一年的初头了。这与上面所考定的《初见秦篇》的绝对年代恰好相合。因此我敢于推定《初见秦篇》的作者应该就是吕不韦。

说为吕不韦有什么不妥当的地方没有呢？我感觉着丝毫也没有。

第一，吕不韦早就在做子楚的"傅"的，他早就是秦的属吏，故尔他尽可以称臣而效忠，内秦而外六国，以秦国为自己的国家。

第二，他在五十一年的入秦虽不是初次，但他的得见昭王可以是初次，甚至是一直没有机会得见到昭王。而在四十八年前初次入秦时，他仅仅是以珠宝商人的资格从事秘密活动的，那时是更没有资格得见昭王的了。

第三，吕不韦是由邯郸的重围中脱出，由赵归秦的，赵的现状和军事活动在他当然明了，这和《初见秦篇》作者的条件也恰恰相应。作者由于熟悉赵国，而且秦、赵当时正纠缠不清，故尔一开口便是"天下阴燕阳魏，连荆固齐，收韩而成从，将西面以与秦强为难"，把主动者的赵竟至"心照不宣"了。

第四，怎样"以成霸王之名，朝四邻诸侯之道"，文中虽然没有说及，但说到"战者万乘之存亡也"，又说到"战战栗栗，日慎一日，苟慎其道，天下可有"。可见作者并不反战，而却主张戒慎，与《吕氏春秋》里面所表现的思想颇相符合（参考《十批判书》中《吕不韦与秦王政的批判》）。

第五，战国时的政治主张本有三种作风，即是王道、霸道、强道。商鞅初见秦孝公的时候，先说以王道霸道，不合，后说以"强国之术"，始见信用（《史记·商君列传》）。《荀子》也说："王夺之（其）人，霸夺之与，强夺之地。"（《王制》）"强"是纯粹的侵略政策，用现代的情形来比附，有点像法西斯主义。《初见秦篇》屡言"王霸"，而隐隐反对"强"的主张，这种思想的色彩也和《吕氏春秋》的思想体系没有什么抵触。

准上，我感觉着：

一、《初见秦篇》的著作权实在是应该划归吕不韦，假使改收在《吕氏春秋》里面作为附录，倒是更合适的。

二、题目不应该标为"初见秦"，应该改为"吕不韦说秦王"，或者还他个无题也可以。

三、《战国策》是冠以"张仪说秦王曰"，这可见《战国策》一书有汉代纂录者的主观见解的窜入。

四、误收入《韩非子》的原因，是因为吕不韦与韩非的时代衔接：《韩非子》第二篇的《存韩》，性质与《初见秦篇》相类，在秦博士官所职掌的官文书中大率是同归在一个档案里面的，后来纂录《韩非子》的人得到这项资料，没有细读内容，便糊里糊涂地弄成张冠李戴了。

五、因此《韩非子》一书中的各篇的著作权都应该从新审定。其中必然还有性质相同而被误收的东西。例如《解老》与《喻老》便又是一个例证。这两篇的作风和见解都不同，而且所据的《老子》的底本也有文字上的出入——如《喻老》引"咎莫憯于欲得"，《解老》"得"字作"利"；《喻老》引"子孙以其祭祀世世不辍"，《解老》"辍"字作"绝"。像这样，两篇也同样不会是出于一个人之手。我的看法，《喻老》是韩非的东西，《解老》是佚名氏的，理由此处从略。

一九四三年十二月十八日

秦楚之际的儒者

　　秦始皇焚书坑儒以后，儒者的动向是怎样？特别是秦二世元年陈涉、吴广所领导的农民革命爆发以后，儒者的动向又是怎样？这似乎不失为一个有趣的题目。就《史记》和《汉书》及其他资料去考察当时的情形，可以看出有这样的几种事实：

　　一、一部分人还是在秦朝任官职；

　　二、一部分人在埋头研究或著书；

　　三、另外一大部分人参加了革命。

　　任秦官职的人，李斯不用说便是绝好的代表。李斯是荀卿的弟子，当然是一位儒者，入秦之后曾为吕不韦门下的舍人，但到吕不韦失败，即一弃其所学，而以权谋术数、严刑峻法以媚秦。焚书坑儒之议就是他发动的。他要算是很会做官，然而结果为赵高所谗杀。

　　李斯是这样，他门下还有不少的"宾客"，大约也有不少的儒者在里面。这些人和李斯一道遭了"收捕"。李斯既身被五刑而夷三族①，他们的大多数总是难免于一死的，详细的情形书中别无记载。

　　除了李斯及其宾客之外，论理还有不少的儒者在做秦朝的官，可考者是还有些没有坑完的儒生与博士。此事见《叔孙通传》。

　　　　叔孙通者，薛人也。秦时以文学征，待诏博士（候补博士）。数岁，陈胜起山东，使者以闻。二世召博士诸儒生问曰："楚戍卒攻蕲入陈，于公何如？"博士诸生三十余人前曰："人臣无将，将即反，罪死无赦。愿陛下急发兵击之。"二世怒，作色。叔孙通前曰："诸生言皆非也。夫天下合为一家，毁郡县城，铄其兵，示天下不复用。且明主在其上，法令具于下，使人人奉职，四方辐辏，安敢有反者！此特群盗鼠窃狗偷耳，何足置之齿牙间！郡守尉令捕论，何足忧！"二世喜曰："善。"尽问诸生。诸生或言反，或言盗。于是二世令御史按诸生言反者，下吏。诸生言盗者皆罢之。乃赐叔孙通帛二十四，衣一袭，拜为博士。叔孙通已出宫，反舍，诸生曰："先生，何言之谀也！"通曰："公不知也，我几不脱于虎口。"乃亡去，之薛，薛已降楚矣。及项梁之薛，叔孙通从之。

据这个故事看来，在秦焚书坑儒之后，还有不少的儒生在做博士或候补博士，秦代的坑儒并没有把儒坑完。同时秦代的焚书也并没有把书焚完。我们看李斯所上的焚书令是："请史官非《秦纪》皆烧之；非博士官所职，天下敢有藏《诗》《书》《百家语》者，悉诣守尉杂烧之；有敢偶语《诗》《书》〔者〕，弃市；以古非今者，族；吏见知，不举者，同罪；令下三十日，不烧，黥为城旦；所不去者医药卜筮种树之书；若欲有学法令，以吏为师。"②可见就是《诗》《书》《百家语》，所烧的只是民间私藏，而官家博士所掌管的是没有烧的。但《诗》《书》《百家语》结果是受了烧残。在这儿还有第二把火，便是楚霸王项羽的"烧秦宫室，火三月不灭"。

埋头研究或著书的人是怎样呢？

在我看来，荀卿似乎就是一位最伟大的代表。

荀卿是得见李斯为秦相的，《盐铁论·毁学篇》云："李斯之相秦也，始皇任之，人臣无二。然而荀卿为之不食，睹其罹不测之祸也。"李斯为相当在始皇三十四年，已是兼并天下后的第九年。虽然有人认为荀子活不到这样迟，那是因为把荀子的生年太推早了的原故。荀子十五始游学于齐（据应劭《风俗通义·穷通篇》），被《史记》与刘向《叙录》误为了五十。《韩非子·难三篇》言："燕子哙贤子之而非孙卿，故身死为僇。"这位"孙卿"，疑字有误，应该不是荀子。把荀子的生年推后些，活到八九十岁尽可能及于秦代。在这儿《荀子》书中有一个内证：

为说者曰："孙卿不及孔子。"是不然。孙卿迫于乱世，鳍于严刑，上无贤主，下遇暴秦，礼义不行，教化不成，仁者绌约，天下冥冥，行全刺之，诸侯大倾。当是时也，知者不得虑，能者不得治，贤者不得使。故君上蔽而无睹，贤人距而不受。然则孙卿怀将圣之心，蒙佯狂之色，视（示）天下以愚。《诗》曰："既明且哲，以保其身。"此之谓也。是其所以名声不白，徒与不众，光辉不博也。

这是《荀子》最后一篇《尧问篇》的最后一节，原文还有一半光景，盛称荀卿为圣人，不亚于孔子。这不用说是荀子的门人所加的赞辞，但从这段文字来就可以知道荀子是明明活到了秦皇统一天下以后，他曾以佯狂示愚，明哲保身。一般的研究家不知道怎的，却不甚注意这一段文字。在我想来，荀子晚年一定是相当窘的，他在《成相篇》里面也有好些牢骚不平的话，特别是下列二章值得注意：

世之愚，恶大儒，逆斥不通孔子拘，展禽三绌，春申道缀基毕输。

春申君是用过荀子的人，这章的末句应该说的是春申君失败之后楚国不久也就亡了。

世无王，穷贤良，暴人刍豢仁糟糠。礼乐灭息，圣人隐伏墨术行。

这应该指斥的是秦政，言秦以霸术得天下，并非王者之道，秦政是有充分的墨家色彩的。

荀子善言《易》，今存《易传》应多出自荀子或其门人。这是一种烟幕，因为卜筮之书不在禁止之列。《汉书·艺文志》中所列农家、方技、医术、蓍筮、杂占、神仙诸书，多假托神农、黄帝，应该也怕是秦火以后没有出路的一些儒者之所为，因为医药种树之书也是不在禁止之列的。那些书多已经亡了，无从知道它们的内容。但如现存的《黄帝内经》，把一些阴阳五行的玄理附会在医理里面，恐怕是有所为而作。不幸原意隐晦，竟束缚了中国的医学两千多年，一直到现在都还不能尽量摆脱。

汉儒于六艺差不多各有一套传授系统，如《诗》的浮丘伯、申公、穆生、白生，《书》的秦老博士伏生，《易》的田何，《礼》的高堂生，《春秋》的公羊子之徒，应该都是秦、楚之际的埋头研究者。浮丘伯是荀卿的弟子，他一直活到了吕后时代。

《叔孙通传》上的鲁两生，也应该是这一派的人物。叔孙通参加了项梁的队伍之后，不久他又投到了汉高祖的麾下，帮助他把项羽打败了，得了天下，他便为汉高祖制朝仪。在这制作典礼的时候，除掉自己的学生百余人和高祖左右的"学者"之外，他还到山东去聘请了"鲁诸生三十余人"来参加。在去聘请时却有两位鲁生看不起他，拒绝受聘。

> 鲁有两生不肯行。曰："公所事者且十主，皆面谀以得亲贵。今天下初定，死者未葬，伤者未起，又欲起礼乐。礼乐所由起，积德百年而后可兴也。吾不忍为公所为。公所为不合古，吾不行。公往矣，无污我！"叔孙通笑曰："若（汝）真鄙儒也，不知时变。"遂与所征三十人西。

大抵鲁儒多好学，《儒林传》称："及高皇帝诛项籍，举兵围鲁，鲁中诸儒尚讲诵，习礼乐，弦歌之音不绝。"《项羽本纪》亦载其事，言："项王已死，楚地皆降汉，独鲁不下。汉乃引天下兵欲屠之，为其守礼义，为主死节，乃持项王头示鲁，鲁父兄乃降。始楚怀王初封项籍为鲁公，及其死，鲁最后下。"在围城生活中都还在"讲诵，习礼乐"，平常也一定"弦歌之音不绝"，是可以想见的。不过这种情形应该是革命爆发之后才恢复的，因为秦令"偶语《诗》《书》弃市"，谁还敢公开地讲诵而弦歌呢？

另外还有大批人却是参加了革命，有的在事前就有秘密活动，有的在事发时便立即参加了。

第一，我们应该举出孔甲。他名鲋，是孔子的八世孙。《孔子世家》上说："鲋，年五十七，为陈王涉博士，死于陈下。"《儒林传》说得更详细："陈涉之王也，而鲁诸儒持孔氏之礼器，往归陈王。于是孔甲为陈涉博士，卒与俱死。陈涉起匹夫，驱瓦合适戍，旬月以王楚，不满半岁竟灭亡，其事至微浅。然而缙绅先生之徒负孔子礼器，往委质为臣者何也？以秦焚其业，积怨而发愤于陈王也。"司马迁把这件事情看得相当重要，但可惜他没有更详细的追求。看陈涉在起事的仓卒之间便设置了博士，可见得他并不是一位像楚霸王那样的有勇无谋的贵族暴徒，也不是像汉高祖那样动辄谩骂儒者的流氓无赖，司马迁把他写得太少了。

第二，我们应该举出张良。张良在初本是一位儒者，《本传》上说他"尝学礼淮阳"。但就在这"学礼"的时候，他"东见仓海君，得力士，为铁椎重百二十斤。秦皇帝东游，良与客狙击秦皇帝博浪沙中，误中副车"。看这情形，所谓仓海君，也应该是当时的一位儒者而兼带着在做秘密工作的人。到后来，陈涉一发动，张良也就响应了——"陈涉等起兵，良亦聚少年百余人。"

第三，我们应该举出陈馀。"陈余好儒术"（《本传》），又"成安君儒者也，常称义兵不用诈谋奇计"（《淮阴侯列传》）。他和张耳两人早就是为秦所注意的人物，曾悬出赏格求他们："张耳千金，陈余五百金。"他们只好改名换姓地到陈去做着"监门"过活。秦人购求他们，他们也若无其事地以门者的资格购求自己。但等"陈涉起蕲，至入陈，兵数万，张耳、陈余上谒陈涉……于是陈王以故所善陈人武臣为将军，邵骚为护军，以张耳、陈余为左右校尉，予卒三千人，北略赵地"。从此陈余也就成为了革命军的一个领袖。

第四，我们应该举出郦食其。《本传》说他"好读书，家贫落魄，无以为衣食业，为里监门吏，然县中贤豪不敢役，县中皆谓之狂生。及陈涉、项梁等起，诸将徇地过高阳者数十人，郦生问其将皆握龋（齷龊），好苛礼，自用，不能听大度之言，郦生乃深自藏匿。后闻沛公将兵略地陈留郊，沛公麾下骑士适郦生里中子也，沛公时时问邑中贤士豪俊。骑士归，郦生见，谓之曰：'吾闻沛公慢而易人，多大略，此真吾所愿从游，莫为我先。若（汝）见沛公，谓曰：臣里中有郦生，年六十余，长八尺，人皆谓之狂生，生自谓我非狂生。'骑士曰：'沛公不好儒，诸客冠儒冠来者，沛公辄解其冠，溲溺其中，与人言常大骂，未可以儒生说也。'"郦生是一位儒者毫无问题，结果他见了刘邦也就被骂为"竖儒"——在《张良传》中还挨过第二次这样的骂。他却给刘邦一个谴责，让刘邦屈服了。刘邦的初期战略和政略实在多赖他策画，及至掉三寸舌下齐七十余城，可以说是他的最辉煌的时期，然而结果是便宜了韩信的军事进攻，齐王把他烹了。郦生假如不凶终，他在汉室的功臣地位，我想是决不亚于留侯张良的。

第五，我们应该举出陆贾。"陆贾者，楚人也，以客从高祖定天下，名为有口辩。"他后来"时时前说称《诗》《书》，高帝骂之曰：'乃公居马上而得之，安事《诗》《书》？'贾曰：'居马上得之，宁可以马上治之乎？'"曾著书"二十三篇"③，《汉书·艺文志》是把他列在儒家的。

第六，我们应该举出朱建。朱建也是楚人，是陆贾的朋友。他曾经辅助过黥布。"为人辩有口，刻廉刚直……行不苟合，义不取容。"后来"高祖赐号平原君"。《艺文志》有"《平原君》七篇"，也是列在儒家的。

第七，我们应该举出楚元王刘交。他是刘邦的同父少弟，"好书，多才艺。少时尝与鲁穆生、白生、申公俱受《诗》于浮丘伯。伯者孙卿门人也，及秦焚书，各别去……高祖既为沛公……交与萧、曹等俱从高祖……汉六年……交为楚王……元王既至楚，以穆生、白生、申公为中大夫。高后时浮丘伯在长安，元王遣子郢客与申公俱卒业。文帝时闻申公为《诗》最精，以为博士。元王好《诗》，诸子皆读《诗》。申公始为《诗传》，号《鲁诗》。元王亦次之，《诗传》号曰《元王诗》，世或有之"。这是根据《汉书·本传》，关于学《诗》及传《诗》诸点为《史记》所无，但此与古今文之争无涉，谅非伪托。真没有想到在见儒即大骂的刘邦之下，还有这样一位深于《诗》教的异母弟。然而他并不是天天死诵着"关关雎鸠"，而是跟着他的阿哥奔走革命、运筹帷幄的。

第八，我们应该再提起叔孙通。叔孙通抛弃了秦博士官而跑去参加革命，开始是跟着项梁，其次是楚义帝，其次是项羽，其次才是刘邦。"汉二年汉王从五诸侯入彭城，叔孙通降汉王……通儒服，汉王憎之，乃变其服，服短衣，楚制，汉王喜。"这位博士的性格很能圆通顺应，和郦食其不同，但他也不是纯粹的书呆子。他投降刘邦的时候有"弟子百余人"跟随着他，这一定是他参加革命之后所招收的。但这一百多弟子虽是跟着革命了，却都不过是一些分吃一碗革命饭的家伙。先生很识时务，在战争期间，他所推荐的人专门是那些"群盗壮士"。学生们骂为"大猾"，因此学生们都不平，以为得不到一碗饭吃。到后来，天下打平了，要定朝仪的时候，这些弟子得到使用了，都做了官了，于是乎大家满高兴，又恭维叔孙通是"圣人"，"知当世之要务"。革命队伍里面的一些滥竽分子的丑态完全暴露了。

以上是儒者在秦、楚之际的活动情形，虽然只是一个大略，但比别的学派也就够热闹了。

别的学派的动向所可考见的很少，但如陈平是道家，《史记》说他"少时本好黄帝、老子之术"，《汉书》也说他"少时家贫，好读书，治黄帝、老子之术"。

田叔是道家，《史记》说他"喜剑，学黄老术于乐巨公所。叔为人刻廉自喜，喜游诸公"。《汉书》还说他"喜任侠"，足见侠之中也有道家的人。后来人家举他起来做了张耳的儿子赵王张敖的郎中。张敖的部下赵午、贯高等谋杀汉高祖的计划泄漏，张敖被逮，汉廷有诏"赵有敢随王者罪三族"，但"孟舒、田叔等十余人，赭衣自髡钳，称王家奴，随赵王敖至长安"。他这种态度也是够有侠气的。

曹参也应该是道家，虽然是后来的事。当他在惠帝时做齐国的丞相，"尽召长老诸生，问所以安集百姓如齐故俗。诸儒以百数，言人人殊。参未知所定。闻胶西有盖公，善治黄老言，使人厚币请之。既见盖公，盖公为言治道贵清静而民自定。推此类具言之。参于是避正堂，舍盖公焉。其治要用黄老术。故相齐九年，齐国安集，大称贤相"。后来他承继萧何做汉丞相，也是这一套无为而治的办法。这些虽说都是后来的事，但一定是他本来的思想和生活态度有道家的倾向，故尔才走上了这样的步骤。

张良是由儒而转入于道的人。自从他会过那位黄石公之后，读了《太公兵法》，他的生活态度是有些改变了。"《太公》二百三十七篇"，《艺文志》是列在道家里面的。后来他竟成为了神仙家。"愿弃人间事，欲从赤松子游耳，乃学辟谷，道引，轻身。"这要算是他聪明，自己取了消极自杀的手段，免得别人用积极的手段来杀他。

像这些例子也足以证明道家者流对于秦汉之际的革命也并不是一味地消极。陈平、曹参、张良都是革命队伍中的领袖，而乐巨公、盖公、黄石公之流也应该是革命前夜的一些地下活动者。

张苍是阴阳家。"秦时为御史，主柱下方书，有罪亡归。及沛公略地过阳武，苍以客从攻南阳。"就这样他从逃亡的官吏，参加了革命，后来做到丞相。他是长于律历的，有"张苍十六篇"，《艺文志》列在阴阳家。

劝淮阴侯韩信三分天下的蒯彻（通）是纵横家。"论战国时说士权变，亦自序其说凡八十一首，号曰《隽永》"（《汉书·蒯通传》）。他这书，《艺文志》是收在纵横家里面的，曰"《蒯子》五篇"。还有他的朋友安其生，"尝干项羽，项羽不能用其策"，也怕是一位纵横家吧。项羽的军师，"居鄛人范增，年七十，素居家，好奇计"的，恐怕也是这一流人物。

像这样的阴阳家、纵横家之徒，我们也可以找出参加革命队伍的人。

然而有一个负号的现象值得注意，便是在韩非子的时候都还是"显学"，与儒家中分天下的墨家，在革命队伍中却一个也找不出！或许有人会说，游侠就是墨，但游侠不是墨，我已经在《墨子的思想》一文中论述过了。

《淮南子·氾论训》里面有下列一段：

> 秦之时高为台榭，大为范围，远为驰道，铸金人，发适戍，入刍稿，头会箕赋，输于少府。丁壮丈夫，西至临洮、狄道，东至会稽、浮石，南至豫章、桂林，北至飞狐、阳原，道路死人以沟量。当此之时，忠谏者谓之不祥，而道仁义者谓之狂。逮至高皇帝存亡继绝，举天下之大义，身自奋袂执锐，以为百姓请命于皇天。当此之时，天下雄俊豪英，暴露于野泽，前蒙矢石，而后堕溪壑，出百死而给一生，以争天下之权，奋武励诚，以决一旦之命。当此之时，丰衣博带而道儒墨者，以为不肖。

淮南王安著书时，距汉初仅六十年左右，当时故老多有存者，即淮南门下也应该还有目击或身预陈、吴革命事的老人。他这所说的大抵是事实，虽然关于儒者我们找到了好些反证，但关于墨者的反证却一件也无法获得。

那些墨家显学，在那个革命时代究竟往哪儿去了呢？而且在那个革命运动之后，墨家也完全绝迹了，这究竟是怎么一回事呢？这儿我所能理解的只有两种可能性。一种是墨家参加了秦人的保卫战而遭了牺牲。墨家尊天明鬼，尚同非命，非乐非儒，为秦政所蹈袭，大有类于秦代的官学。荀子所叹息的"礼乐灭息，圣人隐伏墨术行"④，可见得不是无的放矢。

第二种可能性是墨家改了行，所谓"逃墨必归于杨，逃杨必归于儒"，看见风头不好，摇身一变，便都"丰衣博带"起来了。

这两种可能性都不是我在这儿"投井下石"，我是从理论与史实归纳出来的，两种可能性都能够同属于事实。特别是第二种，在上揭《淮南·氾论训》那一段话的下边，接着便这样说：

　　逮至暴乱已胜，海内大定，继文之业，立武之功，履天子之图籍，造刘氏之貌冠，总邹鲁之儒墨，通先圣之遗教，戴天子之旗，乘大辂，建九斿，撞大钟，击鸣鼓，奏成池，扬干戚。当此之时，有立武者见疑。

在汉初天下奠定的时候，墨已经成了儒的附庸，而"总"之"邹、鲁"了。这从儒家的立场上说来，是墨家的进化，从墨家的立场上说来，是墨家的堕落，而在我们现代非儒非墨的立场上说来，却是儒墨的总堕落。先秦墨家固然灭亡了，先秦儒家事实上也完全变了质。秦以前的所谓"儒"和秦以后的所谓"儒"，虽然在其本身也有传统上的关系，但那传统是完全混淆了的。所有先秦以前的诸子百家，差不多全部都汇合到秦以后的所谓儒家里面去了。打的虽然同是孔子的招牌，但有的是吃阴阳家的饭，有的是吃道家的饭，有的是吃法家的饭，近来也有人吃起名家的饭来了。墨家是不是真的消灭了呢？其实并不是那么一回事。历代的王朝不是都在尊天明鬼吗？不是都在尚同贵力吗？就是号称为儒家中兴的宋明理学，除掉在骨子里吃的道士饭、和尚饭之外，也充分地保存着墨家的衣钵；他们的宗教性很强，门户之见很深，而对于文艺都视如不共戴天的仇敌。例如朱夫子所说的"一为文人便无足观"，这岂不是墨子"非乐"理论的发展吗？宋以后能弹七弦琴的找不到几个人，筝瑟箜篌都丧失了。有几部大小说足以夸耀于全世界的，却定不准确它们的作者为谁。可怜呀，男子弄文艺固然不道德，女子弄文艺尤其近于伎女，竟成了封建时代的家庭教条与社会教条。吃人的礼教到底应该归谁来负责？所以从名义上说来，秦以后是儒存而墨亡，但从实质上说来，倒是墨存而儒亡的。到现在还有人在提倡复兴墨学，这和提倡复兴孔学的人真可以说是"鲁卫之政"。

一九四三年八月二十九日

注释

　　①夷三族具五刑之令见《汉书·刑法志》，令曰："当三族者皆先黥、劓、斩左右趾、笞杀之，枭其首，菹其骨肉于市。其诽谤詈诅者（又）先断舌。故谓之具五刑。"

三族者："父母、妻子、同产。"——作者注

②《史记·秦始皇本纪》。

③《史记·陆贾传》作"十二篇"。此据《汉志》。——作者注

④《荀子·成相》。

青铜器时代

　　中国的青铜器时代，它的下界是很明了的，便是在周秦之际。由秦以后便转入铁器时代。兵器的用材，在这儿是最好的标准。存世古兵器，如戈矛剑戟之类，凡是秦以前的都是铜制，铁制者未见①，而秦以后的铜制兵器也完全绝迹了。古时候的人也有见到这个现象的，如江淹的《铜剑赞序》有云：

> 古者以铜为兵。春秋迄于战国，战国迄于秦时，攻争纷乱，兵革互兴，铜既不克给，故以铁足之。铸铜既难，求铁甚易，故铜兵转少，铁兵转多。二汉之世，逾见其微。

　　把铜铁的转换归之于使用的频繁，以致材料的缺乏，这表示着古人的知识不够。事实上是铁的效用比铜更大，故有铁的冶铸的发明和进步，便把铜的主要地位夺取了。这也不是一朝一夕便转换到的。铁的开始使用应该比周秦之际还要早。宇宙中除在殒石里面多少含有天然铁之外，所有的铁都是和别的原素化合着而形成为矿物的，由铁矿中把铁提炼出来的发明，不知道是在中国的什么时候。文献上可考见的，大抵在春秋初年已经就有铁的使用了。《管子·海王篇》上已经有所谓铁官。

> 今铁官之数曰：一女必有一针一刀……耕者必有一耒一耜一铫……行服连轺辇者必有一斤一锯一锥一凿。

　　看这样子，铁已经在作为手工业器具的原料而使用着了。《管子》本来并不是管仲作的书，也并不是春秋时代的著作。但这项资料即使是战国时代的情形，为时也相差不远。《国语·齐语》上也有管仲的话这样说着：

> 美金以铸剑戟，试诸狗马；恶金以铸锄夷斤欘，试诸壤土。

这美金和恶金的区别，和前项的资料参照起来，可知也就是青铜和生铁的区别了。当铁的冶金初被发明的时候，应该只能有生铁的使用，只能用来铸造一些简单的手工用具，待到后来炼钢术发明了，然后才能用来造积极的兵器。钢的发明大约在战国末年，因为那时的楚国已经在用铁的兵器了。《荀子·议兵篇》，云楚人"宛钜铁钝，惨如蜂虿"。（《史记·礼书》引作"宛之钜铁，施钻如蜂虿"。伪撰《商君书》者在《弱民篇》中窃用此文为"宛钜铁钝，利若蜂虿"。）又《史记·范睢传》载秦昭王语："吾闻楚之铁剑利而倡优拙，夫铁剑利则士勇，倡优拙则思虑远。"据这些资料，可以知道铁的冶铸在战国末年已经达到高度的水准了。以前曾经有人论到过，秦始皇二十六年混一六国之后，曾"收天下之兵聚之咸阳，销锋铸鐻，以为金人十二"，是因铁的新兵器已经出现，故销融废铜以铸铜像。这里有划时代的意义，并不是秦人统一了天下，从此放牛归马，不再用兵，而是铜兵已经把地位让给铁兵去了。这是很有趣味的一件揭发，但由我们最近的研究，已经知道销兵铸器并不始于秦始皇，而实始于楚。

是一九三三年的事。那年夏间，安徽的寿县东乡朱家集的李三孤堆，因为淮水泛滥，发现了很多古器。其中有好些器皿刻着两位楚工的名字，一位是熊肯，一位是熊忑。寿县是古时的寿春，是楚国最后的都城，是楚襄王的儿子考烈王于其二十二年由陈城徙都的。因此，在我认为熊肯即考烈王熊完，熊忑即幽王熊悍。后者是大家所同意的，前者还有异说。现在我只想举出两个熊忑的器皿。

一个是鼎，器盖都有铭，器铭为："楚王熊忑战只（获）兵铜，正月吉日，作铸乔鼎，以共戴常（蒸尝）。"（盖文乔鼎下多"之盖"二字。）还有一个是盘，铭文与鼎全同，只"乔鼎"二字作"少（炒）盘"而已。幽王在位仅十年，据《史记·楚世家》，只于其三年载"秦、魏伐楚"一事，《六国年表》于秦、魏栏内亦同载其事。秦言"发四郡兵助魏击楚"，魏言"秦助我击楚"，均未言胜负。除此之外，幽王在位年间无战事的记载。大率幽王"战获兵铜"之事，就是在这"秦、魏伐楚"的一役，而楚国是得到胜利的。幽王得到兵铜，不把来作为兵器或铸铜兵之用，而把它来铸鼎盘彝器之类，可见销兵铸器实始于楚幽王，而楚在当时已确实不仰仗铜兵了。

就这样，中国青铜器时代的下界是很明了的，绝对的年代是在周、秦之际。假使要说得广泛一些，那么春秋、战国年间都可以说是过渡时代。

但是上界却是很渺茫的。中国究竟是在什么时候由石器时代递禅到青铜器，在今天谁也无法回答。我们在今天所有的知识，只是知道，殷代已经是青铜器时代了。

青铜器的有组织的研究始于北宋末年，到今天算已有一千年的历史。由北宋以来所有业经著录的铜器已有七八千件，就有铭文记载的加以研究，百分之八十以上是周器，但亦有少数可以断定为殷器的。例如有名的《戊辰彝》，铭文里面记着"在十月，佳王廿祀盈日，遘于妣戊，武乙奭"，是说祭武乙之配妣戊。古人称祖母为妣，武乙之配必帝乙、帝辛两代始能称妣。故《戊辰彝》如非帝乙二十年之器，即帝辛二十年之器。像这样由铭文确实可以定为殷器的，大抵有一打左右。故殷代毫无疑问已入青铜器时代。这个断案，由殷虚的发掘更得到了地下的实证。殷虚中发现有若干青铜器和不少的钢模、冶铜工具及铜矿的残存，在今天，谁也不会怀疑，殷、周两代是共同包含在青铜器时代里面的。

但值得奇异的是，现存殷彝及殷虚出土的铜器，由其花纹形式及品质而言，冶铸的技术已极端高度化，而可以证明为殷以前的作为前驱时代的器皿却一个也不曾发现。宋人书中有所谓"夏器"，今已证明有的是伪器，有的只是春秋末年的越器。殷以前之物应该有而却未能发见或证明，实在是古代研究上的一个重大的悬案。在这儿可能有两种推测：一种是还埋藏在黄河流域的土里未被发现；另一种是青铜或铜的冶铸技术系由别的区域输入黄河流域的，而原产地尚未发现。在我认为第二种的推测可能性更大。青铜器出土地自来偏在于黄河流域，由南方出土者甚少，如黄河流域为原产地，不应于将近万件的遗器中竟无一件足以证明为前驱时代之物。而中国南方，江淮流域下游，在古时是认为青铜的名产地。《考工记》云"吴、越之金锡"，李斯《谏逐客书》云"江南之金锡"，都是证据。金锡的合金即是青铜。在春秋、战国时江南吴、越既为青铜名产地，则其冶铸之术必渊源甚古。殷代末年与江淮流域的东南夷时常发生战事，或者即在当时将冶铸技术输入了北方。当时北方陶器已很进步，殷虚所出的白陶，其花纹形制与青铜器无甚悬异，以青铜而代陶土，故能一跃而有高级的青铜器产出。我这自然只是一种推测，要待将来的地下发掘来证明。将来有组织的科学发掘普遍而彻底地进行时，青铜器时代的上界必然有被阐明的一天的。

殷代铜器传世不多，且容易识别，在铜器本身及作为史料的研究上没有多么大的难题。而在百分之八十以上的周代铜器，虽然容易认为周代之物，但周代年限太长，前后绵亘八百年，在这儿仅仅以"周器"统括之，实在是一个莫大的浑沌。因而周器的断代研究便成为一个重要的课题。时代性没有分划清白，铜器本身的进展无从探索，更进一步的作为史料的利用尤其是不可能。就这样，器物愈多便愈感觉着浑沌，而除作为古玩之外，无益于历史科学的研讨，也愈感觉着可惜。

以前的学者也每每注意到时代的考定上来，但方法不甚缜密，所考定出的年代相差甚远。例如有名的《毛公鼎》，就仅因为作器者为毛公，遂被认为文王的儿子毛叔，于是便被定为周初之器。其实这器铭的文体和《尚书·文侯之命》相近，决不会是周初的东西。经我考定，它是宣王时代的作品。这一相差就有三百年左右。彝铭中多年月日的记载，学者们又爱用后来的历法所制定的长历以事套合，那等于是用着另一种尺度任意地作机械的剪裁。在二三十年以前的旧人仅仅就一两例以作尝试，其结果倒也无足重轻，近一二十年来的新人们更扩大规模作整套的安排，大表长编，相沿成为风习。作俑者自信甚强，门外者徒惊其浩瀚，其实那完全是徒劳之举。周室帝王在位年代每无定说，当时所用历法至今尚待考明，断无理由可以随意套合的。

例如有一位恭王，他的在位年代便有四种说法。有二十年说（《太平御览》八十五引《帝王世纪》），有十年说（《通鉴外纪》），有二十五年说（《通鉴外纪》引皇甫谧说），更有十二年说（邵康节《皇极经世》中所推算）。后世史家多根据十二年说，故做"金文历朔长表"的人也多按照着这个年代来安排。但存世有《趞曹鼎》二具，其一云："隹十又五年五月既生霸壬午，龏王在周新宫，王射于射庐。"这分明是龏王在世时之器。龏王即恭王，金文中凡恭敬字都作龔。龔也不是谥号。古时并无谥法，凡文、武、成、康、昭、穆、恭、懿等均是生号而非死谥。这件史实由王国维揭发之于前，由我补证之于后，在目前已经成为定论了。死谥之兴大率在战国中叶以后②。就这样，我们知道周恭王在位十五年都还存在，虽然二十五年说与二十年说还不知道孰是孰非，而十二年说与十年说却是铁定的错误了。据十二年说以安排的历朔表，岂不是一座蜃气楼吗？

像这样的年代考定实在比原来没有经过考定的更加浑沌。没有经过考定，我们仅是不知道年代而已，而经过所谓考定，我们所得到的是错误的年代。故尔用错误的方法从事考定，愈考定，愈增加问题的浑沌。

这个浑沌，由我所采取的方法，似乎已经渐被凿破了。我是先选定了彝铭中已经自行把年代表明了的作为标准器或联络站，其次就这些彝铭里面的人名事迹以为线索，再参证以文辞的体裁，文字的风格和器物本身的花纹形制，由已知年的标准器便把许多未知年的贯串了起来。其有年月日规定的，就限定范围内的历朔考究其合与不合，把这作为副次的消极条件。我用这个方法编出了我的《两周金文辞大系》一书，在西周我得到了一百六十二器，在东周我得到了一百六十一器，合共三百二十三器。为数看来很像有限，但这些器皿多是四五十字以上的长文，有的更长到四五百字，毫不夸张地是为《周书》或《国语》增加了三百二十三篇真正的逸文。这在作为史料研究上是有很大的价值的。即使没有选入《大系》中的器皿，我们拿着也可以有把握判定它的相对的年代了。因为我们可以按照它的花纹形制乃至有铭时的文体字体，和我们所已经知道的标准器相比较，凡是相近似的，年代便相差不远。这些是很可靠的尺度，我们是可以安心利用的。一个时代有一个时代的文体，一个时代有一个时代的字体，一个时代有一个时代的器制，一个时代有一个时代的花纹，这些东西差不多是十年一小变，三十年一大变的。譬如拿瓷器来讲，宋瓷和明瓷不同，明瓷和清瓷不同，而清器中有康熙瓷、雍正瓷、乾隆瓷等，花纹、形态、体质、色泽等都有不同。外行虽不能辨别，而内行则有法以御之，触目便见分晓。周代的彝器，我自信是找到了它的历史的串绳了。

大体上说来，殷、周的青铜器可以分为四个时期，无论花纹、形制、文体、字体，差不多保持着同一的步骤。

第一，鼎盛期：从年代上说来，这一期当于殷代及周室文、武、成、康、昭、穆诸世。在这一期中的器物最为高古，向来为古董家所重视。器制多凝重结实，绝无轻率的倾向，也无取巧的用意。花纹多全身施饰，否则纯素。花纹种类大率为夔龙、夔凤、饕餮、象纹、雷纹等奇怪图案，未脱原始的风味，颇有近于未开化民族的图腾画。文体字体也均端严而不苟且。

第二，颓败期：这一期大率起自恭、懿、孝、夷诸世以迄于春秋中叶。一切器物普遍地呈出颓废的倾向。器制简陋轻率，花纹多粗枝大叶的几何图案，异常潦草。一前期之饕餮、雷纹等绝迹，而夔龙、夔凤每变形为横写之 S 字形。铭文的文体及字体也均异常草率，如欲求草篆可于此期中得之。文字每多夺落重复。古者同时造作各种器皿，每每同铭，比较以观，故能知其夺落重复。但这一期的铭文，平均字数较前一期为多，而花纹逐渐脱掉了原始风味，于此亦表示着时代的进展。

第三，中兴期：自春秋中叶至战国末年。一切器物呈出精巧的气象，第一期的原始风味全失，第二期的颓废倾向也被纠正了。器制轻便适用而多样化，质薄，形巧。花纹多全身施饰，主要为精细之几何图案，每以现实性的动物为附饰物，一见即觉其灵巧。铭文文体多韵文，在前二期均施于隐蔽处者（如在鼎簋之腹，或爵斝之鋬阴），今则每施于器表之显著地位，因而铭文及其字体遂成为器物之装饰成分而富有艺术意味。铭文的排列必求其对称，字数多少与其安排，具见匠心。字体的演变尤为显著，在这一期中有美术字体出现，字之笔画极意求其美化，或故作波磔，或多加点饰。甚至有"鸟篆"出现，使字画多变为鸟形，其有无法演变者则格外加上鸟形为装饰。这种风气以南方的器皿为尤甚。

第四，衰落期：自战国末叶以后，因青铜器时代将告递禅，一切器物复归于简陋，但与第二期不同处是在更加轻便朴素。花纹几至全废。铭文多刻人，与前三期之出于铸入者不同。文体字体均简陋不堪，大率只记载斤两容量，或工人自勒其名而已。

这样的分期的说明，自然是只能得到一个梗概。假使要详细地追踪，从这儿可以发展出无数的研究出来的。例如以文字言，某一字在何时始出现，或某一字在何时却废弃了，一字的字形演变在这四期中经过如何的过程，一字的社会背景和含义的演变，如向这一方面去追求，不用说便可以丰富文字学或"小学"的内容。又例如就花纹去研究，某一种花纹在何时始出现，某一种花纹在何时废弃了，一种花纹的形式演变经过了怎样的过程，花纹的社会背景和寓意，都同样可以追求，在这一方面便可以丰富美术史的内容。又例如器制，也是同样。有的器皿，如爵缉等饮器，仅在第一期中有之，以后便绝迹。有的器皿在第三期时始出现，如簠鬲之类，到第四期又见隐匿了。这里可见当时社会的风尚，殷人好饮酒，故酒器多。簠鬲之类，殷虚中已有陶制器发现，簠以盛稻粱，鬲以供烹煮，以陶竹制之即可适用，制之以铜，仅示奢侈，故仅如昙花一现而已。再如鼎类，则可以自始至终清理出它的全部发展史。我且把这一项为例，略加叙述。

鼎是由陶鬲演变出来的。普通的鼎系圆形三足，方形而四足者在第一期中偶见之，乃是变例，可以除外。鬲之三足乃空足，其起源大率由三个尖脚陶瓶（如酉字在甲骨文中即为尖脚瓶之形，与希腊之 amphora 相类）在窑中拼合而成。鼎为鬲之变，虽已变为三实足，而初期之鼎，其鼎身仍略如三股所合成，一足分配一股，有类于穿马裤的骑士之腿。初期之鼎除此特征而外，体深，口小而下部略鼓出，质重，脚高，而呈直圆柱形，上略粗，下略细。这样的形式到了第二期便完全变了，三股之势全失，体浅而坦（不及半球），质菲薄，脚矮而曲，呈马蹄形，匾而不平，外凸内凹。再到第三期，则体复深而宏（超过半球），平盖，颇多新鲜之花样（如有流有柄之类），脚高无定形。到了四期以后，则如常见之汉鼎，复矮塌而不成名器，拱盖素身，有纹饰时仅几道圈线而已。

问题还当更进一步追求，在青铜器时代中，何以在器物上会显出这样的波动？

这答案，毫无疑问应该求之于社会的生产方式。

在殷末周初时代是中国奴隶制生产最盛的时候。那时候有所谓百工，也就是把手工制造划为若干部门，驱使无数的工人奴隶以从事生产，而有工官管理之。这些工官和工奴不用说都是官家蓄养的，就到了春秋齐桓、晋文时代，这制度都还没有十分变革。《国语》告诉我们，齐桓公时，管仲的政策之一是"处工就官府"；晋文公时，晋国还是"工贾食官"。就在鲁成公二年的时候，我们在《左传》上还可以看到，鲁国的木工、绣工、织工、缝工都还是没有人身自由的奴隶。当年楚国侵鲁，鲁国"赂之以执斲，执鍼，织纴皆百人"以求和，这分明表示着人工直同牛马鸡豚。但这样的情形，自春秋中叶以后便逐渐地改革了，工贾逐渐成为了行帮的组织，脱离了官府的豢养而独立。这便成为后来一直到今天为止的生产方式。

明白了这部社会生产进展的过程，便可以了解，青铜器上无论形式、花纹、文体、字体等所显示出的波动。

殷末周初是奴隶生产鼎盛的时期，故青铜器的制造，来得特别庄严典重。但奴隶制自恭、懿以后便渐渐发生了毛病，一些管理工奴的工官偷工减料以敷衍上方，而把工奴的剩余劳动榨取了来，作低级物品的生产，以换取当时新起的地主阶层（本来的农官）的米谷，于是二者之间便大做其生意。所谓"如贾三倍，君子是识"，说的便是这回事。献给上层的器皿，既是奉行故事、偷工减料的东西，故在这种器皿上所表示着的便是堕落的痕迹。这便是第二期的颓废之所以然的实际。

工官榨取工奴的剩余劳动以事生产，农官榨取耕奴的剩余劳动以事垦辟，在社会史上是平行发展的现象。工官农官逐渐富庶了，成为工头与地主，无须乎再做低级的官，也就尽足以成为"素封之家"了。逐渐更加富庶上去，竟闹到"贵敌王侯，富埒天子"的地步。春秋中叶以后，高级的生产不再操纵在官府的手里，而是操纵在富商大贾的手里了。王侯的用品一样是商品，商品便有竞争，不能再是偷工减料的制作所能争取买主的，故在青铜器上来了一个第三的中兴期，一切都精巧玲珑，标新立异。这正是春秋末年和战国时代的情形。那时候的商业是很繁盛的，中国的真正货币的出现，以至其花样之多，也就是在这个时候。货币多即表示商务盛，花样多即表示货币之兴未久。当时的货币形式有出人想象之外的。周、秦的寰法，圆廓方孔，为后人所沿用，这自然不足稀奇。但除此之外有三晋的耕具形，所谓方足布、尖足布之类。有燕、齐的刀形，即所谓刀币。有楚国的豆腐干形，一小方铭为"一两"，四两见方即十六小方为一斤。钱也是青铜器的一种，钱的大量和多样的出现，也可以说是青铜器第三期的特征。

但自战国末年以后，青铜器时代整个递禅了，所有各项技巧已经转移到别的工艺品上去了。自然，这儿也有些例外。例如以铜为鉴，是战国末年才行开的。原初的鉴就是"监",只是水盆。像一个人俯临水盆睁着眼睛（臣字即眼之象形文，即古睁字）看水。在春秋末年有青铜的水监出现，传世"吴王夫差之御监"便是盛水鉴容的镜子。后来不用水而直接用铜，在我看来，就是水监的平面化。大凡铜镜，在背面不必要的地方却施以全面的花纹，这是因为盛水之监的花纹本是表露在外面的，平面化了便转而为背面。积习难除，故于背面亦全施花纹。假使限于铜鉴来说，那是只有第四期才有，而且花纹是十分精巧的。不过这是例外，青铜已经不再是一切器用的主角了。

关于青铜器时代的研究，我所得到的成绩，大体就是这样。这在我认为是相当重要的一件事。因为要把这许许多多的古器的年代定妥了，然后那器物本身和它的铭文才能作为我们研究古史的有科学性的资料。时代不分，一团浑沌，除作为古董玩器之外，是没有方法利用的。当然，中国的考古学上的地下发掘甚少，我所得到的一些断案，有的也还需要将来更多的资料来证明。但我相信，我所得到的成绩，有的也很可以作为日后发掘的参考。文献学的研究，应该也要借鉴于这儿，不在第一步上把时代性弄清楚，那是不能开步走的。

一九四五年二月十日

注释

①新中国成立以来，先后出土了一批春秋、战国时代铁制兵器。如，一九五二年九月湖南长沙东郊龙洞坡春秋晚期一座楚墓中出土了一件铁匕首（顾铁符《长沙52·826号墓在考古学上诸问题》，《文物参考资料》一九五四年第十期）；一九七六年在长沙杨家山春秋后期65号楚墓中发现了一柄钢剑（文物编辑委员会编《文物考古工作三十年》，文物出版社一九七九年版，第四十一页）；一九六五年十月，河北易县燕下都44号战国晚期墓葬出土了剑、矛、戟、刀、匕首等铁兵器五种五十一件（河北省文物管理处《河北易县燕下都44号墓发掘报告》，《考古》一九七五年第四期）。

②参见王国维《通敦跋》（《观堂集林》卷十八）及作者《谥法之起源》（《金文丛考》）。

附　录

《两周金文辞大系》序

　　传世两周彝器，其有铭者已在三四千具以上。铭辞之长有几及五百字者，说者每谓足抵《尚书》一篇，然其史料价值殆有过之而无不及。《尚书》自当以今文为限，今文中亦有周、秦间人所伪托，其属于周初者，如《金縢》《洪范》诸篇皆不足信，周文而可信者仅十五六篇耳。而此十五六篇复已屡经传写，屡经厘定，简篇每有夺乱，文辞复多窜改，作为史料，不无疑难。而彝铭除少数伪器触目可辨者外，则虽一字一句均古人之真迹也。是其可贵，似未可同列而论。

　　虽然，有遗憾焉。彝器之传世者虽多，而其年代与来历亦多不明。间有传其出土地者，大抵因农人锄地或他种土木工事之偶尔发现。发掘者本不具学术知识，发掘后又未经调查记录，地层关系既已无由确知，而其表面遗迹亦复终遭湮灭，甚可惜也。至于著录之书，自赵宋以迄于今，颇多名世之作。或仅采铭文，或兼收图像，或详加考释，或不著一语，虽各小有出入，然其著录之方率以器为类聚。同类之器以铭文之多寡有无为后先，骤视之虽若井井有条，实则于年代国别之既明者犹复加以淆乱，六国之文窜列商、周，一人之器分载数卷，视《尚书》篇次之有历史系统之条贯者，迥不相侔矣。

　　夫彝铭之可贵在足以征史，苟时代不明，国别不明，虽有亦无可征。故历来谈史地之学者每置古器物古文字之学于不顾，甚或加以鄙夷，而谈古器物古文字之学者，于史地之学亦复少所贡献，王氏国维所谓"于创通条例，开拓阃奥，慨乎其未有闻"者（见《殷虚书契考释序》），殆谓是也。顾条例之当如何创通，阃奥之当如何开拓，卓荦如王氏，则亦秘而未宣。闲尝观其所曾为，多文字考释，器物鉴别之零什，虽饶精当，而与古法无多殊。其两《金文著录表》仅就已成之书而为之作通目，亦未足以当此。王氏殆有志而未竟者耶？

频年以来颇有志于中国古代社会之探讨，乃潜心于殷代卜辞与周代彝铭之译读。卜辞出土于一地，其出土地之地层，近由发掘，亦已略得明其真相，据为史料，无多问题。然至周彝则事乃迥别。彝器出土之地既多不明，而有周一代载祀八百，其绵延几与宋、元、明、清四代相埒，统称曰周，实至含混。故器物愈富，著录愈多，愈苦难于驾御。寝馈于此者数易寒暑，深感周代彝铭在能作为史料之前，其本身之历史尚待有一番精密之整理也。

整理之方将奈何？窃谓当以年代与国别为之条贯。此法古人已早创通，《尚书》《风》《雅》《国语》《国策》诸书是也。《尚书》诸诰命，以彝铭例之，尤疑录自钟鼎盘盂之铭文。周代王室之器罕见，其列王重器或尚埋藏于地而未尽佚者亦未可期。故谓《尚书》为最古之金文著录，似亦无所不可。

国别之征至易易，于铭文每多透露，可无多言。年代之考订则夐夐乎其难。自来学者亦颇苦心于此，其法每专依后代历术以事推步，近时海内外承学之士尤多作大规模之运用者，案此实大有可议。盖殷、周古历迄未确知，即周代列王之年代亦多有异说。例以恭王言，《太平御览》八十五引《帝王世纪》云在位二十年。《通鉴外纪》云在位十年，又引皇甫谧说在位二十五年，后世《皇极经世》诸书复推算为十二年，世多视为定说。然今存世有《趞曹鼎》第二器，其铭云："隹十又五年五月既生霸壬午，龚王在周新宫，王射于射卢。"龚王即恭王，谥法之兴当在战国中叶以后，此之生称龚王，犹《献侯鼎》之生称成王，《宗周钟》之生称邵王，《遹簋》之生称穆王，《匡卣》之生称懿王。本器明言恭王有十又五年，彼二十五年说与二十年说虽未知孰是，然如十二年说与十年说则皆非也。视此可知专据后代历术以推步彝铭者之不足信，盖其法乃操持另一尺度以事剪裁，虽亦斐然成章，奈无当于实际。学者如就彝铭历朔相互间之关系以恢复殷、周古历，再据古历为标准以校量其他，则尚矣。然此事殊未易言，盖资料尚未充，而资料之整理尚当先决也。

余于年代之推定则异是。余专就彝铭器物本身以求之，不怀若何之成见，亦不据外在之尺度。盖器物年代每有于铭文透露者，如上举之"献侯鼎""宗周钟""通簋""趞曹鼎""匡卣"等皆是。此外如《大丰簋》云"王衣祀于王丕显考文王"，自为武王时器；《小盂鼎》云"用牲啻（禘）周王、□王、成王"，当为康王时器，均不待辩而自明。而由新旧史料之合证，足以确实考订者，为数亦不鲜。据此等器物为中心以推证它器，其人名事迹每有一贯之脉络可寻。得此，更就其文字之体例，文辞之格调，及器物之花纹形式以参验之，一时代之器大抵可以踪迹，即其近是者，于先后之相去要亦不甚远。至其有历朔之记载者，亦于年月日辰间之相互关系求其合与不合，然此仅作为消极之副证而已。

本此诸法，余于西周文字得其年代可征或近是者凡一百六十又二器，大抵均王臣之物。其依据国别者，于国别之中亦贯以年代，得列国之文凡一百六十又一器，器则大抵属于东周。故宗周盛时列国之器罕见，东迁而后王室之器无征，此可考见两周之政治情形与文化状况之演进矣。

国别之器得国三十又二，曰吴，曰越，曰徐，曰楚，曰江，曰黄，曰都，曰邓，曰蔡，曰许，曰郑，曰陈，曰宋，曰鄦，曰滕，曰薛，曰邾，曰郳，曰鲁，曰杞，曰纪，曰祝，曰莒，曰齐，曰戴，曰卫，曰燕，曰晋，曰苏，曰虢，曰虞，曰秦。由长江流域溯流而上，于江河之间顺流而下，更由黄河流域溯流而上，地之比邻者，其文化色彩大抵相同。更综而言之，可得南北二系。江淮流域诸国南系也，黄河流域诸国北系也。南文尚华藻，字多秀丽，北文重事实，字多浑厚，此其大较也。徐、楚乃南系之中心，而徐多古器，旧文献中每视荆、舒为蛮夷化外，足征乃出于周人之敌忾。徐、楚均商之同盟，自商之亡即与周为敌国，此于旧史有征，而于宗周彝铭，凡周室与南夷用兵之事尤几于累代不绝。故徐、楚实商文化之嫡系，南北二流实商、周文化之派演。商人气质倾向艺术，彝器之制作精绝千古，而好饮酒，好田猎，好崇祀鬼神，均其超现实性之证；周人气质则偏重现实，与古人所谓"殷尚质，周尚文"者适得其反。民族之商、周，益以地域之南北，故二系之色彩浑如泾、渭之异流。然自春秋而后，民族畛域渐就混同，文化色彩亦渐趋画一。证诸彝铭，则北自燕、晋，南迄徐、吴，东自齐、邾，西迄秦、都，构思既见从同，用韵亦复一致。是足征周末之中州确已有"书同文，行同伦"之实际，未几至嬴秦而一统，势所必然也。

综合两周彝铭，其年代国别之可征或近是者，凡得三百二十又三器。于存世之器虽未及十分之一，大抵乃金文辞中之精华也。儵忽相凿而浑沌果死，幸莫如之。

一九三一年九月九日初版录成时所序。其后为增订版重录之，除于国名次第及器铭数目有所更改外，余均仍旧。

一九三四年九月九日

周代彝铭进化观

周代乃青铜器时代。存世古青铜器，其有铭者已在四千具以上，大抵乃周代遗物。周代以前之器，确可断定属于殷末者亦稍稍有之，然不及十数。前人于器之有以甲乙为名者尽以属之于殷，然以日为名之习至周之中叶犹有遗存，旧说未可尽信也。秦、汉迄今，亦未尝无铜器，所异者在兵戎、享祀、饮食、服御之器悉以青铜为之，而以戎器为尤著。周代铁兵迄未有见，而汉代以后，则铜兵罕见诸实用矣。

铸器习用青铜，故于青铜冶铸之技艺独精，远为后世所不及。且器之愈古者其技愈精，揆其所由，要亦不外熟则生巧。多铸则熟，少铸则生，不铸则其技全废。此乃事理之常，非关古人之独神异也。嗜古者不察，每谓今人之不如古，而以浩叹系之，是犹见长尾猿之善用其尾，而叹人类之不如猿猴也。

铸器之意本在服用，其或施以文镂，巧其形制，以求美观，在作器者庸或于潜意识之下，自发挥其爱美之本能，然其究极仍不外有便于实用也。间或施之以铭，铭之为用，其初殆私人图记之类，于器本无足轻重。知者，有铭之器少，无铭之器多，如新郑曩于一墓中所出古器近百事，而有铭者仅二，此其证一。铭勒于器，多在底里，如盉爵之类则每在鋬阴，所占地位实等附庸，此其证二。器之古者铭恒简，间仅一二图形文字而已。同样之图形文字间亦施于铭之成文者之首若尾，或则以亚字形范之，或则于其下系以册字。亚字形者如后人之刻印章而加以花边。册者题识之谓，某某册犹言某某人题也。

《礼记·祭统》有云："夫鼎有铭，铭者自名也，自名以称扬其先祖之美而明著之后世者也。"又云:"铭者论撰其先祖之有德善、功烈、勋劳、庆赏、声名,列于天下而酌之祭器,自成其名焉以祀其先祖者也。"此所言于祭器之例,大抵近是。然存世古器,其名己之功烈庆赏者实多,追述其祖若考者尚在少数。且于祭器之外有媵女之器焉,有服御之器焉,有兵戎之器焉,有嘉量之器焉,而大抵勒之以铭。是知《祭统》仅据一《孔悝鼎铭》所赋与之铭义,实偏隘而未能得当。然而其"铭者自名也"之说,则终古不刊之论也。

是故铭文之起,仅在自名,自勒其私人之名或图记以示其所有。铭之有类于图画者乃古代图腾之孑遗,非有异义存于其间。前人不明此意,每好逞臆度,见有人形文则释为子孙,见有戈形文则说以武功,见有兽形文乃至如蛙黾之类,亦以享祀之牲牷为解。此乃蔽于后世礼家之说,随其成心而师之者矣。

文化递进,器铭加详。入后更喧宾夺主,乃有专为勒铭而作器之事。《周官·司约》"凡大约剂书于鼎彝",此专为书约剂而铸器也。证以存世古器则如舀鼎、翏攸从鼎、格伯簋、散氏盘之类皆是。《墨子·鲁问篇》云:"攻其邻国,杀其民人,取其牛马粟米货财,则书之于竹帛,镂之于金石,以为铭于钟鼎,传遗后世子孙。"此为记功而铸器也。证以存世古器,则如小盂鼎、宗周钟、大克鼎、兮甲盘之类正举不胜举。凡此乃彝铭之第二阶段进化也。此阶段之彝器与竹帛同科,直古人之书史矣。

古人于文字发明之初或其尚未普及之时,并无专门著书立说之事。文字为宰制者所擅有,非寻常人所能近,能近之者,宰制者自身及其子孙姻娅也,故书说无所致其用。其有事须书,有言须记者,率临时断片为之,所谓或书之竹帛,或镂之金石,或铭之钟鼎,皆此类也。竹集之而成册,帛集之而成卷,日久而典籍以成,故古人之书乃于时辰累进中所自然集成之史也。帛之用不知始于何时,竹则自殷代以来。《书·多士》云:"惟殷先人,有册有典。"卜辞亦有典册字,揆其字形固竹简之汇集也。存世古简出自西北流沙者仅汉、晋物,殷、周古简已不可见,帛固无论矣。古之所谓金石,稍有异于后人。后人称金,指钟鼎盘盂之属,而《墨子》则以钟鼎盘盂列诸金石之外。《鲁问篇》文已如上述,其《兼爱篇下》云:"吾非与之并世同时,亲闻其声,见其色也,以其所书于竹帛,镂于金石,琢于槃盂,传遗后世子孙者知之。"《非命篇下》亦云:"书之竹帛,镂之金石,琢之盘盂。"是则古人所谓金乃别有所指,古有所谓金版玉版者殆即古之金石也。秦诏版与秦刻石即金版玉版之遗，而秦以前之物迄未有见，庸尚有掩埋于地而待人发掘者未可知也。金玉竹帛之书版虽不可见，而钟鼎盘盂之典献则优有遗存。以器而言固钟鼎盘盂，以铭而言直可称为《周书》之逸篇。《左氏》昭六年郑人铸《刑书》，士文伯曰"作火以铸刑器"。二十九年晋赵鞅、荀寅"赋晋国一鼓铁以铸刑鼎，著范宣子所为《刑书》"。是则铸于鼎器者，古人亦直称之为书矣。

彼周秦诸子，广义而言，余谓均可称为金石学家。墨子曾通读金石盘盂之书，其言已自明。儒家典籍如《尚书》之周代诸篇及《诗》之《雅》《颂》，余谓殆亦有琢镂于金石盘盂之文为孔子所辑录者。《尚书·文侯之命》，其文辞与存世《毛公鼎铭》如出一人手笔，而鼎铭尚乔皇过之，则《文侯之命》安知非本器物之铭？《大雅·江汉》之篇与存世《召伯虎簋》之一，所记乃同时事。《簋铭》云："对扬朕宗君其休，用作列祖召公尝簋。"《诗》云："作召公考，天子万寿。"文例相同，考乃簋之假借字。是则《江汉》之诗实亦《簋铭》之一也。《公羊疏》引闵因叙曰："昔孔子受端门之命，制《春秋》之义，使子夏等十四人求周史记，得百二十国宝书。"《疏》谓："周史而言宝书者，宝者保也，以其可世世传保以为戒，故云宝书也。"余案"宝书"当即钟鼎盘盂之铭，钟鼎盘盂为宝，故其铭称曰"宝书"。孔子与其弟子周游列国，于列国宝器必多目验，盖曾一一记录其铭辞以为修史之资。书得百二十国，而国名之见于《春秋》者仅及其半，盖其无足轻重之文献未经采纳也。

要之钟鼎铭文在其进化之第二阶段有书史之性质。此性质以西周遗器为最著，自春秋之中叶以降而衰微，盖竹帛之用已繁，文史亦逐渐茂密，不能为鼎彝所容也。东周而后，书史之性质变而为文饰。如钟镈之铭多韵语，以规整之款式镂刻于器表，其字体亦多作波磔而有意求工。又如齐《国差罉铭》亦韵语，勒于器肩，以一兽环为中轴而整列成九十度之扇面形。凡此均于审美意识之下所施之文饰也，其效用与花纹同。中国以文字为艺术品之习尚当自此始。然以彝铭而言，则其第三阶段之进化也。逮至晚周，青铜器时代渐就终结。铸器日趋于简陋，勒铭亦日趋于简陋。铭辞之书史性质与文饰性质俱失，复返于粗略之自名，或委之于工匠之手而成为"物勒工名"。此彝铭之第四阶段进化，亦即其死灭期矣。

以上为彝铭进化之四阶段，以岁时喻之当于春夏秋冬，以人生喻之当于幼壮老死，整个青铜时代之进化亦复如是。

此文乃一九三一年纂集《两周金文辞大系》的所拟序说之一节，因嫌蛇足，未及印入。后于一九三三年出《古代铭刻汇考》时，乃收作附录以当注脚。今复转录于此。

一九四五年二月十一日
本文录自《古代铭刻汇考》

中国青铜器时代大率含盖殷、周二代。殷之末期铜器制作已臻美善，则其滥觞时期必尚在远古，或者在夏、殷之际亦未可知。周乃后起民族，武王以前器未见，成、康以来则勃然盛兴。其因袭殷人，固明白如火。据余所见，中国青铜器时代，大率可分为四大期。

　　第一，滥觞期——大率当于殷商前期。

　　第二，勃古期——殷商后期及周初成、康、昭、穆之世。

　　第三，开放期——恭、懿以后至春秋中叶。

　　第四，新式期——春秋中叶至战国末年。

　　滥觞期目前尚无若何明确之知识，然为事理上所必有，盖铜器脱胎于陶器、石器等之幼稚时期也。此期有待于将来之发掘。

　　勃古期之器物，为向来嗜古者所宝重。其器多鼎而鬲罕见，多"方彝"与无盖之簋（旧称为彝）而无簠，多尊卣爵斝之类而无壶。盘匜所未见。有铎而罕钟。形制率厚重。其有纹绩者，刻镂率深沉，多于全身雷纹之中施以饕餮纹，夔凤、夔龙、象纹等次之。大抵以雷纹、饕餮为纹绩之领导。雷纹者，余意盖脱胎于指纹。古者陶器以手制，其上多印有指纹，其后仿刻之而成雷纹也。彝器之古者，多施雷纹，即其脱胎于陶器之一证。饕餮、夔龙、夔凤，均想象中之奇异动物。《吕氏春秋》云："周鼎著饕餮，有首无身，食人未咽，害及其身。"（《先识览·先识》）古盖有此神话，而今失传。《皋陶谟》云："余欲观古人之象，日月星辰，山龙华虫，作绘宗彝。"⑤山龙当即夔龙，华虫当即夔凤（古者鸟亦称虫），盖星辰之象也。象纹亦见《吕氏春秋》，言"周鼎著象（即犀象之象）为其理之通也"（《审分览·慎势》）。然彝器上之象纹，率经幻想化而非写实。故此时期之器物，美言之，可云古味盎然，恶言之，则未脱野蛮畛域。试观台湾高山族或澳洲土人之土木器，可以恍悟。旧时有谓钟鼎为祟而毁器之事，盖即缘于此等形象之可骇怪而致⑥。

开放期之器物，鼎鬲簠簋多有之，"方彝"绝迹。有器名"须"（下或从皿）者出。酒器则卣爵斝觚之类绝迹，有壶出而代之。盘匜初见。钟镈之类渐多。形制率较前期简便。有纹缋者，刻镂渐浮浅，多粗花。前期盛极一时之雷纹，几至绝迹。饕餮失其权威，多缩小而降低于附庸部位，如鼎簋等之足。夔龙、夔凤等，化为变相夔纹，盘夔纹，变相盘夔纹，而有穷曲纹起而为本期纹缋之领袖。《吕氏春秋》云："周鼎有穷曲⑦状甚长，上下皆曲。"（《离俗览·适威》）揆其纹意，盖仿于鬼柳或榉柳⑧之木理。古器多以木为之，《庄子》云"百年之木，破为牺樽"（《外篇·天地》），《孟子》云"以杞柳为梧棬"（《告子上》），《考工记》"梓人为饮器"，皆其证。鬼柳等之木理至幻美，或如盘云，或似长虹，又或类龙蛇飞舞，故铸器亦仿效之也。象纹绝迹，有鳞纹回纹等出现。凡此均本期纹缋习见之定式。大抵本期之器，已脱去神话传统之束缚，而有自由奔放之精神，然自嗜古者言之，则不免粗率。

新式期之器物，于前期所有者中，鬲甗之类罕见，须亦绝迹，有敦簋诸器新出，而编钟之制盛行。形式可分为堕落式与精进式两种。堕落式沿前期之路线而益趋简陋，多无纹缋，其简陋之极者，几与后来之汉器无别，旧亦多误为汉器。精进式，则轻灵而多奇构，纹缋刻镂更浅细，前期之粗花一变而为极工整之细花，发明印板之使用。器之纹缋多为同一印板之反复⑨。纹样繁多，不主故常，与前二期之每成定式，大异其撰。其较习见者，为蟠螭纹，或蟠虺纹，乃前期蟠夔纹之精巧化也。有镶嵌错金之新奇，有羽人飞兽之跃进，附丽于器体之动物，多用写实形，而呈生动之气韵。古器至此期，俨若荒废之园林，一经精灵之吹歔而突见奇花怒放。读者如念及近年于山西李峪村、洛阳韩君墓、寿县楚王墓所出之古器群⑩即可知余言之非夸诞矣。此期之物，近时海外学者多称为"秦式"，命名虽云未当，然有疑曾受斯基泰艺术之影响者，于事殊有可能。斯基泰人于春秋战国之时，曾扩充其版图于外蒙古北部，与中山、燕、赵诸国壤土相近。"枊氏壶"，新式期器之翘楚也，实中山人所作。中山之俗，古称好康乐歌谣①，则其人盖亦艺术的民族。是则外来影响，盖由中山人所介绍。又古称中山人为"白狄别种"，或者其即斯基泰人之混血人种耶？此事大有待于地下之证据（参见《金文丛考》第四〇三至四〇四页）。然新式期之有堕落与精进二式，固皎然也。绵延至于秦、汉，随青铜器时代之退禅，堕落式日趋于堕落，而终至消亡。精进式则集中于鉴镜，而构成文化之别一环矣。

以上时期之分，除第一期外，均有其坚实之根据，事且出于自然。盖余之法，乃先让铭辞史实自述其年代，年代既明，形制与纹缋，随即自呈其条贯也。形制与纹缋如是，即铭辞之文章与字体亦莫不如是。大抵勃古期之铭，其文简约，其字谨严。开放期之铭，文多长篇大作，字体渐舒散而多以任意出之。新式期亦有精进与堕落二式。精进者，文多用韵，字多有意求工，开后世碑铭文体与文字美术之先河。堕落者，则"物勒工名"之类也。诸项之关系，大抵平行。然亦偶有错见者，如末期之"楚王熊忎鼎"，其形制与纹缋为精进式，而铭辞字迹则堕落式也。又其时代之相禅，亦非如刀截斧断，决然而判然者。大抵穆、恭、懿、孝为第二第三期间之推移期，春秋中叶为第三第四期间之推移期。其或属前属后，视其时代色彩之浓淡为准则。

更有进者，形制、纹缋、文字之三者，均当作个别之专论，方能葳事，而尤以形制论为非从个别人手不为工。盖后二者通于各器物，多有一般之倾向，而形制则器类繁多，各类各有其独立之系统也。今暂以钟鼎二类为例以示其大凡。

殷人无钟，钟乃周人所造，大率起于第二期之末造。然其形制，实有所本，即古器中，昔人所称为铎者是也②。其形状与钟相同而小，器之古者，口向上，有柄，执而鸣之。有铭者，多仅一二字而刻于柄。有纹者，多仅用饕餮纹。器本无自名，亦无自注其年代者，然可知其必为铎，且必为商器，盖其器之演进，入第四期于徐、越诸国有所谓句鑃者在也。鑃跃，即铎之音变③。而越器之"姑冯句鑃"，言"铸商句鑃"，犹后人言胡弓洋琴，足证铎实商制也。盖商人文化，多为徐人所保，越又受徐人之影响，故其器制亡于中原者，而存于"化外"。徐人之句鑃又自名为征城，别有器名为钲鋚者，是又钲铎为一之证。盖铎之始以木竹为之，其声睪蜀，故呼之为铎，为镯。后以金为之，其声丁宁，故旧文献中即呼之为丁宁④，而器铭则书之为征城，若钲镗。其后更简称为钲也。此钲铎本身之演进，形制固不无差异。古铎形较短，徐、越之器形较长。纹缋铭体亦迥有时代之别，然其一脉相承之迹，不能掩也。

古器亦有自名为铎者，文曰"传园乍宝铎，其万年永宝用"，以铭辞字体观之，固是周器，而铭则倒刻。所谓周因于殷，有所损益也。周人之钟，亦即殷铎之倒耳。周人因殷铎而大之，大则不能举，于是昔之柄者，今乃成为甬，昔之仰持者，今乃成为倒悬矣。钟既倒悬，因有长甬突出，故不能不于甬之中央近舞处，设为斡旋以侧悬之。此斡旋亦非周人之创制，盖古铎有于柄之中央处设横穿者，揆其意，盖以备击铎之物之贯击，兼备挂置。此铎柄之横穿，即斡旋之前身矣。

较钟稍后起者为镈，镈乃钟与拊之合体也⑪。镈与钟之异，在钟用甬而镈用纽，钟枚长而镈枚短，钟铣侈而镈铣弇，钟于弯而镈于平。镈仅第三期之物，入第四期，与钟合而为一。故如秦公钟、宋公成钟、沇儿钟、儧儿钟、许子钟等，形均是镈，而自铭为钟⑫。又如者汈钟、子璋钟、屖氏钟等，虽铣侈于弯如有甬之钟，而枚短用纽则如镈。钟之形制，至第四期而大变矣。故第三期以后无甬钟，第四期以前无纽钟，有之者，乃伪器也⑬。钟较晚出，第四期中无堕落式可言。

其次论鼎。鼎之为物，盖导源于陶器之鬲。其通状为圆体，二耳三足。勃古期之鼎，口微敛，腹弛，耳在鼎沿直上，足为直立之圆柱形而较高（以全器之比例而言），多于全身施以雷纹及三饕餮纹。每饕餮各含一足而鼓出，故器体分为三股，此即鬲之三款足之演化，甚显著也。此时期之器，可以献侯鼎及盂鼎为标准。开放期之器，则口弛而腹稍敛，耳有附于鼎外者，足较低，弯曲作势而呈马蹄形，克鼎、鬲攸从鼎，其标准也。鼎之新式期，其堕落与精进二式之分最为显著。堕落式，沿第三期之路线而前进，口愈弛，腹愈敛，足愈低愈曲，多无纹而有盖，宋公繠鼎、大梁鼎等其确例也。精进式，则花样繁多，难于概括。或与铴相连而为铴鼎，或与匜相连而为铊鼎，大抵样式奇，花纹巧，耳附外，有盖者多，盖可却置。凡新式期之鼎，无论堕落式与精进式，大率耳附外而有盖，此实为本期之一特征。《尔雅·释器》云："圜弇上谓之鼒，附耳外谓之釴"，此足证其成书之晚。又器物亦无自名为鼒釴者，疑是秦、汉人之新语也。鼎有体方而四足者，每自名为鬶，此亦鬲所演化，盖鬲亦有四足者也。鬶多第二期之物，三期以后罕见。有"毛公旅鼎"，乃三期中叶之物，长方而刓角。李峪村所出，有有盖而呈李茧形者，韩君墓所出，于椭圆有盖之外更于盖上加饰如著王冠，大抵均鬶之流派也。

一九三四年十一月二十五日夜书至此辍笔，此外欲论之事项尚多，然以牵于种种人事，不能尽情叙述，读者谅之。

本文录自《两周金文辞大系图录》

注释

①《吕氏·先识》："中山之俗以昼为夜，以夜继日，男女切倚，固无休息，康乐，歌谣好悲。"（"康乐"上，《说苑·权谋篇》有"淫昏"二字。）——作者注

②有中铎、嬢铎等，罗振玉说为铙，非是。——作者注

③王国维说："古音翟声与睪声同部，又翟铎双声字，疑鐸即铎"。见所著《古礼器略说》《说句鑃》（收入《雪堂丛刊》中）。此说学者多不以为然，王氏于其《观堂集林》中亦未收入，盖亦自信未坚。又镯与铎，一而二，二而一者。——作者注

④《左传》宣四年"著于丁宁"，《晋语》"战以淳于丁宁"，又《吴语》"鸣钟鼓丁宁淳于"，杜注韦注均云："丁宁，钲也。"丁宁与征城，均叠韵字。——作者注

⑤《皋陶谟》此语，伪古文《尚书》在《益稷篇》，余读与古人有异。下文"藻火、粉米、黼黻、絺绣以五采，彰施以五色，作服"，与"作绘宗彝"为对文，旧于下句亦失其读。——作者注

⑥《隋书》，开皇十一年正月丁亥，以平陈所得古器多为祸变，悉命毁之。又《大金国志》，海陵正隆三年，诏毁平辽、宋所得古器。冯子振序《增广钟鼎篆韵》："靖、康北徙，器亦并迁。金汴季年，钟鼎为祟，宫殿之玩，悉毁无余。"——作者注

⑦《"穷曲"原作"窃曲"，注云"一作穷"。案以作穷为是。盖言穷则曲，故下文谓"以见极之败也"。又《吕氏春秋》言鼎象处凡五，本文已引其三。余二事并引之于此：《审应览·离谓》："周鼎著倕而龁其指，先王有以见大巧之不可为也。"《恃君览·达郁》："周鼎著鼠，令马履之，为其不阳也。"又凡《吕览》所言象均解说其用意，如饕餮——谓"以言报更也"；象——"为其理之通也"（意谓象能通人理）；穷曲——"以见极之败也"。此于第二期之纹缋庸或有当，然如第三第四期，则仅为简单

之装饰。——作者注

⑧学名 Zelkceroa acuminata Pl. 制器多用之。——作者注

⑨印板之使用，就"秦公簋"及"楚王含志鼎"观之，最为明了。——作者注

⑩李峪村器于《古铜精华》可见其一部分，韩君墓器见《洛阳故都古墓考》，唯所收多汉器，盖有汉墓同时被发掘也。楚王墓器多藏安徽图书馆。——作者注

⑪近时唐兰谓："镈之起源本于搏拊，郑康成注《皋陶谟》曰：'搏拊以韦为之，装之以糠，所以节乐。'《明堂位》谓之拊搏，《周礼·大师》谓之拊，《乐记》谓之拊鼓，皆一物也……"见所著《古乐器小记》（《燕京学报》十四期）。此以镈音近搏拊，又以镈形如囊而推得之，近是。然镈亦脱胎于钟，乃明白之事实。——作者注

⑫此中'沈儿钟'，纽适坠，故于舞上仅存六孔。徐中舒以为无甬无纽之钟，谓"孔之下端相连可系以绳"（《屖氏编钟图释》二页），非是。——作者注

⑬《双王录钤斋吉金图》著录一钟文曰："莫并叔作灵钟，用妥宾。"同人所著之《周金文存》亦录此文。文与《积古》所录器同，乃妄人所仿刻。知其然者，"妥宾"二字，依钟铭恒式当刻于左鼓者，乃妄刻于右鼓，其意盖将以假充"蕤宾"也。钟乃纽钟，本不伪，而井叔乃孝王时人，当时不应有此纽钟，余初颇为所惑，后乃辨别其铭之伪刻。作此种恶剧者，不知是何心肝。形象学如一成立，于辨伪上可得一强有力之根据，此即其一例。——作者注

（附注一）"叔夷镈"与"秦公钟"，见黄晟《三古图》。版本全同，初疑有一为误，检视别本，则二器亦如出自一范。盖黄晟本以其形象相同，遂仅绘一图以通用也。"秦公钟"年代自宋以来久为悬案，其所言"十有二公"，自非子起算则作器者为成公，自秦仲则为共公，自襄公则为景公。近人罗振玉又创一新说，谓自秦侯始，作器者为穆公。案罗乃因铭中有"烈烈桓桓"之语，遂联想至穆公，更倒数十二世而得秦侯耳，毫无根据也。今知与"叔夷镈"形象相同，断为景公无疑。景公与齐灵公同时，故有此现象。此亦应用形象学之一例。

（附注二）上述钟镈之演进颇有穿插，今为豁目之便，别为图以明之。

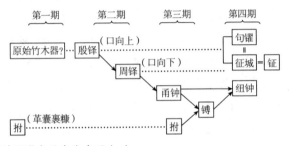

（进路中经过不明者以虚线表示之。）

后　记

　　关于中国古代的研究，断断续续地，前后费了将近十五年的功夫，自己感觉着对于古代的认识是比较明了了。

　　十五年前所得到的一个结论，西周是奴隶社会，经过种种方面的研讨，愈加感觉着是正确的。

　　有了这个结论，周、秦之际的一个学术高潮才能得到说明；而那个高潮期中的各家的立场和进展，也才能得到正确的了解。

　　我是以一个史学家的立场来阐明各家学说的真相。我并不是以一个宣教师的态度企图传播任何教条。在现代要恢复古代的东西，无论所恢复的是哪一家，事实上都是时代错误。但人类总是在向前发展的。在现代以前的历史时代虽然都是在暗中摸索，经过曲折迂回的路径，却也和蜗牛一样在前进。因而古代的学说也并不是全无可取，而可取的部分大率已融汇在现代的进步思想里面了。

　　对于人体的解剖阐明了的现代，对于猿猴乃至比猿猴更低级的动物的解剖便容易完成。谁还能羡慕猿猴有长尾，而一定要把人体的尾骶骨设法延长？谁又会看到鸟类的盲肠大有效用，而反对在盲肠发炎时剪掉人体的虫样突起呢？

　　新儒家、新道家、新墨家等的努力，不外是想设法延长尾骶骨；反对科学的方法而提倡八卦五行的动向，更不外是把虫样突起认为人类的心脏罢了。

　　是什么还他个什么，这是史学家的态度，也是科学家的态度。并不嫌长尾猿的尾子太长而要把它缩短一点，也不因古代曾有图腾崇拜，而要把爬虫之类依旧当成神灵。

本来还想再写一两篇，如对于名家的批判，先秦儒家与民主气息之类，但因兴趣减衰，不愿再糜费时日了。

关于名家，王国维在年青的时候早说过这样的话："战国议论之盛不下于印度六哲学派及希腊诡辩学派之时代。然在印度，则足目出而从数论声论之辩论中抽象之而作因明学，陈那继之，其学遂定。希腊则有雅里士多德①自埃利亚派诡辩学派之辩论中抽象之而作名学。而在中国，则惠施、公孙龙等所谓名家者流，徒骋诡辩耳。其于辩论思想之法则，固彼等之所不论，而亦其所不欲论者也。故我中国有辩论而无名学。"②

这见解我认为是正确的。只是惠施的学说存留者无几，《庄子·天下篇》所载大一小一之说多少还有些学术价值，而支离灭裂纯作观念游戏的公孙龙，则仅是一名帮闲而已。

关于儒家最难理论。事实上汉人分家的办法已经过于笼统，而后人言儒家尤集笼统之大成。粗略言之，所谓儒家之在秦前秦后已大有不同。秦以后的儒家是百家的总汇，在思想成分上不仅有儒有墨，有道有法，有阴阳，有形名，还有外来的释。总而称之曰儒，因统而归之于孔。实则论功论罪，孔家店均不能专其成。

就是先秦儒家，也有系统上的进展和个人思想上的分歧。孔子和孟、荀不尽同，孟、荀亦各有特点或偏见，孔子门下所谓七十子之徒，他们的言论，更不能让仲尼来负责。但先秦邹鲁之士，既被总而称之为儒，彼辈功过亦统而归之于孔。孔子因而成了超人，也因而成了盗魁。这是断断乎不合逻辑的。

应该从分析着手，从发展着眼，各人的责任还之各人。这可算是对于古人的民主的待遇。

先秦儒家的几位代表人物，在先秦诸子中究竟是比较民主的些。孔子的主张是奴隶解放的要求在意识上首先的反映。他虽然承继了前时代贵族所独占的文化遗产，但他把它推广到庶民阶层来了。他认识了教育的力量，他是注重启发民智的。这和道家的"非以明民，将以愚之"，法家的燔诗书愚黔首的主张完全不同。

常见被人征引来指斥仲尼为非民主的两句话："民可使由之，不可使知之。"仿佛他也是一位支持愚民政策者。这只坐在把可不可解为宜不宜去了。

但可不可是有能不能的意义的，原意无疑是后者，前代注家也正解为能不能，所谓"百姓能日用而不能知"。像这样本是事实问题，而被今人解成价值问题，这未免有点冤枉。

问题倒在百姓不能知，而孔子进一步所采取的究竟是什么态度？是以不能知为正好，还是在某种范围内要使大家能够知呢？孔子的态度，无疑也是后者。他不是说过"举善而教不能"吗？他不是说过"庶之，富之，教之"的次第吗？

又如"刑不上大夫，礼不下庶人"，这本是奴隶社会的制度，在孔子毋宁是"刑须上大夫，礼须下庶人"的。然而近人的清算却把先行时代的旧债，堆在孔子身上去了。这也不能说是公允。

在社会变革的时期，价值倒逆的现象要发生是必然的趋势。前人之所贵者贱之，之所贱者贵之，也每每是合乎正鹄的。但感情容易跑到理智的前头，不经过严密的批判而轻易倒逆，便会陷入于公式主义的窠臼。在前是抑墨而扬儒，而今是抑儒而扬墨，而实则儒宜分别言之，墨则无可扬之理。在前是抑荀而扬孟，而今是抑孟而扬荀，而实则孟并未可厚非，荀亦不必尽是。

孟子最为近代人所诟病的是"或劳心，或劳力，劳心者治人，劳力者治于人，治于人者食人，治人者食于人"的那个所谓"天下之通义"。在这几句上有"故曰"两个字，本来不是孟子的意见。《左传》（襄公九年）载知武子语："君子劳心，小人劳力，先王之制也。"（《鲁语下》公父文伯母亦引此语。）又《鲁语上》载曹刿语："君子务治而小人务力。"这些便是孟子所依据，而他引用了来主要在反对许行的无政府式的平均主义而已。平均主义是说不通的，一个社会里面有干政治的人，有干生产的人，必须分工合作，各尽所能，倒确实是一个"通义"。

问题倒在乎孟子的看法，劳心者是不是一定可贵，而劳力者是不是一定可贱？然而孟子并不是以劳心为贵，以劳力为贱的人。他不是说过"民为贵，社稷次之，君为轻"吗？他不是又说过"君之视臣如草芥，则臣视君如寇仇"吗？

大体上说来，孔、孟之徒是以人民为本位的，墨子之徒是以帝王为本位的，老、庄之徒是以个人为本位的。孟子要距杨、墨，墨子要非儒，庄子要非儒、墨，并不是纯以感情用事的门户之见，他们是有他们的思想立场的。

荀子后起，自然有他更加光辉的一面，但他的思想已受道家和墨家的浸润，特别在政治主张上是倾向于帝王本位、贵族本位的。"皋牢天下而制之，若制子孙"（《王霸》），这家天下的神气是多么巍巍然！"由士以上则必以礼乐节之，众庶百姓则必以法数制之"（《富国》），完全恢复了旧时代的意识。他主张重刑威罚之治，持宠固位之术，从他的门下有冰寒于水的韩非出现，多少是不足怪的。

但我们近人却同情荀子而斥责孟轲。荀子法后王，俨然是进步；孟子称先王，俨然是保守。其实孟子称道尧、舜、禹、汤、文、武，荀子也称道尧、舜、禹、汤、文、武，这些帝王是在梁惠、齐宣之先故谓之先，是在神农、黄帝之后故谓之后而已。而荀子所说的"声则凡非雅声者举废，色则凡非旧文者举息，械用则凡非旧器者举毁，夫是之谓复古，是王者之制也"（《王制》），这如可说是进步，是很难令人首肯的。

孟子道性善俨然唯心，荀子道性恶俨然唯物。其实两人都只说着一面，而其所企图的却是要达到同一的目标。性善故能学，性恶故须学。两人都是在强调学习，强调教育的。孟子的逻辑倒不能一概谥为"唯心"。例如他视"白羽之白"不同于"白雪之白"，"白雪之白"不同于"白玉之白"：便是他不承认有什么"共相"，有什么"真际"，更不消说还要由"真际"显化而为万物的那种打倒提式的幻术了。在这一方面，孟、荀无宁是同道。他们都不是"错人而思天"的那种观念论者。

荀子对于孟子有所责让，主要是由于他和子思倡导五行学说，所谓"案往旧造说谓之五行，甚僻违而无类，幽隐而无说，闭约而无解，案（爱）饰其辞而祇敬之日，此真先君子之言也"（《非十二子》）。这所谓五行毫无疑问便是金木水火土的五大原素。思、孟的书不全，他们的五行说是失传了。但如《书经》里面的《洪范》，因而及于《禹贡》《皋陶谟》《尧典》那几篇，必然是思、孟所"案往旧"而造的说，饰的辞，我看是没有多大的疑问。

从思想的发展上看来，五行说的倡导倒应该是思、孟的功绩。由神道造化的观念，转向于分析物质原素以求解答宇宙万物之根源，不能不认为是一种进步。只是后来的阴阳家把它们误用了，逐渐又转化为了新的迷信，因而遭到了荀子的唾弃。然而这责任是不应该让思、孟来负的。

　　由物质分析的五行说更产生了惠施的小一说，益之以当时相当进步的历数与音律的知识，本来是可以产生正派的逻辑学的。例如"天之高也，星辰之远也，苟求其故，虽千岁之日至可坐而致也"（《离娄》），孟子并非天文专家而他竟能有说这样话的自信。又如"金声也者始条理也，玉振之也者终条理也"（《万章下》），他对于音乐可见也并不是外行。但可惜这种分析的倾向被帮闲的公孙龙转化而为了支离灭裂的诡辩。而近人却又慷慨地把分析的功劳归之于这位诡辩家去了。

　　我确实地感觉着，民主的待遇对于古人也应该给与。我们要还他个本来面目。一切凸面镜、凹面镜、乱反射镜的投影都是歪曲。我们并不要因为有一种歪曲流行，而要以另一种歪曲还它。如矫枉常过正，依然还是歪曲。答复歪曲的反映，只有平正一途。

　　我自己也不敢夸说，我已经是走上了这一步，但我是努力向着这个目标走的。我尽可能搜集了材料，先求时代与社会的一般的阐发，于此寻出某种学说所发生的社会基础，学说与学说彼此间的关系和影响，学说对于社会进展的相应之或顺或逆。断断续续地也算搜求了十五年。关于纯粹考古方面，如卜辞、金文之类已有专书。关于社会研究方面，前后的见解有些不同，自当以后来的见解为近是，在本书所收的各文中也大体散见了。有好些朋友要我从新来叙述一遍，加以系统化和普及化，但我实在没有那样的耐心。就是收在这儿的十几篇文章也都是断续地写出来的，我只按照着写作的先后把它们编录了。

　　这儿正表示着我所走过的迂回曲折的路，是一堆崎岖的乱石，是一簇丛杂的荆榛。这些都是劳力和心血换来的，因而我也相当宝贵它们。有善于铺路的人要使用它们去做素材，我可感觉着荣幸。但如有人认为毫无价值而要踢它们两脚，我也满不在乎。反正我能弄明白了一些事情，自己觉得时间并没有完全虚费，我已算得到了报酬了。

　　十五年的岁月并不算短，然而自己所走了的路却只有这么一点长！惭愧吧？确实也可惭愧。有的朋友认为干这种工作有点迂阔而不切实用，自己也有些这样的感觉，特别在目前的大时代，而我竟有这样的闲工夫来写这些问题，不免是对于自己的一个讽刺。但有什么妙法呢？迂阔的事情没多人肯干，像我这样迂阔的人也没有别的事情可干。揆诸各尽所能之义，或许也不算是犯了什么罪恶吧！

一九四四年二月二十日重庆

这篇后序本是附录在东南版《先秦学说述林》后面的，现在把它移录在这儿，当作我研究过程中的一项注脚。

一九四六年六月三日上海

注释

①今译亚里士多德。——编者注

②《静庵文集·论新学语之输入》（已收入商务版《王国维全集》）。——作者注